Die Grundversorgungsaufgabe als Rechtfertigungsgrundlage der Gebührenfinanzierung des öffentlich-rechtlichen Rundfunks im dualen Rundfunksystem

Europäische Hochschulschriften
Publications Universitaires Européennes
European University Studies

Reihe II
Rechtswissenschaft

Série II Series II
Droit
Law

Bd./Vol. 3738

PETER LANG
Frankfurt am Main · Berlin · Bern · Bruxelles · New York · Oxford · Wien

Yaw-Shyang Chen

Die Grundversorgungsaufgabe als Rechtfertigungsgrundlage der Gebührenfinanzierung des öffentlich-rechtlichen Rundfunks im dualen Rundfunksystem

PETER LANG
Europäischer Verlag der Wissenschaften

Bibliografische Information Der Deutschen Bibliothek
Die Deutsche Bibliothek verzeichnet diese Publikation in der Deutschen Nationalbibliografie; detaillierte bibliografische Daten sind im Internet über <http://dnb.ddb.de> abrufbar.

Zugl.: Heidelberg, Univ., Diss., 2003

D 16
ISSN 0531-7312
ISBN 3-631-51043-8

www.peterlang.de

Meinen Eltern, Schwiegereltern

und meiner Frau Tsui-Feng

Vorwort

Diese Arbeit wurde im Wintersemester 2002/03 von der Juristischen Fakultät der Universität Heidelberg als Dissertation angenommen. Sie ist durch ein vierjähriges Stipendium der taiwanesischen Regierung gefördert worden. Für die Veröffentlichung ist sie auf dem Stand vom Dezember 2002. Rechtsprechung und Literatur sind bis zu dieser Zeit berücksichtigt.

Mein herzlicher Dank gilt meinem hochverehrten Doktorvater Herrn Professor Dr. Görg Haverkate, der die Anregung zu diesem Untersuchungsthema gab, den Fortgang der Arbeit mit freundlicher Unterstützung begleitete und innerhalb kürzester Zeit das Erstgutachten erstellte. Für die zügige Erstellung des Zweitgutachtens gilt mein besonderer Dank Herrn Privatdozent Dr. Stefan Huster. Auf dieser Grundlage konnte die mündliche Doktorprüfung am 10. Februar 2003 stattfinden.

Im übrigen möchte ich mich mit großer Hochachtung Bei Herrn Professor Dr. Yueh-Sheng Weng, dem Präsidenten des Justiz Yuans von Taiwan, bedanken, der mein Interesse für das öffentliche Recht geweckt und mein juristisches Studium über viele Jahre hinweg betreut hat. Dem hochverehrten Zen Meister Hun-Yuan danke ich für seine weisen Ratschläge, die mir eine große Hilfe waren.

Mein herzlicher Dank geht ferner an eine ganze Reihe von Freunden und Kollegen, die wesentlich durch lange Gespräche und Diskussion zu früheren Versionen der Arbeit beigetragen haben: Herrn Tung-Jui Chang, Herrn Kun-Sheng Chang, Frau Nai-Yi Sun und Herrn Wei Zhang. Für die sprachliche Gestaltung und Korrektur möchte ich Herrn Gunnar Schramm, Frau Jana Brunke, Herrn Thomas Jülch und Herrn Chun-Chen Hsu meinen Dank aussprechen.

Meinen Eltern, Schwiegereltern, Geschwister, Yao-Liang und Mei-Fang sowie Schwager, Tzu-Hsiung und Masao danke ich aufrichtig für ihre vielfältige Unterstutzung. Schließlich möchte ich gegenüber meiner lieben Frau Tsui-Feng große Dankbarkeit zum Ausdruck bringen, nicht nur für ihre geistige und finanzielle Unterstützung, sondern auch für ihre liebevolle Geduld, mit der sie das Forschungsprojekt sieben Jahre lang begleitete.

Heidelberg, März 2003 Yaw-Shyang Chen

Inhaltsverzeichnis

C. Die Finanzierungsgarantie des öffentlich-rechtlichen Rundfunks als unerläßliches Element der Grundversorgung

Teil 2: Die Grundversorgungsaufgabe als Rechtfertigungsgrundlage der Gebührenfinanzierung des öffentlich-rechtlichen Rundfunks im Europarecht

A. Public Service als Rechtfertigung der Rundfunkgebühr nach dem EG-Beihilferecht

Abkürzungsverzeichnis

a.a.O.	am angegebenen Ort
AblEG	Amtsblatt der Europäischen Gemeinschaften
Abs.	Absatz
a.F.	alte Fassung
AfP	Archiv für Presserecht
AO	Abgabenordnung
AöR	Archiv des öffentlichen Rechts
ARD	Arbeitsgemeinschaft der öffentlich-rechtlichen Rundfunkanstalten der Bundesrepublik Deutschland
Art.	Artikel
Aufl.	Auflage
Bd.	Band
BGBl.	Bundesgesetzblatt
BK	Kommentar zum Bonner Grundgesetz
BT-DRs.	Bundestagsdrucksache
BVerfG(E)	(Entscheidungen des) Bundesverfassungsgericht(s)
BVerwG(E)	(Entscheidungen des) Bundesverwaltungsgericht(s)
bzw.	beziehungsweise
ders.	derselbe
d.h.	das heißt
Dok.	Dokument
DöV	Die Öffentliche Verwaltung
DV	Die Verwaltung
DVBl.	Deutsches Verwaltungsblatt
ebd.	ebenda
EBU	European Broadcasting Union
EG	Europäische Gemeinschaften Europäische Gemeinschaft (nach dem EGV)
EGKS	Europäische Gemeinschaft für Kohle und Stahl
EGMR	Europäischer Gerichtshof für Menschenrechte
EGV	Vertrag zur Gründung der Europäischen Gemeinschaft
EMRK	Europäische Konvention zum Schutz der Menschenrechte und Grundfreiheiten
endg.	endgültig
EU	Europäische Union
EuG	Gericht erster Instanz der Europäischen Gemeinschaften
EuGH	Europäischer Gerichtshof
EuGHE	Entscheidungen des Europäischen Gerichtshofes
EuR	Europarecht (Z)

EUV	Vertrag über die Europäische Union
EuZW	Europäische Zeitschrift für Wirtschaftsrecht
e.V.	eingetragener Verein
EWG	Europäische Wirtschaftsgemeinschaft
EWGV	Vertrag zur Gründung der Europäischen Wirtschaftsgemeinschaft
EWS	Europäisches Wirtschafts- und Steuerrecht (Z)
f.	folgende (Seite)
ff.	fortfolgende (Seiten)
FAG	Fernmeldeanlagengesetz
Fn.	Fußnote
FRAG	Freie Rundfunk AG
FS	Festschrift
FuR	Film und Recht (Z)
GATT	General Agreement on Tariffs and Trade
GEZ	Gebühreneinzugszentrale
GG	Grundgesetz
GmbH	Gesellschaft mit beschränkter Haftung
GS	Gedächtnisschrift
HdbStR	Handbuch des Staatsrechts
Hess VGH	Hessischer Verwaltungsgerichtshof
Hkomm.	Handkommentar
Hrsg.	Herausgeber
i.S.d.	im Sinne des
i.V.m.	In Verbindung mit
JURA	Juristische Ausbildung (Z)
JuS	Juristische Schulung
JZ	Juristenzeitung (Z)
KEF	Die Kommission zur Überprüfung und Ermittlung des Finanzbedarfs der Rundfunkanstalten
KOM	Dokumente der Kommission der Europäischen Gemeinschaften
Komm.	Kommentar
KritV	Kritische Vierteljahresschrift für Gesetzgebung und Rechtswissenschaft
K&R	Kommunikation & Recht
Lfg.	Lieferung
lit.	littera (Buchstabe)
Mio.	Million(en)
MP	Media Perspektiven
Mrd.	Milliarde(n)
M&K	Medien & Kommunikationswissenschaft
m.w.N	mit weiteren Nachweisen

n.F.	Neue Fassung
NJW	Neue Juristische Wochenschrift
Nr.	Nummer
NuR	Natur und Recht (Z)
NVwZ	Neue Zeitschrift für Verwaltungsrecht
RgebStV	Rundfunkgebührenstaatsvertrag
RfinStV	Rundfunkfinanzierungsstaatsvertrag
Rn.	Randnummer
Rs.	Rechtssache
Rspr.	Rechtsprechung
RStV	Rundfunkstaatsvertrag
RuF	Rundfunk und Fernsehen (Z)
S.	Seite
Slg.	Sammlung des Gerichtshofes der Europäischen Gemeinschaften
s.o.	siehe oben
sog.	sogenannt
Tz.	Textziffer
u.a.	und andere
VerwArch.	Verwaltungsarchiv (Z)
Vgl.	Vergleich
Vorbem.	Vorbemerkung
VVDStRL	Veröffentlichungen der Vereinigung der Deutschen Staatsrechtslehrer
WiVerw	Wirtschaft und Verwaltung
WTO	World Trade Organisation
(Z)	Zeitschrift
z.B.	zum Beispiel
ZDF	Zweites Deutsches Fernsehen
ZHR	Zeitschrift für das gesamte Handels- und Wirtschaftsrecht
Ziff.	Ziffer
ZIP	Zeitschrift für Wirtschaftsrecht
ZUM	Zeitschrift für Urheber- und Medienrecht

Einleitung

A. Der Ausgangspunkt

Die Diskussion um die Finanzierung des öffentlich-rechtlichen Rundfunks, insbesondere um seine Gebührenfinanzierung, ist ein medienrechtliches Dauerthema. Sowohl in der Literatur als auch in der gerichtlichen Rechtsprechung steht dieses Thema immer in engem Zusammenhang mit dem Problem der Erfüllung der öffentlichen Aufgabe im Rundfunkbereich. Fraglich ist, ob dieses bisherige Konzept im Zuge einer Deregulierung und Privatisierung der Staatsaufgaben aufrechterhalten werden kann und soll.[1] Die in Deutschland seit 1984 aufgebaute duale Rundfunkordnung führte zu dem Ergebnis, dass der öffentlich-rechtliche Rundfunk in einen harten Wettbewerb mit den privaten Rundfunkveranstaltern trat. Die beiden Gruppen von Rundfunkveranstaltern unterliegen jedoch verschiedenen rechtlichen Regelungen und Programmanforderungen. Sie werden auch aus unterschiedlichen Quellen finanziert. Nach Ansicht des Bundesverfassungsgerichts ist der Gesetzgeber daher verpflichtet, eine *positive* Ordnung durch materielle, organisatorische und prozedurale Regelungen zu schaffen, die an der Aufgabe des Rundfunks orientiert seien und erreichen könnten, was Art. 5 Abs. 1 GG in seiner Gesamtheit bewirken wolle.[2] Mit der Konkretisierung dieser Anforderung kommt dem Gesetzgeber weiterhin die Pflicht zu, die *Grundversorgung* der Bevölkerung durch den öffentlich-rechtlichen Rundfunk zu gewährleisten. Die gesetzliche Aufgabe der Grundversorgung ist ein Ergebnis der Entscheidung des Gesetzgebers für

---

[1] Zur Deregulierung und Privatisierung der Staatsaufgaben siehe Hoffmann-Riem, Modernisierung von Recht und Justiz, S. 15 ff.

[2] BVerfGE 57, 295/320; 83, 238/296; 90, 60/88.

die duale Rundfunkordnung.[3] Was aber hat der Rundfunk zu leisten und was darf er sich leisten? Die Antwort auf diese Frage liegt im Begriff der Grundversorgung. Dieser Begriff hat die Anwendung der Rundfunkfreiheit im Sinne des Art. 5 Abs. 1 GG an ein Gemeinwohlkonzept gebunden.

Dieser Gemeinwohlbezug wird zwar im Rundfunkstaatsvertrag und in anderen entsprechenden Rundfunkregelungen formuliert, der Begriff der Grundversorgung wird jedoch gegenständlich und zeitlich offen und dynamisch verstanden.[4] Um diese Aufgabe zu verwirklichen, hat das BVerfG immer wieder betont, dass der öffentlich-rechtlichen Rundfunk den Anspruch auf eine angemessene, funktionsgerechte und auf die Grundversorgung bezogene Finanzausstattung erhält. Im Unterschied zu einer programmleitenden Entscheidung kommt dem Gesetzgeber bei der Entscheidung über die Finanzausstattung des öffentlich-rechtlichen Rundfunks ein größerer Spielraum zu. Wie in der Rechtsprechung des BVerfG und im Schrifttum mehrfach ausgeführt, ist die Gebührenfinanzierung die gemäße Finanzierungsart zur Wahrnehmung der Grundversorgungsaufgabe des öffentlich-rechtlichen Rundfunks.[5] Die bisherige Mischfinanzierung des öffentlich-rechtlichen Rundfunks wird aber seit der Errichtung der dualen Rundfunkordnung heftig kritisiert. Aus der Sicht der privaten Rundfunkveranstalter wurde der Begriff der Grundversorgung durch die Urteile des BVerfG verunklart und häufig mißbraucht.[6] Nach Ansicht des Kritikers kann der Auftrag zur Grundversorgung auch durch private Programmsendungen erfüllt werden. Im aktuellen Rundfunkmarkt sind Programmangebote der Grundversorgung nicht mehr auf öffentlich-rechtliche

---

[3] Holznagel/Vesting, Sparten-und Zielgruppenprogramme, S. 50.
[4] BVerfGE 83, 238/298 f; Holznagel/Vesting, Sparten-und Zielgruppenprogramme, S. 53.
[5] BVerfGE 87, 181/199.

Sender beschränkt. In Deutschland bieten über 30 Sender die Progamme von Film, Unterhaltung und Sport an. Es besteht längst schon Überversorgung. In den Bereichen Information, Bildung und Kultur finden sich auch die Programme von privaten Veranstaltern, die dem Gedanken der Grundversorgung entsprechen. [7] Deshalb ist fragwürdig, ob die Grundversorgungsaufgabe des öffentlich-rechtlichen Rundfunks weiterhin aufrechterhalten werden muss und ob es noch erforderlich ist, die Rundfunkgebühr als Hauptfinanzquelle für den öffentlich-rechtlichen Rundfunk fortdauernd zu entrichten, wenn die Medienwelt sich durch technologische Entwicklung der Kommunikation und durch die Forderung nach einem „schlanken Staat" verändert.[8]

Bemerkenswert wurden viele Bestimmungen in dem am 1. April 2000 in Kraft getretenen Vierten Rundfunkänderungsstaatsvertrag für die Digitalisierung des Rundfunks umsetzt. Es handelt sich sowohl um die Veranstaltung digitaler Programme des öffentlich-rechtlichen Rundfunks, als auch um die Frage seiner Finanzierung. Die Digitalisierung von Frequenzen eröffnet neue Möglichkeiten für alle Arten telekommunikativer Leistungen. Wie alle Medien steht auch der Rundfunk an der Schwelle zu einer digitalen Kommunikationsrevolution. Die technologische Revolution wird zu einer wesentlichen Veränderung der Wettbewerbsbedingungen im Rundfunkbereich führen. Diese Weiterentwicklung der Rundfunkstechnik berührt in außergewöhnlichem Maße Wirtschaftsinteressen. Die Digitalisierung der Übertragungswege eröffnet den Rundfunkanbietern eine Reihe neuer Möglichkeiten in Bezug auf ihre Aktivitäten, neue Zugänge zu den Hörern

---

[6] Dazu siehe Lück, in: Stern u.a. (Hrsg.), Die Finanzierung des Rundfunks, S. 6 f.
[7] Hamm, in: ders (Hrsg.) Die Zukunft des dualen Systems, S. 10.
[8] Dazu siehe Hoffmann-Riem, Modernisierung von Recht und Justiz, S. 18.

und Zuschauern zu finden. Außerdem wird ein in der Neufassung des § 5a RGebStV eingefügtes Moratorium für die Gebührenpflicht des Internet-Rundfunks mit dem am 1. Januar 2001 in Kraft getretenen Fünften Rundfunkänderungsstaatsvertrag bis zum 31. Dezember 2004 verlängert.[9] Die Nutzung des Internets ist nach Ansicht eines Teiles des Schrifttums als „dritte" Programmsäule neben Radio und Fernsehen anzusehen.[10] Für die jüngeren Generationen ist das Internet eine relevante Informationsquelle. Hierbei stellt sich daher die Frage, ob das über Internet verbreitete Programmangebot eine Veranstaltung von Rundfunk, oder eine auf besondere Weise zulässige Randbetätigung der Rundfunkanstalten ist. Wenn diese Tätigkeit als Rundfunkveranstaltung angesehen würde, kämen weiter Zweifel auf, ob die Sendungstätigkeiten der öffentlich-rechtlichen Rundfunkanstalten über Internet mit der Grundversorgungsaufgabe vereinbar sind und ob das Internetprogrammangebot mit den Rundfunkgebühren finanziert werden kann.

B. Das Ziel und der Gang dieser Untersuchung

Aufgrund der oben erwähnten Fragestellung des Rundfunkrechts ist das Ziel dieser Arbeit, den Begriffswandel der Grundversorgung des öffentlich-rechtlichen Rundfunks und die Legitimation seiner Gebührenfinanzierung zu beleuchten. Die nachfolgende Untersuchung wird hauptsächlich auf die verfassungsrechtliche und die gemeinschaftrechtliche Ebene eingehen. Zunächst wird diese Frage im ersten Teil dieser Arbeit aus dem Blickwinkel des deutschen Verfassungsrechts diskutiert. Angelpunkt des verfassungsrechtlichen Status des öffentlich-rechtlichen Rundfunks in der derzeitigen dualen Rundfunkordnung ist der Begriff der Grundversorgung.

---

[9] Dazu siehe MP Dokumentation 2001, S. 40.

Diese an das Gemeinwohlkonzept anknüpfende öffentliche Aufgabe ist aber umstritten, weil ihre Elemente und Reichweite unklar sind. Vor allem ist zu fragen, ob die technische Entwicklung der Digitalisierung des Rundfunks und die Sendungstätigkeit durch das Internet zu diesem Begriff gehören. Das Bundesverfassungsgericht hat darauf noch keine Antwort gegeben. Nach seiner Auffassung ist die Aufgabe der Grundversorgung allein an die Funktion der Rundfunkanstalten gebunden. Um die Funktionstüchtigkeit des öffentlich-rechtlichen Rundfunks zu gewährleisten, ist der Gesetzgeber verpflichtet, die Bestands- und Entwicklungsgarantie des öffentlich-rechtlichen Rundfunks, die technische, organisatorische, personelle und finanzielle Vorbedingungen zur Erfüllung des Rundfunkauftrags umfasst, zu verwirklichen.

Jedoch ist die Finanzierungsgarantie nicht grenzenlos, ihre Legitimation und Grenze liegen in der Funktionswahrnehmung zur ständigen Erfüllung der gesetzlichen Aufgaben. Die öffentlich-rechtlichen Rundfunkanstalten bestimmen die Art und in gewissem Maß auch den Umfang ihrer Aufgabenerfüllung selbst und haben dabei Anspruch auf finanzielle Mittel, soweit sie sich im Rahmen des zur Wahrung ihrer Funktion Erforderlichen halten. Die Finanzquellen des öffentlich-rechtlichen Rundfunks sind aber nicht auf Rundfunkgebühren und Werbeeinnahmen beschränkt. Eine Diversifizierung der Finanzquellen ist im Prinzip verfassungsgemäß, wenn die Gebührenfinanzierung die vorrangige Finanzierungsquelle bleibt. Die Aufgabe der vorhandenen Gebührenfinanzierung des öffentlich-rechtlichen Rundfunks ist aber, mit obiger medientechnischer Umwälzung der neuen Herausforderung zu begegnen. Vor allem ist die Gebührenpflicht der Internet-PCs in Zukunft verfassungsrechtlich zweifelhaft. Daher geht die

---

[10] Ricker, ZUM 2001, S. 28 ff.

Untersuchung schließlich den Fragen nach, wie der öffentlich-rechtliche Rundfunk darauf reagiert und ob die bisherige Gebührenfinanzierung für die Rundfunkanstalten noch das angemessene finanzielle Mittel ist.

Im zweiten Teil dieser Arbeit wird dann untersucht, ob die deutsche Rundfunkgebühr aufgrund der von dem Mitgliedstaat statuierten öffentlichen Aufgabe, insbesondere die Grundversorgung im Rundfunkbereich, aus der Sicht des EG-Vertrags gerechtfertigt werden kann. Der Europäische Gerichtshof hat in ständiger Rechtsprechung die Veranstaltung von Rundfunksendungen als Wahrnehmung der Dienstleistungsfreiheit im Sinne des Art. 49 ff. EGV angesehen und dadurch die rechtlichen Voraussetzungen für die Kompetenzen der Gemeinschaftsorgane im Rundfunkbereich geschaffen. [11] In der Medien-praxis findet sich bisher noch eine Auseinandersetzung mit der Frage, ob die deutsche Rundfunkgebühr als „staatliche Beihilfe" im Sinne des Art. 87 Abs. 1 EGV qualifiziert werden kann. Deswegen wird der Beihilfecharakter der deutschen Gebührenfinanzierung aufgrund dieser Bestimmung im ersten Abschnitt überprüft. Dabei wird auch der Frage der Erforderlichkeit der Gebührenfinanzierung nachgegangen. Bei der gemeinschaftsrechtlichen Überprüfung des öffentlichen Auftrags des öffentlich-rechtlichen Rundfunks und der entsprechenden Gebührenfinanzierung spielt das Amsterdamer Protokoll über den öffentlich-rechtlichen Rundfunk eine bedeutende Rolle. Dieses Protokoll ist zwar nach überwiegender Ansicht eine Auslegungsbestimmung, es hat aber als solche rechtlich verbindliche Wirkung.

[11] EuGHE, Rs. 155/73, Sacchi, Slg. 1974, S. 409/428; Rs. 52/79, Debauve, Slg. 1980,

Darüber hinaus treffen Art. 87 Abs. 3 lit. d und Art. 86 Abs. 2 EGV Ausnahmeregelungen vom Beihilfeverbot des Art. 87 Abs. 1 EGV, wenn das betroffene finanzielle Mittel einem gemeinschaftsrechtlich anerkannten Allgemeininteresse des Mitgliedstaates dient. Im Schrifttum ist umstritten, ob es ein lex specialis/lex generalis Verhältnis zwischen den beiden Regelungen gibt. Die Ausnahmeklausel für Kulturförderung in Art. 87 Abs. 3 lit. d EGV ist durch den Maastrichter Vertrag eingeführt worden. Danach kann die staatliche Beihilfe zulässig sein, wenn sie der Kulturförderung dient, soweit sie die Handels- und Wettbewerbsbedingungen in der Gemeinschaft nicht in einem Maß beeinträchtigt, das dem gemeinsamen Interesse zuwiderläuft. Daneben verfolgt Art. 86 Abs. 2 EGV einen Ausgleich zwischen den gemeinschafts-rechtlichen Zielen und dem legitimen Interesse der Mitgliedstaaten an der Erfüllung im öffentlichen Interesse liegender Aufgaben. Da das Interesse der Gemeinschaft verletzt wäre, wenn eine Anwendung dieser Ausnahmevorschrift gemäß Art. 86 Abs. 2 S. 2 EGV zu einem Widerspruch mit den Zielen der Gemeinschaft (Art. 2 und 3 EGV) oder zur Verletzung von Grundprinzipien des Vertrages führen würde,[12] stellt sich die Frage nach dem Verhältnis zwischen den beiden Ausnahmeregelungen. Die Untersuchung der Ausnahmeregelungen muss die Auslegungsbestimmung des Amsterdamer Protokolls miteinbeziehen.

S. 833/855; Rs. 352/85, Bond van Adverteerders, Slg. 1988, S. 2085/2137; Rs. 260/89, ERT, Slg. 1991, I-S. 2925/2958; Rs. C-353/89, Kommission./. Niederlande, Slg. 1991, I-S. 4069/4092.

[12] Bartosch, EuZW 1999, S. 176/180; Ehricke, EuZW 1998, S. 741/746; Hochbaum, in: Groeben/Thiesing/Ehlermann (Hrsg.), EU-/EGV Komm., Art. 90, Rn. 70.

Teil 1: Die Grundversorgungsaufgabe als verfassungsrechtliche Rechtfertigungsgrundlage der Gebührenfinanzierung des öffentlich-rechtlichen Rundfunks

A. Die Gebührenfinanzierung als wichtigste Finanzierungsgarantie des öffentlich-rechtlichen Rundfunks

I. Der Status quo der derzeitigen Finanzierung des öffentlich-rechtlichen Rundfunks

In der Informationsgesellschaft spielt der Rundfunk wegen seiner Breitenwirkung, Aktualität und Suggestivkraft eine große Rolle. Die freie, individuelle und öffentliche Meinungsbildung hängt grundsätzlich davon ab, dass der Rundfunk frei, umfassend und wahrheitsgemäß informiert. [13] Aufgrund dieser Funktion des Rundfunks in der modernen Gesellschaft darf der Staat den Rundfunkbereich nicht einfach sich selbst überlassen. Er muss vielmehr ein freies Rundfunkwesen gewährleisten.[14] Mit der Entwicklung vom öffentlich-rechtlichen Rundfunkmonopol zum dualen Rundfunksystem in Deutschland wird immer wieder die Frage gestellt, ob die bestehende Gebührfinanzierung des öffentlich-rechtlichen Rundfunks heutzutage noch gerechtfertigt ist. Angesichts der Veränderung der Medien im Zuge der Digitalisierung ist zu bezweifeln, ob das finanzielle Privileg des öffentlich-rechtlichen Rundfunks gegenüber dem privaten Rundfunk bestehenbleiben soll. Probleme ergeben sich aber nicht nur aus den europarechtlichen Vorgaben zum fairen Wettbewerb. Die Notwendigkeit der Grundversorgung

---

[13] BVerfGE 57, 297/319; 83, 238/ 295 f.; 87, 181/ 197; 90, 60/87; 91,125/134.
[14] Fechner, Medienrecht, S. 182, Rn. 527.

durch den öffentlich-rechtlichen Rundfunk ist wegen den tatsächlich exsistierenden zahlreichen Programmangeboten zweifelhaft.

1. Die funktionsgerechte Finanzausstattung des öffentlich-rechtlichen Rundfunks

Für die Regelung der Finanzierung des öffentlich-rechtlichen Rundfunks sind nach der Kompetenzverteilung des Grundgesetzes die Länder zuständig.[15] Die derzeitige Finanzierungsregelungen sind in erheblichem Umfang durch verfassungsrechtliche Vorgaben der Rechtsprechung des BVerfG geprägt. Im § 11 Abs. 1 RStV wird eine Finanzausstattung verlangt, die den öffentlich-rechtlichen Rundfunk in die Lage versetzt, seine verfassungsmäßigen und gesetzlichen Aufgaben zu erfüllen, und die insbesondere den Bestand und die Entwicklung des öffentlich-rechtlichen Rundfunks gewährleistet. Solches Modell wird als „funktionsgerechte Finanzausstattung" bezeichnet. Das BVerfG hat in ständiger Rechtsprechung auf den Zusammenhang zu den Aufgaben und der entsprechende Finanzausstattung hingewiesen. Im 5. Rundfunkurteil (die „Baden-Württemberg-Entscheidung") wurde ein übergeordneter Grundsatz der *„funktionsgerechten Finanzierung"* formuliert, die die Tätigkeit der öffentlich-rechtlichen Rundfunkanstalten insgesamt hinreichend sichert.[16] Dies folgt aus dem Gedanken, dass das, was die Verfassung in Art. 5 Abs. 1 S. 2 GG in funktionaler Hinsicht verlangt, nicht vom Gesetzgeber mit finanziellen Regelungen durchkreuzt werden darf.[17] Der Rundfunkgesetzgeber ist daher verpflichtet, ausreichende finanzielle Mittel

---

[15] Mahrenholz, Verfassungsfragen des Rundfunkfinanzausgleichs, S. 35.
[16] BVerfGE 74, 297/342.
[17] BVerfGE 87, 181/198, dazu siehe auch Scheble, Perspektiven der Grundversorgung, S. 183.

zur Erfüllung des verfassungsrechtlichen Auftrags des öffentlich-rechtlichen Rundfunks bereitzustellen.[18]

Im „Hessen-3-Beschluß“ hat das BVerfG weitergehend die Funktion der Rundfunkanstalten als Festlegungskriterium der finanziellen Gewährleistungspflicht des Staates bestätigt.[19] Die Finanzierung muss der Funktion des öffentlich-rechtlichen Rundfunks nach Art und Umfang entsprechen[20] und darf die von Art. 5 Abs. 1 S. 2 GG gewährleistete Programmautonomie nicht gefährden.[21] Das verfassungsrechtliche Gebot der Bestands- und Entwicklungs-garantie für den öffentlich-rechtlichen Rundfunk umfasst auch die zur Erfüllung des Rundfunkauftrags erforderlichen finanziellen Mittel. Danach kommt den Rundfunkanstalten ein aus Art. 5 Abs. 1 S. 2 GG folgender Anspruch auf finanzielle Mittel zu, soweit sie zur Wahrung ihrer Funktion erforderlich sind.[22]

Daher werden die vorgegebenen verfassungsgemäßen und gesetzlichen Aufgaben, die die Bezugpunkte der Finanzausstattung darstellen, durch die einschlägige Rechtsprechung des BVerfG inhaltlich ausgefüllt. Aus dieser Formulierung kann ebenfalls entnommen werden, dass diese Vorschrift des § 11 RStV dem BVerfG die Möglichkeit bietet, über den dynamische Aufgabenbereich und über die angemessene Finanzgarantie der Rundfunkanstalten zu entscheiden. Danach wird de facto über die Finanzausstattung des öffentlich-rechtlichen Rundfunks von Rundfunkgesetzgeber und vom BVerfG gemeinsam entschieden. Das mag in

---

[18] BVerfGE 74, 297 /342.
[19] BVerfGE 87, 181/200.
[20] BVerfGE 87, 181/198.
[21] BVerfGE 87, 181/201.
[22] BVerfGE 74, 297 /342; 87, 181/200; 90, 60/92.

Widerspruch zur klassischen Gewaltenteilungslehre stehen, hat sich aber als praktikable Lösung erwiesen.[23]

2. Der Umfang funktionsgerechter Finanzausstattung

Wie oben dargelegt, hat das Gebot funktionsgerechter Finanzausstattung zwei unterschiedliche Dimensionen. Zum einen ist eine hinreichende Finanzierung als Grundlage zur Erfüllung der gesetzlichen Aufgabe erforderlich. Zum anderen geht es jedoch um die Sicherung der Unabhängigkeit von Staat und Privaten, die durch die Finanzierung auf das Programm Einfluß nehmen könnten.[24] Dabei sieht das BVerfG einen engen Zusammenhang zwischen Programmautonomie der Rundfunkanstalten und Finanzgewährleistungspflicht des Staates. „Programmentscheidungen haben finanzielle Voraussetzungen, Finanzentscheidungen haben programmliche Konsequenzen."[25] Wenn die Programmautonomie bei der Aufgabenerfüllung geschützt werden soll, dann müssen auch die finanzielle Bedingungen gesichert werden. Die Finanzgewährleistung ist deshalb eine Art „Grundrecht auf funktionsgerechte Aufgabenerfüllung".[26]

Danach ist deutlich, dass der Umfang dieser finanziellen Gewährleistungspflicht des Staates für die Rundfunkanstalten von ihrer Funktion umgrenzt wird.[27] Dies ist nicht auf einen gegenständlich bestimmten Bereich der Grundversorgungsaufgabe oder des klassischen

[23] Dazu siehe BVerfGE 12, 205/262; Libertus, Grundversorgungsauftrag, S. 10 f.; Hartstein/Ring/Kreile/Dörr/Stettner, RStV Komm. Bd. I B5 § 11, Rn. 3.
[24] Hoffmann-Riem, Pay-TV, S. 71.
[25] BVerfGE 90, 60/102.
[26] Bethge, Hörfunkwerbung, S. 65; Hoffmann-Riem, Pay-TV, S. 72.
[27] BVerfGE 87, 181/200.

Programmauftrags begrenzt. Im Rahmen der verfassungsrechtlichen Zielsetzung und der gesetzlichen Aufgabenzuweisung seien Rundfunkanstalten, so das BVerfG, frei zu entscheiden, wie sie ihre Funktion erfüllen. Mit anderen Worten, sei es Sache der Rundfunkanstalten, aufgrund ihrer professionellen Maßstäbe zu bestimmen, was der Rundfunkauftrag in publizistischer Hinsicht verlangt. Mit der Bestimmung des Programmumfangs sei mittelbar auch eine Festlegung des Geldbedarfs der Rundfunkanstalten verbunden.[28]

3. Die finanzielle Ausgestaltungsfreiheit des Rundfunkgesetzgebers

Bezüglich der Auswahl der Finanzierungsart hat das BVerfG darauf hingewiesen, dass es grundsätzlich Sache der politischen Entscheidung des Gesetzgebers sei.[29] Der grundrechtliche Schutz von Art. 5 Abs. 1 S. 2 GG erstreckt sich nicht auf eine einzelne Finanzierungsart.[30] Der Rundfunkgesetzgeber besitzt einen weiten Gestaltungsspielraum wie bei der Ausgestaltung der Rundfunkordnung. Dort liegen aber die Grenzen seiner Gestaltungsfreiheit, wo entweder der öffentlich-rechtliche Rundfunk an der Erfüllung seiner Grundversorgungsaufgabe gehindert oder der private Rundfunk Bedingungen unterworfen wäre, die ihn erheblich erschwerten oder gar unmöglich machten.[31]

Nach Ansicht des BVerfG ist jedoch die Gebührenfinanzierung die dem öffentlich-rechtlichen Rundfunk gemäße Art der Finanzierung.[32] Damit

---

[28] BVerfGE 87, 181/201.
[29] BVerfGE 83, 238/310; 87, 181/198.
[30] BVerfGE 83, 238/310.
[31] BVerfGE 83, 238/311.
[32] BVerfGE 87, 181/199.

könnten die Rundfunkanstalten unabhängig von Einschaltquoten und Werbeaufträgen ein Programm anbieten, das den verfassungsrechtlichen Anforderungen gegenständlicher und meinungsmäßiger Vielfalt entspräche.[33] Das bedeutet allerdings nicht, dass daneben andere Finanzierungsquellen ganz ausgeschlossen wären, solang sie die Gebührenfinanzierung nicht in den Hintergrund drängten. Andere Finanzierungsquellen seien zulässig und könnten sogar die Unabhängigkeit des öffentlich-rechtlichen Rundfunks stärken. Das gelte auch für Werbeeinnahmen.[34] Außer der Gebühren- und Werbeeinnahmen könnten andere besondere Finanzierungsarten wie Abonnements, Sponsoring oder Einzelentgelte für Rundfunkanstalten eingeführt werden. Das BVerfG hat auch gezeigt, dass im Zuge der weiteren Entwicklung des Rundfunks eine Teilumstellung der Rundfunkanstalten vom Massenprogramm auf Spartenprogramme mit „gesonderter Finanzierung" notwendig werden könnte. Das unterliegt freilich in jedem Fall einem Gesetzvorbehalt.[35] Im Hinblick auf die Funktionsgerechtigkeit der Finanzausstattung des öffentlich-rechtlichen Rundfunks hat das BVerfG das Modell der „Mischfinanzierung" aus Gebühren, Werbeeinnahmen und sonstigen Einnahmen für den öffentlich-rechtlichen Rundfunk anerkannt und auf seine Eignung verwiesen, einseitige Abhängigkeiten zu lockern und damit die Programmgestaltungsfreiheit der Rundfunkveranstalter zu stärken.[36]

---

[33] BVerfGE 73, 118/158.
[34] BVerfGE 87, 181/200; 90, 60/91.
[35] BVerfGE 74, 297/345.

4. Die Gebühreneinnahmen als vorrangige Finanzierungsquelle

a) Das Mischfinanzierungsmodell im Rundfunkstaatsvertrag

Demzufolge haben die Länder ein Mischfinanzmodell des öffentlich-rechtlichen Rundfunks in dem Rundfundstaatsvertrag festgelegt. Gemäß § 12 Abs. 1 RStV finanziert sich der öffentlich-rechtliche Rundfunk grundsätzlich aus drei Quellen, den Gebühreneinnahmen, den Einnahmen aus der Rundfunkwerbung und sonstigen Einnahmen. Dabei ist ausdrücklich geregelt, dass die Rundfunkgebühr vorrangige Finanzierungsquelle des öffentlich-rechtlichen Rundfunks ist. Jedoch ist es auch unübersehbar, dass die Werbeeinnahmen bei der Finanzierung des öffentlich-rechtlichen Rundfunks zunehmend eine wesentliche Rolle spielen. Daneben können die Rundfunkanstalten weitere Einkünfte durch wirtschaftliche Bestätigungen erzielen. Andere neue Finanzierungsformen des öffentlich-rechtlichen Rundfunks werden zwar seit langem diskutiert, spielen jedoch nur eine geringere Rolle. Sie erreichen entweder nur ein kleineres Volumen, wie beispielsweise die Sponsorenförderung, die rundfunkneutralen Erträge, die Stiftungen und Spenden, oder sind verfassungsrechtlich bedenklich bzw. ausgeschlossen wie Privatisierung, Staatszuschüsse, steuerliche Entlastung der rundfunkeigenen Werbegesellschaften und Pay-TV im Bereich der Grundversorgung.[37] Deshalb wird sich die nachfolgende Erörterung auf die rechtlichen Probleme der Rundfunkgebühr und der Werbungseinnahmen beschränken.

---

[36] BVerfGE 83, 238/310 f.

b) Die Rundfunkgebühr

aa) Die gesetzlich vorrangige Finanzierungsquelle

Wie im § 12 Abs. 1 S. 2 RStV vorgegeben, ist die Rundfunkgebühr vorrangige Finanzierungsquelle des öffentlich-rechtlichen Rundfunks. Die Rundfunkgebühr setzt sich aus der Grundgebühr (Hörfunkgebühr) sowie der Fernsehgebühr zusammen. Ihre Höhe wird im § 8 RfinStV festgesetzt. Danach ist die Aufteilung der Rundfunkgebühren auch im § 9 Abs. 1 und 2 RfinStV geregelt. Von dem Aufkommen aus der Grundgebühr erhalten die in der ARD zusammengeschlossenen Landesrundfunkanstalten 92,2703 vom Hundert und die Körperschaft des öffentlichen Rechts „Deutschlandradio" 7,7297 vom Hundert. Von der Fernsehgebühr erhält die ARD einen Anteil von 62,2368 vom Hundert, das ZDF einen Anteil von 37,7632 vom Hundert. Gemäß § 10 Abs. 1 RfinStV sind 2 vom Hundert des Aufkommens aus der Grund- und Fernsehgebühr für die Finanzierung der Landesmedienanstalten zu verwenden, um den Zulassungs- und den Aufsichtsfunktionen dieser Anstalten zu dienen. Gemäß dem 5. Rundfunkänderungsstaatsvertrag beträgt die Rundfunkgebühr ab 1.1.2001 monatlich 16,15 Euro, davon 5,32 Euro aus der Grundgebühr und 10,83 Euro aus der Fernsehgebühr.[38] In der Praxis ist die Gebühreneinnahme der Hauptanteil an der Finanzierung des öffentlich-rechtlichen Rundfunks. Bei den Gesamterträgen (brutto) 11435,9 Mio. DM der ARD im Jahre 1999 sind 8694,5 Mio. DM der Erträge aus Rundfunkgebühren geflossen. 4169,5 Mio. DM stammten aus Hörfunkgebühren, 4444,9 Mio. DM aus Fernsehgebühren und 80,1 Mio. DM aus den Gebührenrückflüssen der Landesmedienanstalten.

---

[37] Dazu siehe Oppermann/Kilian, Rechtsgrundsätze der Finanzierung, S. 102 ff.

[38] Hartstein/Ring/Kreile/Dörr/Stettner, RStV Komm. Bd. I, B 5 § 12, Rn. 3.

Die Werbeinnahmen betrugen nur 629,9 Mio. DM.[39] Die Gesamterträge von 2932,4 Mio. DM des ZDF im Jahr 1998 schließt die Einnahme aus Fernsehgebühren 2278,0 Mio. DM und die Erträge aus dem Werbeinnahme 305,0 Mio. DM ein.[40] Die Finanzierung des öffentlich-rechtlichen Rundfunks durch Rundfunkgebühren trägt dazu bei, das Gebot der Staatsfreiheit in wirtschaftlicher Hinsicht abzusichern, und den Rundfunkanstalten kommt eine gewisse Unabhängigkeit von der Programmorientierung am breiten Publikumsinteresse zu, damit die Verbreitung von Minderheitenprogrammen sowie die Erfüllung der Grundversorgungsaufgabe verwirklicht werden kann.[41] Darauf wird im nachfolgenden Abschnitt näher eingegangen.

Diese Bestimmung der Finanzausstattung stimmt mit den Vorgaben der ständigen Rechtsprechung des BVerfG überein. Mit dem Aufbau eines dualen Rundfunksystems hat das Gericht im 4. Rundfunkurteil zugleich darauf hingewiesen, dass die entsprechende Finanzierung des öffentlich-rechtlichen Rundfunks durch Gebühren in den demokratischen und kulturellen Funktionen des Rundfunks und in der Gewährleistung der Grundversorgung für alle Teile der Bevölkerung ihre Rechtfertigung finden. Diese Aufgaben machten es erforderlich, für die technischen, organisatorischen, personellen und finanziellen Vorbedingungen ihrer Erfüllung zu sorgen. [42] Im 6. Rundfunkurteil (die „Nordrhein-Westfalen-Entscheidung") wurde die Vorrangigkeit der Rundfunkgebühr in dem Sinne bestätigt. Mit der Grundversorgungsaufgabe, die dem öffentlich-rechtlichen Rundfunk zukommt, wäre es jedenfalls unter den gegenwärtigen Bedingungen im dualen System

---

[39] ARD Jahrbuch 2000, S. 211 f.
[40] ZDF Jahrbuch 99, S. 289.
[41] Oppermann/Kilian, Rechtsgrundsätze der Finanzierung, S. 31.
[42] BVerfGE 73, 118/158; Hartstein/Ring/Kreile/Dörr/Stettner, RStV Komm. Bd. I, B 5 § 12, Rn. 5.

unvereinbar, sie überwiegend auf Werbeeinnahmen zu gründen. Das bedeutet aber nicht, dass die Werbeeinnahmen ganz untersagt würden. Die Werbefinanzierung ist bedingt zulässig, aber nachrangig. Eine Mischfinanzierung aus beiden Einnahmen ist insoweit zulässig, solange die Werbeeinnahmen die Gebührenfinanzierung nicht in den Hintergrund drängen.[43]

bb) Die Rechtsnatur der Rundfunkgebühr

Die Rechtsnatur der Rundfunkgebühr hat in der Literatur vielfältige rechtliche Erörterungen erfahren und ist bisher noch umstritten. Im Hinblick auf den später zu erörternden rechtlichen Streit bei der gemeinschaftsrechtlichen Einordnung der Gebührenfinanzierung, ob diese Finanzierungsart des öffentlich-rechtlichen Rundfunks eine „staatliche Beihilfe“ oder „aus staatlichen Mitteln“ gewährte Beihilfe im Sinne des Art. 87 Abs. 1 EGV ist, bedarf es deshalb zuvor einer Überprüfung der Rechtsnatur der Rundfunkgebühr.

Die Rundfunkgebühr steht im Schnittpunkt zwischen Finanzverfassung und Medienverfassungsrecht. Sie ist Gegenstand der Landesgesetzgebung. Wie im § 2 des RGebStV geregelt, ist jeder Rundfunkteilnehmer gebührenverpflichtet, der das entsprechende Empfangsgerät bereithält, d.h. die Möglichkeit des Sendungsempfanges zur Verfügung hat.[44] Seit Beginn der fünfziger Jahre sind nicht weniger als sieben verschiedene Auffassungen über die Rechtsnatur der Rundfunkgebühr zusammengestellt worden.[45] Im Schrifttum wird die

[43] BVerfGE 87, 181/200.
[44] Vogel/Waldhoff, BK., Vorbem. zu Art. 104a-115, Rn. 462.
[45] Herrmann, Rundfunkrecht, S. 704; Ricker/Schiwy/Schütz, Rundfunkverfassungsrecht,

Rundfunkgebühr als Beitrag definiert.[46] Abweichend davon wird sie ebenfalls als Sonderabgabe bezeichnet[47] oder als Zwecksteuer qualifiziert.[48] Darüber hinaus wird die Rundfunkgebühr auch als Anstaltsbenutzungsgebühr[49] oder Nutzungsgebühr mit Beitragselementen benannt.[50] Nach anderer Meinung ist sie als Beitrag zu den Kosten des allgemeinen Rundfunks[51] oder als Abgabe sui generis mit beitragsartigen Elementen zur Finanzierung der Gesamtveranstaltung Rundfunk anzusehen.[52]

Die Natur der Rundfunkgebühr kann sich durch den technischen Fortschritt verursachte wirtschaftliche und organisatorische Wandel im Medienbereich ändern. In Bezug auf diese Frage hat das BVerfG noch keine eindeutige Stellung bezogen. Obwohl das Verfassungsgericht im zweiten Rundfunkurteil (die sogenannte „Mehrwertsteuer-Entscheidung") die rechtliche Eigenart der Rundfunkgebühr als „Gebühr" qualifiziert hat, die nicht Gegenleistung für eine Leistung, sondern das von den Ländern eingeführte Mittel zur Finanzierung der Gesamtveranstaltung ist,[53] jedoch ist der Begriff der „Gebühr" offengelassen. Ersichtlich wird die Rundfunkgebühr nicht als Steuer bezeichnet, weil die Steuer eine „voraussetzungslose" Geldleistungspflicht ist, der keine korrespondierende Gegenleistung der öffentlichen Hand entspricht.[54] Die Steuer dient der Deckung des allgemeinen öffentlichen Finanzbedarfs und fließt damit dem Staatshaushalt zu. Dagegen setzt die Entstehung der

---

S. 200.
[46] Heydt, AöR 1975, S. 584.
[47] Badura, ZUM 1988, S. 155/163 f.
[48] Hümmerich/Beucher, AfP 1989, S. 708/714 f.; Beucher/Leyendecker/ v. Rosenberg, Mediengesetze, § 12 RStV Rn. 2.
[49] Herrmann, AöR 1965, S. 286/324 ff.
[50] Ipsen, Die Rundfunkgebühr, 2. Aufl., S. 60.
[51] F. Kirchhof, Die Höhe der Gebühr, S. 35 f.
[52] Hartstein/Ring/Kreile/Dörr/Stettner, RStV Komm. Bd. I, B 5 § 12, Rn. 9.
[53] BVerfG 31, 314/329 f.

Rundfunkgebührenpflicht aber nach der Bestimmung des § 12 Abs. 2 RStV das Bereithalten eines Rundfunkempfangsgeräts voraus. Diese Gebühr wird von der Gesamtheit der Rundfunkteilnehmer, nicht aber von der öffentlichen Hand geleistet. Es fehlt bei dieser Gebührenpflicht an einer *Allgemeinheit* des Finanzbedarfs. Außerdem ist die Rundfunkgebühr auch keine Zwecksteuer, die sich im Gegensatz zu den allgemeinen Steuern auf bestimmte Leistungen und Verwaltungszwecke des Abgabeberechtigten bezieht. [55] Die Zweckbindung des Aufkommens aus der Abgabe widerspricht nicht dem verfassungsrechtlichen Begriff der Steuer. Die Erfüllung der öffentlichen Aufgaben, zu deren Finanzierung Zwecksteuern dienen, enthält keinen Charakter der Gegenleistung des Abgabeberechtigten zugunsten des Abgabepflichtigen.[56] Die Rundfunkanstalten sind aber keine Anstalten, die der Ausübung staatlicher Verwaltung dienen. Die Veranstaltung von Rundfunksendungen ist nicht mittelbare Staatsverwaltung. Die Rundfunkanstalten sind als von Staat unabhängige, sich selbst verwaltende Anstalten des öffentlich-rechtlichen Rechts organisiert worden. Aus diesem Grund soll die Qualifizierung der Rundfunkgebühr als Zwecksteuer aufgegeben werden.[57]

Ferner stellt die Rundfunkgebühr keine Gebühr im abgabenrechtlichen Sinne dar. Die Gebühr ist eine gesetzlich oder aufgrund eines Gesetzes festgelegte Gegenleistung für die Inanspruchnahme der öffentlichen Verwaltung in einem bestimmten Einzelfall.[58] Sie ist nach dem Kostendeckungsprinzip und dem Äquivalenzprinzip zu erheben und steht im Zusammenhang mit einer

---

[54] Zum der gesetzliche Definition der Steuern siehe § 3 Abgabenordnung.
[55] BVerfGE 7, 244/254.
[56] BVerfGE 7, 244/254; Klein, AO Komm. § 3 Rn. 5.
[57] BVerwGE 70, 310/316; Damm, Gebührenprivileg und Beihilferecht, S. 51.
[58] Klein, AO Komm. § 3 Rn. 15.

konkreten Gegenleistung an den Gebührenschuldner.[59] Wie oben dargelegt, ist die Rundfunkgebühr nicht Zahlung für eine Gegenleistung, sondern das von den Ländern eingeführte Mittel zur Finanzierung der Gesamtveranstaltung. Die Rundfunkgebührenpflicht knüpft nur an das Bereithalten eines Empfangsgerätes, nicht an eine tatsächliche Nutzung der Programme an. Diese Gebühr dient der Finanzierung des Gesamtangebots der Rundfunkanstalten oder der Finanzierung der Landesmedienanstalten. Sie kann daher nicht als Entgelt im Rahmen eines konkreten Leistungsaustauschs qualifiziert werden. Abgabenrechtlich betrachtet ist die Rundfunkgebühr somit keine Gebühr.

Weiterhin stellt die Rundfunkgebühr auch keinen Beitrag dar. Der Beitrag wird nach der üblichen Begriffsbestimmung die Beteiligung der Interessenten an den Kosten einer öffentlichen Einrichtung, die dem Beitragspflichtigen zur Nutzung zur Verfügung steht, bezeichnet. Dem Beitrag liegt ein öffentlicher Aufwand zugrunde, der einen besonderen Vorteil für die beitragspflichtige Personengruppe bringt.[60] Der Gedanke der Gegenleistung, des Ausgleichs von Vorteilen und Lasten ist der legitimierende Gesichtspunkt des Beitrags.[61] Für die Erhebung des Beitrags ist jedoch die Möglichkeit eines Vorteils ausreichend. [62] Das Beitragsschuldverhältnis kann daher gegenüber demjenigen begründet werden, der einer vorgefundenes, objektives Interesse an der Errichtung oder Nutzbarkeit einer öffentlichen Einrichtung nachweisbar hat. [63] Zwar hatte das Bundesverwaltungsgericht die Rundfunkgebühr als Anstaltsnutzungsgebühr, die eine Geldleistung ist, die als Gegenleistung für

---

[59] Klein, AO Komm. § 3 Rn. 15; Koch/Scholtz, AO Komm. § 3 Rn. 6.
[60] Koch/Scholtz, AO Komm. § 3 Rn. 6.
[61] BVerfGE 7, 244/255; 42, 223/228. Klein, AO Komm. § 3 Rn. 16.
[62] Hesse, Rundfunkrecht, S. 177, Rn. 125.
[63] P. Kirchhof, in: Isensee/Kirchhof (Hrsg.): HbStR, Bd. IV, § 88, Rn. 219.

die Inanspruchnahme einer öffentlichen Einrichtung erhoben wird, bewertet.[64] Im Schrifttum wird ebenfalls vertreten, dass die Rundfunkgebühr ein öffentlich-rechtlicher Beitrag zu den Kosten des öffentlich-rechtlichen Rundfunks sei. „Freier" Rundfunkempfang bedeute nicht „kostenloser Rundfunkempfang."[65] Da die Rundfunkgebühr für einen potentiellen Vorteil gefordert werde, nämlich die durch den Besitz eines Rundfunkgeräts indizierte Möglichkeit, das Programm empfangen zu können, sei sie ein Beitrag.[66] Diese Ansichten sind jedoch zweifelhaft. Das BVerfG hat sich in dem oben erwähnten Mehrwertsteuer-Urteil die Eigenart der Rundfunkgebühr unter dem Blickwinkel befaßt, dass aus dem Vorhandensein dieser „Gebühr" keine Schlüsse auf die gewerbliche Natur der Rundfunkdarbietung zu ziehen seien. Da der Rundfunk als Gesamtveranstaltung behandelt werde, sei die Rundfunkgebühr kein Entgelt für die Entgegennahme des Programms und die Veranstaltung- und Sendetätigkeit der Rundfunkanstalten.[67] Es fehlt bei der Rundfunkgebühr an einem Entgeltcharakter. Deshalb ist die Rundfunkgebühr keinen Beitrag.

Die Rundfunkgebühr ist auch keine Sonderabgabe, die von einer abgrenzbaren, homogenen, gesellschaftlichen Personengruppe für die Erfüllung einer Aufgabe erhoben wird, für die diese Gruppe eine besondere Verantwortung hat.[68] Bereits die Voraussetzungen sind fragwürdig. Zudem müsste eine Gruppenverantwortung der Gruppe der Rundfunkteilnehmer für die

---

64 BVerwGE 29, 214/217.

65 Herrmann, Rundfunkrecht, § 31, S. 705, Rn. 47 f.; dazu siehe auch Fechner, Medienrecht, S. 226, Rn. 793.

66 F. Kirchhof, Die Höhe der Gebühr, S. 36.

67 BVerfG 31, 314/329 f.; dazu auch vgl. Badura, Rundfunkfreiheit und Finanzautonomie, S. 19.

68 Klein, AO Komm. § 3 Rn. 18.

Sicherstellung des öffentlichen Rundfunkauftrags gegeben sein. Das ist jedenfalls bei der Rundfunkgebühr nicht der Fall.[69]

Nach überwiegender Meinung wird die Rundfunkgebühr als Abgabe *sui generis* mit beitragsartigen Elementen bezeichnet. [70] Zunächst ist die Rundfunkgebühr ein besonderes Finanzierungsmittel für die Gesamtveranstaltung der öffentlich-rechtlichen Rundfunkanstalten, die lediglich ein gesetzliches Instrumentarium einer bestimmten Abgabenform ist. Sie dient zu dem alleinigen Zweck, eine sichere, voraussehbare und planbare Ordnungsgrundlage für die Rundfunkfinanzierung zu schaffen. Damit wird eine mögliche Inanspruchnahme einer öffentlich Einrichtung durch den Rundfunkteilnehmer abgegolten. Außerdem ist die Rundfunkgebühr geeignet, zur Sicherung der Staatsfreiheit, indem sie die öffentlich-rechtlichen Rundfunkanstalten von staatlicher Haushaltswirtschaft unabhängig macht, und zur Gewährleistung der Meinungsvielfalt, indem nur die Rundfunkgebühr den Rundfunkanstalten von Einschaltquoten weitgehend unabhängig machen kann, beizutragen. Aus diesem Grunde wird die Erhebung von Rundfunkgebühren von jedem Rundfunkteilnehmer ohne Rücksicht auf die tatsächliche Nutzung gerechtfertigt. Meines Erachtens ist die Rundfunkgebühr wesenmäßig eine Abgabe *sui generis* mit beitragsartigen Elementen.

---

[69] Fechner, Medienrecht, S. 210, Rn. 641.

[70] Grupp, Grundfragen des Rundfunkgebührenrechts, S. 42; Oppermann/Kilian, Rechtsgrundsätze der Finanzierung , S. 89 f; Hartstein/Ring/Kreile/Dörr/Stettner, RStV Kom. C-0.3 § 12, Rn. 9; Selmer/Gersdorf, DVBl. 1992, S. 79 ff.; Otten, ZUM 1997, S. 790/793 f.

cc) Die Rechtfertigung der Gebührenpflicht der Rundfunkteilnehmer

Die Zulässigkeit der Rundfunkgebührenpflicht der Rundfunkteilnehmer ist rundfunkrechtlich heftig umstritten. Die Vorschrift des 12 Abs. 2 RStV hält im Anschluß an die Bestimmung des § 2 RGebStV daran fest, dass die Rundfunkgebühr von jedem Rundfunkteilnehmer geschuldet wird, soweit er ein Rundfunkempfangsgerät bereithält. Es setzt deutlich voraus, dass die Möglichkeit besteht, Rundfunksendungen zu empfangen. Auf den tatsächlichen Programmempfang oder den Empfang der Programmsendung einer bestimmten Rundfunkanstalt kommt es nicht an. Danach ist es für die Gebührenpflicht nicht erforderlich, dass das Angebot der Rundfunkanstalten tatsächlich vom Empfänger in Anspruch genommen wird. Das Bereithalten eines Empfangsgeräts bedeutet bereits Teilnahme an der „Gesamtveranstaltung Rundfunk."[71]

Mehrmals wurde dieser Anknüpfungspunkt als verfassungswidrig gerügt.[72] In jüngerer Zeit war diese Frage durch das Urteil des Bundesverwaltungsgerichts vom 9. Dezember 1998 [73] über die Rundfunkgebührenpflicht des Hotelbetreibers wieder klargestellt. Danach ist die an das Bereithalten eines Empfangsgeräts anknüpfende Gebührenpflicht mit dem Grundgesetz vereinbar. Diese Ansicht wird auch vom BVerfG akzeptiert. Die dagegen gerichtete Verfassungsbeschwerde blieb erfolglos. Aus folgenden Gründen sei die Gebührenpflicht der Rundfunkteilnehmer gerechtfertigt: Zunächst enthielte Art. 5 Abs. 1 S. 1 GG keine Garantie kostenloser Information. Das Grundrecht der Informationsfreiheit könne von staatlich festgesetzten Entgelten für die

[71] Degenhart, BK Art. 5 Abs. 1 u. 2, 1999, Rn. 810.
[72] Hartstein/Ring/Kreile/Dörr/Stettner, RStV Komm. Bd. I, B 5 § 12, Rn. 48.
[73] BVerwGE 108, 108 ff.

Rundfunknutzung nur dann verletzt werden, wenn sie darauf zielten oder wegen ihrer Höhe objektiv dazu führten, nutzungswillige Interessenten der Informationen von bestimmten Quellen fernzuhalten. Außerdem schütze das Grundrecht der Eigentumsgarantie in Art. 14 Abs. 1 GG nicht vor der Auferlegung von Geldleistungspflichten. Schließlich hinge die Zulässigkeit der privaten Rundfunkveranstaltungen von der Funktionstüchtigkeit des öffentlich-rechtlichen Rundfunks ab. Daraus wird gefolgert, dass die Gebührenpflicht ohne Rücksicht auf die Nutzungsgewohnheiten der Empfänger allein an den Teilnehmerstatus zu knüpfen ist, der durch die Bereithaltung eines Empfangsgeräts begründet wird.[74]

Fraglich ist ferner, ob allein der Besitz eines internetfähigen PCs (Online-PC) die Gebührenpflicht auslöst, wenn damit Rundfunkprogramme empfangen werden können. Die Rundfunkempfangsgeräte sind gemäß § 1 Abs. 1 RGebStV als „technische Einrichtungen, die zur drahtlosen oder drahtgebundenen, nicht zeitversetzten Hör- oder Sichtbarmachung oder Aufzeichung von Rundfunkdarbietungen (Hörfunk und Fernsehen) geeignet sind" definiert. Somit erfüllen auch Online-PCs die Voraussetzungen, weil mit ihnen Rundfunksendungen durch sogenanntes „Live-Streaming" im Internet übertragen werden können. Um die Gebührenpflicht für Online-PCs zu vermeiden, regelt § 5 a RGebStV ausnahmsweise, dass bis zum 31. Dezember 2004 für Rechner, die Rundfunkprogramme ausschließlich über Angebote aus dem Internet wiedergeben können, Gebühren nicht zu entrichten sind. Das spricht dafür, dass der Besitz des Online-PCs im Prinzip gebührenpflichtig ist, ansonsten wäre die Ausnahme unnötig.[75] Dagegen ist aber gemäß der Protokollerklärung zu § 5 a der Länder Baden-Württemberg, Freistaat Bayern,

---

[74] BVerfG, Beschluß v. 6. September. 1999- 1 BvR 1013/99, NVwZ 1999, S. 1321.

Hessen, Freistaat Thüringen und Sachsen der Online-PC kein Rundfunkempfangsgerät. [76] Demzufolge besteht ebenfalls keine Rundfunkgebührenpflicht nach Ablauf des Moratoriums. Der Standpunkt ist, dass die Entwicklung des Multimedia-PCs nicht durch diese Gebührenpflicht gefährdet werden darf. Gegenüber dem Hörfunk und dem Fernsehen kommt es bei den Multimediadiensten wie etwa im Internet aufgrund ihrer wirtschaftlichen und individualkommunikativen Ausrichtung nicht auf Ausgewogenheit, sondern auf Zugangsoffenheit an.[77] Sie gehören daher zum traditionellen Bereich der Telekommunikation. Obwohl ein geringer Teil der angebotenen Dienste im Internet ausnahmsweise dem Bereich des Rundfunks zuzuordnen ist, ist es nicht die „Hauptfunktion" des Online-PCs. Daher soll der Online-PC von der Gebührenpflicht befreit werden. Dieses Problem kann nur dadurch gelöst werden, dass die Bestimmungen der Gebührenbefreiung wie die im § 6 RGebStV neu strukturiert werden.

Hierbei wird das Interesse der Gebührenzahler allerdings auch berücksichtigt. Die Anwendung der Rundfunkgebühr zur Finanzierung des öffentlich-rechtlichen Rundfunks ist nur in dem Ausmaß gerechtfertigt, wie es für dessen Funktionserfüllung erforderlich ist. „Erforderlich" sind lediglich diejenigen Maßnahmen, die die Rundfunkanstalten in die Lage bringen, die verfassungsmäßige und gesetzliche Aufgabe der Rundfunkanstalten zu erfüllen sowie ihre Bestand- und Entwicklungsgarantie zu ermöglichen. [78] Dabei muss zugleich die Belastung der Rundfunkteilnehmer in die Überlegungen einbezogen werden. Wenn die Gebührenhöhe zu einer finanziellen Überlastung der Rundfunkteilnehmer führt, könnten den Bürger

[75] Hesse, ZUM 2000, S. 183/193.
[76] Hartstein/Ring/Kreile/Dörr/Stettner, RStV Komm. Bd. I A 1.9, S. 5.
[77] Mayer, Das Internet im öffentlichen Recht, S. 137.

die Möglichkeit nicht mehr zur Verfügung stehen, an der „Gesamtveranstaltung Rundfunk“ teilzuhaben. Infolgedessen setzt die „Gebührenverträglichkeit“ auch eine wichtige Schranke der Finanzierung des öffentlich-rechtlichen Rundfunks.[79] Jedoch ergibt sich hieraus nicht zwingend eine Gebührengrenze. Darauf wird in dem Abschnitt über die Gebührenfestsetzung weiter eingegangen.

c) Die zusätzliche Werbefinanzierung

aa) Die Werbeeinnahmen als subsidiäre Finanzquelle

Es gibt aber auch andere angemessene Einnahmequellen für die Rundfunkanstalten. Dabei ist die Werbeeinnahme von Bedeutung. Die Werbeeinnahme ist die zweite Finanzquelle des öffentlich-rechtlichen Rundfunks. Nach der Stellungnahme von BVerfG im Gebührenurteil sind andere Finanzierungsquellen der Rundfunkanstalten neben der Rundfunkgebühr zulässig. Das gilt auch für die Werbeeinnahmen. Die Rundfunkanstalten sind berechtigt unter den im Rundfunkstaatsvertrag vorgegebenen Umständen Einnahmen durch Werbung zu erzielen, welche aber nur die Funktion einer “Zusatzfinanzierung” erfüllen dürfen. [80] Diese Werbeeinnahmen werden durch den RStV vornehmlich für die privaten Rundfunksender reserviert. [81] Die Werbezeiten des öffentlich-rechtlichen Rundfunks sind deshalb strikt beschränkt. Nach § 15 RStV ist die Fernsehwerbung nur im ersten Programm der ARD und im Programm des ZDF zulässig, nicht aber in weiteren bundesweit verbreiteten

---

[78] BVerfGE 90, 60/99.
[79] Fechner, Medienrecht, S. 205, Rn. 605.
[80] Badura, Rundfunkfreiheit und Finanzautonomie, S. 20.

Fernsehprogrammen. Nach 20.00 Uhr sowie an Sonntagen und im ganzen Bundesgebiet anerkannten Feiertagen dürfen Werbesendungen nicht ausgestrahlt werden. Weiterhin ist die Werbung auf 20 Minuten werktäglich im Jahresdurchschnitt begrenzt. Diese Vorschrift ist eine Schlüsselbestimmung für die Balance zwischen öffentlich-rechtlichen und privaten Rundfunkveranstaltern in der dualen Rundfunkordnung, die nicht nur von dem Anliegen getragen wird, das Programm der öffentlich-rechtlichen Rundfunkanstalten und seine Rezipienten von Werbeeinflüssen frei zu halten, sondern auch das Ziel hat, den privaten Rundfunkveranstaltern angemessene Einnahmequellen, vor allem aus der Werbung, zu erschließen.[82]

Ferner weist das BVerfG darauf hin, dass der Rundfunkgesetzgeber von Verfassungs wegen nicht verpflichtet sei, den Rundfunkanstalten bestimmte Finanzierungsarten, also etwa die Werbeeinnahmen, zu gestatten. Bei der Mischfinanzierung dürfen die Werbeeinnahmen wegen der mit ihnen verbundenen programm- und vielfaltverengenen Tendenzen die Gebührenfinanzierung nicht in den Hintergrund drängen. [83] Die Mischfinanzierung könnte trotzdem geeignet sein, einseitige Abhängigkeiten zu lockern und die Programmgestaltungsfreiheit der Rundfunkanstalten zu stärken.[84] Allerdings ist es mit der gesetzlichen Grundversorgungsaufgabe des öffentlich-rechtlichen Rundfunks unvereinbar, wenn bei der Finanzierung der Rundfunkanstalten die Werbeeinnahmen überwiegen. Es ergibt sich daher in der Praxis ein Dilemma, das im Hinblick auf beträchtliche Volumen der Erträge aus Werbung deutlich ist, dass bei der derzeitigen Höhe der

---

[81] Hartstein/Ring/Kreile/Dörr/Stettner, RStV Komm. Bd. I B5 § 12, Rn. 12.
[82] Paschke, Medienrecht, Rn. 433; Ring u.a., Medienrecht, C-O.1, S. 3.
[83] BVerfGE 87, 181 /200; 90, 60/91.
[84] BVerfGE 83, 238/310 f; 87, 181 /200.

Einnahmen aus Rundfunkgebühren der Finanzbedarf der Rundfunkanstalten ohne die Werbeeinnahmen nicht gedeckt werden kann.[85]

bb) Das Verhältnis zwischen Gebühren- und Werbefinanzierung

aaa) Die Stärkung der Unabhängigkeit der Rundfunkanstalten

Der Ausgangspunkt zur Rechtfertigung der Werbefinanzierung des öffentlich-rechtlichen Rundfunks ist zunächst die Argumentation, dass auf diese Weise der spezifische Programmauftrag der Rundfunkanstalten bei begrenzter Gebührenhöhe optimiert werden kann. Umstritten ist allerdings, ob die Werbefinanzierung eine von der Rundfunkfreiheit des Art. 5 Abs. 1 S. 2 GG abgesicherte Verfassungsposition des öffentlich-rechtlichen Rundfunks ist oder gesetzlich nach Belieben eingeschränkt werden kann.[86] Die Werbeeinnahmen des öffentlich-rechtlichen Rundfunks gewährleisten im Rahmen der funktionsgerechten Mischfinanzierung den Rundfunkanstalten ein Stück Unabhängigkeit von den gebührenfestsetzenden politischen Kräften, insbesondere den Parteien.[87] Wie bereits dargelegt, ist die Werbeeinnahme tatsächlich zum wesentlichen Bestandteil der Rundfunkfinanzierung geworden, welche den Rundfunkanstalten die Erfüllung ihres öffentlichen Programmauftrags ermöglicht.[88] Ein Verbot oder eine zeitliche Beschränkung von Werbesendungen in den Rundfunkanstalten kann nur unter den

[85] Dazu siehe Hartstein/Ring/Kreile/Dörr/Stettner, RStV Komm. Bd. I B5 § 15, Rn. 5.
[86] Oppermann/Kilian, Rechtsgrundsätze der Finanzierung , S. 46 f.
[87] Schneider/Radeck, Verfassungsprobleme der Rundfunkfinanzierung, S. 76; Radeck, MP 1994, S. 278/280; Badura, Rundfunkfreiheit und Finanzautonomie, S. 22; Lehment, Rundfunkfreiheit und Finanzkontrolle, S. 10,
[88] Steinbach, MP 1987, S. 168 ff., Kiefer, MP 1987, S. 375 ff.

Umständen erlaubt sein, dass die Finanzierung der Rundfunkanstalten zur Erfüllung ihres Programmauftrages auf andere Weise gesichert ist.[89]

Auf der anderen Seite ergibt sich aus Art. 5 Abs. 1 S. 2 GG die verfassungsrechtliche Verpflichtung des Rundfunkgesetzgebers, die Zulassung der zum medialen Prozeß der freien Meinungsbetätigung und Meinungsbildung gehörenden Werbung sachgerecht unter Berücksichtigung aller beteiligten Medien zu ordnen. Dabei wird es darauf ankommen, ob die Rundfunkanstalten auf die Werbeeinnahme zur Sicherung ihrer Unabhängigkeit und der Chancengleichheit angewiesen sein könnten. Die Frage ist nicht nur auf die Höhe der Einnahmen bezogen. Denn die verschiedenen Ertragsquellen sind nicht äquivalent. Anders als die von staatlicher Festsetzung bestimmte Rundfunkgebühr sind die Werbeeinnahme ein im wesentlichen relativ flexibles Finanzmittel, damit sich die Rundfunkanstalten selbständig ihrer wirtschaftlichen Entwicklung anpassen könnten.[90]

bbb) Die Werbeeinnahmen als Korrekturinstrument

Darüber hinaus ist die Erfüllung der Grundversorgungsaufgabe des öffentlich-rechtlichen Rundfunks in der Tat ohne die Werbeeinnahmequellen bereits nicht mehr möglich. Die politisch bedingten Gebühreneinnahmen haben nach den bisherigen Erfahrungen mit der Kostenentwicklung nicht Schritt gehalten. Die Werbeeinnahmen stellen daher ein Korrekturinstrument für eine an sich notwendige und kostengerechte, aber dann wesentlich höhere Gebühr dar, die

---

[89] v. Münch/Kunig (Hrsg.), GG Komm., Bd. 1, Art. 5, Rn. 33a.

[90] Bullinger ZUM 1985, S. 121/129 f.; Badura, Rundfunkfreiheit und Finanzautonomie, S. 21 f.

allgemein politisch unerwünscht ist. Ohne Hilfe der Werbeeinnahmen könnte die Gebührenhöhe auf dem sozialpolitisch erwünschten, ertragbaren niedrigen Niveau nicht gehalten werden. [91] Das BVerfG hat auch diese Korrekturfunktion der Werbungseinnahmen im öffentlich-rechtlichen Rundfunk anerkannt. [92] Demgemäß ist die finanzielle Sicherung des Programmauftrags der Rundfunkanstalten ein Bestandteil ihres Schutzes durch die Rundfunkfreiheit, jedoch erstreckt sich dieser Schutz grundsätzlich nicht auf einzelne Finanzierungsformen der Rundfunkanstalten. Entscheidend ist nur, ob die hinreichende Sicherung der Gesamtfinanzierung für diejenige Programme gesichert werden kann, die den Anstalten spezifisch obliegen.[93] Sofern die gesetzliche Grundversorgungsaufgabe des öffentlich-rechtlichen Rundfunks durch die Gebühreneinnahmen nicht mehr hinreichend finanziert werden kann, muss der Rundfunkgesetzgeber die Finanzierung also auf eine Weise sicherstellen, die auch die Einnahme aus wirtschaftlicher Werbung umfasst.

cc) Die Beschränkung der Werbeeinnahmen der Rundfunkanstalten

aaa) Zum Schutz der privaten Rundfunkveranstalter

Wie bereits erwähnt, ist die Ausdehnung der Werbezeiten und damit notwendigerweise das Potential an Einnahmemöglichkeiten der Rundfunkanstalten stets aus Gründen ihrer Grundversorgungsaufgabe gesetzlich beschränkt. Der Gesetzgeber muss beachten, dass die Zulassung der Werbeeinnahmen im öffentlich-rechtlichen Rundfunk die wirtschaftlichen

[91] Rühl, MP 1984, S. 589 ff.; Oppermann/Kilian, Rechtsgrundsätze der Finanzierung , S. 92.
[92] BVerfGE 74, 297/342.
[93] BVerfGE 74, 297/342.

Grundlagen des fast ausschließlich werbefinanzierten privaten Rundfunks nicht berührt. Damit kann privater Rundfunksender unter den derzeitigen dualen Rundfunksystem „veranstaltbar" bleiben.[94] Das BVerfG hat ebenfalls darauf hingewiesen, dass die Grenze der gesetzgeberischen Gestaltungsfreiheit dort erreicht ist, wo die private Rundfunkveranstaltung aus rechtlichen oder tatsächlichen Gründen in hohem Maße erschwert oder unmöglich gemacht wird.[95] Aus diesem Gesichtspunkt hat der Gesetzgeber so entschieden, die Werbeeinnahme als Finanzierungsquelle vornehmlich den privaten Rundfunkveranstaltern zu reservieren. Die Werbeeinnahmen der öffentlich-rechtlichen Rundfunkanstalten muss immer nachrangig und begrenzt bleiben.

bbb) Zur Wahrnehmung der programminhaltlichen Grundversorgung

Weiterhin ergibt sich aus der Grundversorgungsaufgabe des öffentlich-rechtlichen Rundfunks zwar kein absolutes Werbeverbot, aber die Werbefinanzierung bringt ihrem Wesen nach die Gefahr mit sich, die für die freie Meinungsbildung der Bevölkerung stehende Programmgestaltung zu manipulieren. Sofern die Rundfunkanstalten ihre Programme abhängig von Werbesendungen veranstalten müssen, können sie durch den wirtschaftlichen Zwang nur massenattraktive Programme wie die privaten Rundfunksender herstellen. Das gesetzliche Gebot von Meinungsvielfalt des öffentlich-rechtlichen Rundfunks wird tendenziell mißachtet. Unter Berücksichtigung der Gefahr der Vielfaltsbeeinträchtigung darf die Werbefinanzierung der Rundfunkanstalten nur in begrenztem Umfang zulässig sein. Obwohl die Werbefinanzierung ebenfalls staatsabwehrende und sozial ausgerichtete Funktionen enthält, könnte dies nur bei einem geringen Werbeanteil im

---

[94] Wilhelmi, Verfassungsrechtliche Probleme, S. 261.

Gesamtprogramm wirksam werden, bei einer Vergrößerung des Anteils entstehen wieder die vielfaltsfeindlichen Nachteile im Programmbereich.[96]

II. Festsetzungsprobleme der Rundfunkgebühren

1. Die Umsetzung des Gebührenfestsetzungsverfahren

Im Gebührenurteil vom 22.02.1994 hat das BVerfG die bisherige Praxis der Gebührenfestsetzung für verfassungswidrig erklärt und den Landesgesetzgeber aufgefordert, sogleich eine grundrechtskonforme Neuregelung der Festsetzung der Rundfunkgebührenhöhe anzunehmen. Dabei ist die Stellung der Kommission zur Ermittlung des Finanzbedarfs (KEF) auch im Rahmen der Gebührenentscheidung gestärkt worden. Nach Ansicht des BVerfG wurde dieses Gremium trotz der Einbeziehung unabhängiger Sachverständiger nur als bloßes Hilfsinstrument der Ministerpräsidentenkonferenz ins Leben gerufen, weil die Länder keinen näheren materiell- und verfahrensrechtlichen Bedingungen beim Verfahren der Gebührenentscheidung unterlagen. Die Empfehlungen der KEF dienten als Entscheidungshilfe für die Landesregierungen und die Länderparlamente.[97] Im Rahmen dieses Festsetzungsverfahrens sei die staatliche Einflußmöglichkeit offenbar. Die Gebührenentscheidung selbst wäre lediglich als rein politische Entscheidung ausgestaltet. Daher verlangte das Gericht, erforderliche Maßnahmen gegen diese Gefahren zu treffen. In diesem Urteil wurde zugleich zwei *prozedurale* Leitsätze aus der Rundfunkfreiheit des Art. 5 Abs. 1 Satz 2

---

[95] BVerfGE 83, 238/297; Wilhelmi, Verfassungsrechtliche Probleme, S. 260.
[96] Wilhelmi, Verfassungsrechtliche Probleme, S. 262 f.
[97] BVerfGE 90, 60/98.

GG abgeleitet. Einerseits erfordere die Rundfunkfreiheit nicht eine Gebührenfestsetzung durch die Rundfunkanstalten selbst. Eine Festsetzung der Rundfunkgebühr durch den Staatsvertrag der Bundesländer und anschließende Umsetzung in Landesrecht sei mit dem Grundgesetz vereinbar. Andererseits sei ein Verfahren für die Gebührenfestsetzung notwendig, das dem öffentlich-rechtlichen Rundfunk die zur Erfüllung seiner Aufgaben im dualen System erforderlichen Mittel gewährleiste und ihn vor politischen Einflussnahmen auf die Programmgestaltung wirksam sichere. Wie das Verfahren im einzelnen ausgestaltet wird, sei Sache gesetz-geberischer Entscheidung. [98]

Daraus folgt, dass einem Gremium wie die KEF in diesem Spannungsverhältnis zwischen Programmautonomie des öffentlich-rechtlichen Rundfunks und der Finanzgewährleistungspflicht des Staates eine besondere Bedeutung zukommt. Nach den Anforderungen des BVerfG wurde die Bestimmung des Finanzbedarfs der Rundfunkanstalten im § 13 RStV vollständig neu umgesetzt. Dadurch wurde eine Rechtsgrundlage für die Aufgabe der rundfunk- sowie politikfrei zusammengesetzten KEF geschaffen, so dass die Prüfung und Ermittlung des Finanzbedarfs des öffentlich-rechtlichen Rundfunks durch ein unabhängiges Sachverständigengremium durchgesetzt werden könnte. [99] Demgemäß wird der Finanzbedarf der Rundfunkanstalten regelmäßig entsprechend den Grundsätzen von Wirtschaftlichkeit und Sparsamkeit, einschließlich der damit verbundenen Rationalisierungspotentiale, auf der Grundlage von Bedarfsanmeldungen der Rundfunkanstalten durch die KEF geprüft und ermittelt. In dieser Prüfung und Ermittlung müssen nach Abs. 2 dieser Regelung vor allem berücksichtigt

---

[98] BVerfGE 90, 60/102.

werden, ob die Programmentscheidungen dieser Rundfunkanstalten mit ihrem gesetzlichen Programmauftrag, nämlich der Grundversorgungsaufgabe, übereinstimmen, sowie ob Finanzbedarf, der für die verfassungsrechtlich gewährleistete Bestands- und Entwicklungsgarantie der Rundfunkanstalten erforderlich ist, sicherstellen kann. Dabei soll nach Abs. 3 ebenfalls ein hoher Grad der Objektivierbarkeit erreicht werden, wobei dann die Gebührenfestsetzung durch Staatsvertrag erfolgt. Die Prüfung- und Ermittlungsverfahren des Finanzbedarfs der Rundfunkanstalten und die Grundsätze der Wirtschaftlichkeit und Sparsamkeit der Finanzierung für die Rundfunkanstalten werden im Folgenden näher erörtert.

2. Prüfung und Ermittlung des Finanzbedarfs als Voraussetzung der Gebührenfestsetzung

In Bezug auf die Gebührenfinanzierung des öffentlich-rechtlichen Rundfunks besteht das Problem, im welchen Umfang der Finanzbedarf der Rundfunkanstalten durch die Rundfunkgebühren akzeptabel ist. Im § 13 RStV wird die Prüfung und Ermittlung des Finanzbedarfs der Rundfunkanstalten prozedural durch ein unabhängiges Sachverständigengremium geregelt. Zugleich werden die dafür vorgegebene materiellen Kriterien festgelegt. Demzufolge wird der Finanzbedarf des öffentlich-rechtlichen Rundfunks regelmäßig entsprechend den Grundsätzen von Wirtschaftlichkeit und Sparsamkeit, einschließlich der damit verbundenen Rationalisierungspotentiale, auf der Grundlage der Bedarfsanmeldungen der Rundfunkanstalten durch die KEF geprüft und ermittelt. Die öffentlich-rechtlichen Rundfunkanstalten sind daher verpflichtet, im Rahmen dieses

[99] Zur Frage der Prüfungskompetenz der KEF, siehe Libertus, ZUM 2000, S. 1064 ff.

Verfahren zur Prüfung und Ermittlung der Rundfunkgebühren mitzuwirken. Damit wird die Gebührenfinanzierung der Rundfunkanstalten effektiv kontrolliert. Zudem müssen die Rundfunkanstalten nach der Regelung des § 1 RFinStV im Abstand von zwei Jahren ihren Finanzbedarf an die KEF anmelden. Sie haben die für die Gebührenfestsetzung erforderlichen und zur Bewertung geeigneten, vergleichbaren Zahlenwerte und Erläuterungen über ihren mittelfristigen Finanzbedarf in der von der KEF vorgegebenen Form vorzulegen. Diese Unterlagen sind zur Gewährleistung des Bestandes und der Entwicklung von Rundfunkanstalten sowie zur Darlegung von Wirtschaftlichkeits- und Sparsamkeitsmaßnahmen vorzubereiten.

3. Das Finanzbedarfskriterium der Wirtschaftlichkeit und Sparsamkeit

Wirtschaftlichkeit und Sparsamkeit sind die zentralen Grundsätze für die Finanzbedarfsermittlung des öffentlich-rechtlichen Rundfunks, die in ihrer rechtlichen und tatsächlichen Bedeutung über gleichsam selbstverständliche Prinzipien wie die der Rechtmäßigkeit der Haushaltsführung und der Ordnungsgemäßheit der Buchführung weit hinausgehen. Vor der Einführung dieser Grundsätze wurde eine solche Pflicht der Rundfunkanstalten aus entsprechenden Regelungen in den Anstaltsgesetzen und -staatsverträgen hergeleitet. Die Bestimmung des § 13 Abs. 1 RStV überträgt diese allgemeinen Grundsätze in das Verfahren zur Ermittlung und Festlegung des Finanzbedarfs der Rundfunkanstalten.[100] Danach wirken diese Grundsätze nicht nur innerhalb der Rundfunkanstalten während des laufenden Haushaltsvollzuges, deren Einhaltung durch organisationsrechtliche Bestimmungen zu sichern ist, sie stellen zugleich die entscheidenden

[100] Libertus, ZUM 2000, S. 1064/1065.

Maßstäbe für eine geeignete Kontrolle des Finanzbedarfs der Rundfunkanstalten dar, wie die Feststellung des Finanzbedarf und jede ausgabenwirksame Entscheidung der Rundfunkanstalten, [101] die durch verschiedene interne und externe Einrichtungen wahrgenommen wird.[102] Um diese Kriterien klarzustellen, werden die Begriffe der Wirtschaftlichkeit und Sparsamkeit nun erörtert.

a) Der Rechtsbegriff der Wirtschaftlichkeit

Das Kriterium der Wirtschaftlichkeit findet nicht nur als Handlungsvorgabe für öffentliche Haushalte, sondern auch als Prüfungsmaßstab für die Rechnungshöfe Verwendung, wobei es in den verschiedenen Bereichen unterschiedlich begriffen werden kann. Daher ist es nicht gelungen, diesem aus der Ökonomie stammenden Begriff einen für den gesamten Staats- und Verwaltungsbereich einheitlichen Rechtsbegriff zu geben.[103] Nach allgemeiner Ansicht schließt der Wirtschaftlichkeitsbegriff einerseits das sogenannten *Minimalprinzip* ein, wonach ein gesetzliches Ziel mit den geringst möglichen Mitteln erreicht werden soll, andererseits umfasst er das Maximalprinzip, demzufolge das größtmögliche Nutzen bei einem vorgegebenen Mitteleinsatz zu bewirken ist. [104] Mit einem Worte ist die Wirtschaftlichkeit als *Optimierungsgebot*[105]zu verstehen.

---

[101] Herrmann, Rundfunkrecht, § 13 Rn. 86.

[102] Lehment, Rundfunkfreiheit und Finanzkontrolle, S. 36.

[103] Dazu siehe v. Arnim, Wirtschaftlichkeit als Rechtsprinzip, S. 61.

[104] Vogel/Kirchhof, BK Art. 114 GG, Rn. 100; Kisker, Staatshaushalt, in: Isensee/Kirchhof (Hrsg.), HdbStR IV § 89 Rn. 111; Libertus, ZUM 2000, S. 1064/1065.

[105] Krempel, Rechnungshöfe, S. 68.

Durch die Zusammenfassung beider Komponenten sichert der Wirtschaftlichkeitsgrundsatz ein rationales Entscheidungsverfahren, welches nicht nur für die Haushaltswirtschaft abgabenfinanzierter Einrichtungen eine relevante Rolle spielt, sondern auch die Grundlage jeder rationalen menschlichen Entscheidung ist. [106] Die Wirtschaftlichkeit ist damit als wichtiger Prüfungs- und Ermittelungsmaßstab in die Ermittlung des Finanzbedarfs der Rundfunkanstalten einzubeziehen. Die Schwierigkeit der praktischen Anwendung dieses Grundsatzes besteht darin, die jeweilige Konstante möglichst genau vorzugeben und mit Inhalt zu füllen. Tatsächlich handelt es sich bei der Überprüfung und Ermittlung des Finanzbedarfs der Rundfunkanstalten um einen Optimierungsprozeß, in welchem durch schrittweise Annäherung dieser Grundsatz zu bestmöglicher Wirkung gebracht wird. Daher wird das Postulat der Wirtschaftlichkeit als „Zielwert" verstanden. Die Prüfung der KEF kann sich somit nur auf den Nachweis der Bemühungen der Rundfunkanstalten um Wirtschaftlichkeit erstrecken. [107]

b) Der Inhalt des Sparsamkeitsgrundsatzes

Der Begriff der Sparsamkeit ist wie der der Wirtschaftlichkeit strittig. Fraglich ist vor allem, ob es erforderlich ist, dass dem Grundsatz der Sparsamkeit neben dem Grundsatz der Wirtschaftlichkeit noch eine eigene Bedeutung zukommt. Nach einer Ansicht bedeutet Sparsamkeit, dass der öffentliche Aufwand so gering wie möglich gehalten werden soll.[108] Dieser Grundsatz fordert eine Minimierung des Mitteleinsatzes, was sich in einem Vergleich

---

[106] Lehment, Rundfunkfreiheit und Finanzkontrolle, S. 24.
[107] Libertus, ZUM 2000, S. 1064/1065.
[108] Büch, Grundsätze der Wirtschaftlichkeit und Sparsamkeit, S. 82.

von Aufwand und Ertrag durchaus als wirtschaftlich darstellen kann.[109] Darüber hinaus ist der Begriff der Sparsamkeit nach herrschender Ansicht als „Geringhalten des öffentlichen Aufwandes“ [110] identisch mit dem im Wirtschaftlichkeitsgrundsatz enthaltenen Minimierungsgrundsatz,[111] der in der haushaltsrechtlichen Ausprägung der einzige Maßstab für die Wirtschaftlichkeitsprüfung ist. Es handelt sich darum, bei der Ausübung öffentlicher Tätigkeit überflüssige Kosten zu vermeiden, um die hierdurch freiwerdenden Mittel für andere Zwecke einzusetzen oder gar nicht erst zu akzeptieren.[112] Dieses Kriterium verbindet den Mitteleinsatz mit dem erstrebten Verwaltungszweck, so wie es im Minimalprinzip zum Ausdruck gekommen ist, und könnte daher nicht als „Mittelreduzierung um jeden Preis“ verstanden werden.[113]

Meiner Meinung nach beschränkt sich der Sparsamkeitsgrundsatz aber nicht auf eine bloße Wiederholung des Minimalprinzips, sondern setzt ein grundsätzliches Limit öffentlicher Haushalte im Hinblick auf die von ihnen zu erfüllenden Aufgaben.[114] Hieraus folgt, dass der Sparsamkeitsbegriff über das Minimalprinzip hinaus eine eigene Bedeutung hat, da er nicht nur ein Entscheidungsmaßstab für das „Wie“ eines angestrebten Zieles ist, sondern außerdem die Zielfindung selbst beeinflußt. Nur bei einem Verständnis kann im übrigen erklärt werden, warum dieser Maßstab bei der Kontrolle des Finanzbedarfs der Rundfunkanstalten außerhalb der Wirtschaftlichkeit eine Anwendung findet.

---

[109] Karehnke, DVBl. 1970, S. 949/951.
[110] Vogel/Kirchhof, BK Art. 114 Rn. 101.
[111] v. Arnim, DVBl. 1983, S. 664.
[112] v. Arnim, in: Zavelberg/ v. Arnim (Hrsg.), Die Kontrolle der Staatsfinanzen, S. 259/263.
[113] Lehment, Rundfunkfreiheit und Finanzkontrolle, S. 29.
[114] Lehment, Rundfunkfreiheit und Finanzkontrolle, S. 35.

4. Die Grenze der Finanzbedarfsermittlung und die Verbindlichkeit des Gebührenvorschlages der KEF

a) Programmautonomie der Rundfunkanstalten als Grenze für die Finanzbedarfsermittlung der KEF

Anschließend stellt sich hierbei ferner eine Frage, wo die Grenze der oben dargestellten externen Kontrolle des Finanzbedarfes durch Prüfung und Ermittlung der KEF liegt. Zunächst ist zu untersuchen, ob die Programmfreiheit der Rundfunkanstalten dadurch verletzt würde. Dieses Spannungsverhältnis von Programmfreiheit der Rundfunkanstalten und erforderlicher Finanzkontrolle von Wirtschaftlichkeit und Sparsamkeit ist unvermeidlich. Eine Schwierigkeit der Finanzbedarfsermittlung der KEF liegt in erster Linie darin, dass sich ein Dilemma aus dem Ermittlungsverfahren ergibt, eine Prüfung, ob die Tätigkeiten des Rundfunks wirtschaftlich oder sparsam ist, umfasst zugleich eine Prüfung der Funktionserfüllung.

Nach Ansicht des BVerfG muss die Rundfunkfreiheit, insbesondere die Programmfreiheit auch im Rahmen des Verfahrens zur Ermittlung des Finanzbedarfs sicherstellt werden, weil die Finanzwirtschaft der Rundfunkanstalten ebenfalls Rückwirkungen auf die Programmgestaltung haben kann. Auf keinen Fall dürfte die Finanzierung des öffentlich-rechtlichen Rundfunks so beschränkt werden, um Einfluß auf die Art oder auf den Inhalt der Programmausgestaltung auszuüben und um damit Gebote oder Verbote der Rundfunkfreiheit zu unterlaufen. [115] Dementsprechend ist die Programm-

[115] BVerfGE 74, 297/342; Linck, NJW 1984, S. 2433/2436.

autonomie der Rundfunkanstalten eine relevante Voraussetzung der Finanzbedarfsermittlung der KEF.

Hierbei handelt es sich also um eine programmneutrale Finanzkontrolle. Die Programmautonomie der Rundfunkanstalten steht jeder externen Einrichtung entgegen, die die Programmgestaltung der Rundfunkanstalten formal oder inhaltlich definieren will. Nach allgemeiner Ansicht soll die Kompetenz der Finanzbedarfskontrolle der KEF daher im Wesentlichen auf eine Evidenzkontrolle beschränkt werden, ob der Finanzbedarf der Rundfunkanstalten im konkreten Einzelfall deutlich gegen das Wirtschaftlichkeitsprinzip nach objektiven Maßstäben verstoßen würde.[116] Wenn eine bestimmte Programmentscheidung unwirtschaftlich zu sein scheint, hat im Zweifel die Programmautonomie Vorrang, es sei denn, die Unwirtschaftlichkeit ist evident. Übrigens reduziert sich die Finanzkontrolle der KEF auf das Minimalprinzip, also den Grundsatz der Sparsamkeit.[117]

Dieser Gesichtspunkt gilt auch für den Fall, dass die KEF mit einer Stellungsnahme beauftragt wird, in welchem Umfang Rationalisierungs- einschließlich Kooperationsmöglichkeiten angewandt werden. Auch hierbei ist der Grat zwischen Sparsamkeitserwägungen und unzulässigen Eingriffen in die Programmautonomie sehr schmal. Das BVerfG hat immer wieder aufgezeigt, dass nicht exakt festgesetzt werden könne, ob die Rundfunkanstalten alle Rationalisierungsmöglichkeiten ausgeschöpft hätten, die die Erfüllung ihrer Funktion noch nicht beeinträchtigten.[118] Das Dilemma ist strukturell bedingt. Eine exakte Definition der Kriterien externer

---

[116] Libertus, ZUM 2000, S. 1064/1066; Betz, MP 1995, S. 298/306.
[117] Betz, MP 1995, S. 298/306.
[118] BVerfGE 87, 181/206; 90, 60/95; Betz, MP 1995, S. 298/306.

Finanzbedarfskontrolle ist nicht möglich, weil es eine Feststellung der Art und Weise richtiger Programmgestaltung voraussetzt, die gerade in den internen Freiheitsraum der Rundfunkanstalten fällt.

b) Verbindlichkeit des Gebührenvorschlages der KEF

Die Festsetzung der Höhe der Rundfunkgebühr wird nach § 13 Abs. 4 RStV durch den Rundfunkfinanzierungsstaatsvertrag (RFinStV) geregelt. Danach wird die Höhe durch die einzelnen Ministerpräsidenten bzw. Landesregierungen bestimmt. Nach Ansicht des BVerfG ist verfassungsrechtlich lediglich sichergestellt, dass die Programmneutralität und Programmakzessorietät der Gebührenentscheidung gewahrt bleiben müssen.[119] Für die Transformation ins Landesrecht bedarf der Abschluß der Zustimmung der Landesparlamente nach den Vorgaben der Landesverfassungen, entweder in Form eines einfachen Beschlusses oder eines Gesetzes.[120] Der Gebührenvorschlag der KEF ist nach § 7 Abs. 2 RFinStV Grundlage für eine Entscheidung der Landesregierungen und der Landesparlamente. Die Entscheidungsfreiheit der Länder über die Festsetzung der Gebührenhöhe, die mit der funktionsgerechten Finanzausstattung der Rundfunkanstalten im engen Zusammenhang steht, ist jedoch nicht unbeschränkt, weil sie an den sogenannten „Gebührenvorschlag der KEF“ gebunden ist.

Mit der Neuorganisation der KEF hat der RFinStV eine Institution gestaltet, der eine weitgehende Kontroll- und Entscheidungsbefugnis zusteht. Dabei wird der KEF eine „Teilentscheidungskompetenz“ zugeteilt.[121] Die

---

[119] BVerfGE 90, 60/103.
[120] Libertus, AfP 2001, S. 23/24.
[121] Hartstein/Ring/Kreile/Dörr/Stettner (Hrsg.), RStV Komm. Bd. I B5 § 13, Rn. 37.

Rundfunkanstalten müssen bei der KEF ihre konkreten Bedarfanmeldungen und damit eine bestimmte Erhöhung der Rundfunkgebühr beantragen, sowie deren Rechtfertigung nachweisen. Die Höhe der Rundfunkgebühr ist auf der Grundlage von überprüften Bedarfsanmeldungen der Rundfunkanstalten zu entscheiden. [122] Allerdings ist diese weitgehende Bindung der Landesparlamente angesichts des Demokratiegebotes nicht unproblematisch. Der Gesetzgeber wird durch die Nachbesserung der KEF von einer Finanzbedarfsermittelung der Rundfunkanstalten entlastet. Nach dem Gebührenurteil des BVerfG ist es verfassungsrechtlich nicht notwendig, dass die Parlamente die Gebührenhöhe jeweils selbst entscheiden. Vielmehr kann auch eine Delegation stattfinden, wenn diese den rechtsstaatlichen Bestimmtheitsanforderungen genügt und die wesentlichen Fragen durch Gesetz geregelt sind. Der Parlamentsvorbehalt für alle medienpolitischen Grundentscheidungen ist davon unberührt.[123] Daher verstößt es nicht gegen das Demokratiegebot, wenn die Länder in Gesetzform kleiden, was die KEF bestimmt hat.

Ausnahmsweise kann die Entscheidung der Länder um des besseren Informationszugangs und einer angemessenen Belastung der Rundfunkteilnehmer willen vom Gebührenvorschlag der KEF abweichen.[124] Dies ist aber nur in sehr engen Grenzen möglich. Diese Gründe müssen „nachprüfbar" sein, ansonsten wäre eine Kontrolle, ob der Staat seine Finanzgewährleistungspflicht aus Art. 5 Abs. 1 S. 2 GG erfüllt hat,

[122] BVerfGE 90, 60/103.
[123] BVerfGE 90, 60/104.
[124] BVerfGE 90, 60/104.

unmöglich. [125] Hierbei kommen den beiden Kriterien eine eigenständige Bedeutung zu.

aa) Die Sicherung des Informationszugangs

Die Sicherung des Informationszugangs bedeutet nicht, dass der Zugang zum öffentlich-rechtlichen Programmangebot nicht zu teuer werden dürfe, vielmehr bezieht sie sich hauptsächlich auf den Erhalt eines Rundfunkangebots, das mit der besonderen Funktion der Rundfunkanstalten übereinstimmt. Gefordert ist somit ein hoher Standard des Programmangebots, welches die verfassungsrechtlichen Anforderungen gegenständlicher und meinungsmäßiger Pluralität nicht nur teilweise, sondern umfassend erfüllt. Hierbei gilt das Gesamtprogramm einer Rundfunkanstalt.[126] Demzufolge wäre der Gesetzgeber befugt, soweit er im Hinblick auf das Interesse der Zuschauer ein bestimmtes Programmangebot für die Allgemeinheit ohne besonderes zusätzliches Entgelt zugänglich machen würde, eine höhere als von der KEF vorgeschlagene Gebührenanpassung festzulegen, um die Erfüllung der Grundversorgungsaufgabe oder anderes der Funktion der Rundfunkanstalten entsprechendes Programmangebot zu verwirklichen. [127] Dagegen vertreten Ricker/Schiwy, dass die im wesentlichen inhaltsgleichen öffentlich-rechtlichen Programme sowie die Nachahmungen privater Angebote hierbei nicht berücksichtigt werden sollen.[128]

---

[125] BVerfGE 90, 60/104.
[126] Betz, MP 1995, S. 298/307; Libertus, AfP 2001, S. 23/26.
[127] Betz, MP 1995, S. 298/307; Libertus, AfP 2001, S. 23/26.

bb) Die Sozialverträglichkeit der Rundfunkgebühr

Das Kriterium der angemessenen Belastung der Rundfunkteilnehmer beruft sich auf die Vermögensinteressen der Rundfunkteilnehmer und verhindert eine unverhältnismäßige finanzielle Belastung, die die Rezipienten vom Zugang zu den Programmangeboten des öffentlich-rechtlichen Rundfunks ausschließen würde.[129] Einerseits hat das BVerfG darauf hingewiesen, dass die Legitimation des öffentlich-rechtlichen Rundfunks gerade darin besteht, dass er im Interesse der Bevölkerung veranstaltet wird, weshalb er für jeden zugänglich bleiben muss, andererseits gehört die Teilnahme am medialen Geschehen und die Verwirklichung kultureller Bedürfnisse nach dem verfassungsrechtlichen Sozialstaatsgebot auch zu den existenziellen Grundbedürfnissen jedes einzelnen.[130] Daher kann die Belastung durch die Rundfunkgebühren dazu führen, dass die Rezipienten auf die dargestellten medialen Grundbedürfnisse verzichten müssen. Die Empfangsmöglichkeit für die wirtschaftlich schwächeren Bevölkerungskreise ist damit ein wichtiges Entscheidungskriterium.

Weiterhin ist die Frage der Angemessenheit anhand objektiver und nicht etwa subjektiven medienpolitischen Kriterien zu beurteilen. Insoweit sollen insbesondere die Preisentwicklungen anderer öffentlicher oder privater Güter zum Vergleich herangezogen werden, wie etwa die Kosten für ein Zeitungsabonnement, einen Kino- oder Theaterbesuch, bzw. der Preis für ein Pay TV-Abonnement.[131] Hierbei darf allerdings nicht einseitig argumentiert werden, nur gerade der Anstieg der Rundfunkgebühr gegen das Kriterium der

---

[128] Ricker/Schiwy/Schütz, Rundfunkverfassungsrecht, S. 209, Rn. 95.
[129] Libertus, AfP 2001, S. 23/27.
[130] Ricker/Schiwy/Schütz, Rundfunkverfassungsrecht, S. 209, Rn. 96.

Sozialverträglichkeit verstoße. Damit wäre der verfassungsrechtlich gewährten Finanzierungsgarantie der Rundfunkanstalten zu wenig Rechnung getragen.

III. Fazit

Die derzeitige Finanzierungsgrundlage des öffentlich-rechtlichen Rundfunks ist im großen Umfang durch die Rechtsprechungen des BVerfG geprägt. Danach wird der Rundfunkstaatsvertrag umgesetzt, um damit eine Finanzausstattung zu erlangen, die die Rundfunkanstalten in die Lage versetzt, ihre verfassungsgemäßen und gesetzlichen Aufgaben zu erfüllen und insbesondere den Bestand und die Entwicklung des öffentlich-rechtlichen Rundfunks sicherzustellen. Die Finanzausstattung des öffentlich-rechtlichen Rundfunks umfasst grundsätzlich drei Quellen: die Gebühreneinnahmen, die Einnahmen aus der Rundfunkwerbung und sonstige Einnahmen. Dieses Modell wird als „funktionsgerechte Finanzausstattung" bezeichnet. Das Gebot der funktionsgerechten Finanzausstattung beruht zum einen darauf, dass eine hinreichende Finanzierung als Grundlage zur Erfüllung der gesetzlichen Aufgabe erforderlich ist. Zum anderen geht es um die Sicherung der Unabhängigkeit von Staat oder Privaten, die durch die Finanzierung auf das Programm Einfluß nehmen könnten. Daher ist die Finanzierung durch Rundfunkgebühren die dem öffentlich-rechtlichen Rundfunk besonders gemäße Art der Finanzierung. Die Rundfunkgebühr ist daher gesetzlich vorrangige Finanzierungsquelle der Rundfunkanstalten. Nach Auffassung des BVerfG sind andere Finanzierungsquellen der Rundfunkanstalten auch bedingt zulässig. Das gilt auch für die Werbeeinnahmen. Die

---

[131] Betz, MP 1995, S. 298/307; Libertus, AfP 2001, S. 23/27.

Werbeeinnahmen sind subsidiäre Finanzquelle. Die Neuregelung des Gebührenfestsetzungsverfahrens führt zu einer größeren Transparenz der Gebührenfestsetzung. Der Finanzbedarf der Rundfunkanstalten wird von einer unabhängigen Sachverständigenkommission, der KEF, überprüft und ermittelt. Der Gebührenvorschlag der KEF ist die Grundlage der Entscheidung über die Höhe der Rundfunkgebühr. Daher ist dieser Vorschlag für die Landesregierungen und -parlamente bindend, es sei denn, es liegen besondere Gründe vor, die nach Ansicht des BVerfG nur Gründe der Sicherung des Informationszugangs und der Berücksichtigung einer angemessenen Belastung der Rundfunkteilnehmer sein können. Ein solches Abweichen vom KEF-Vorschlag ist aber nur in sehr engen Grenzen möglich.

B. Die Grundversorgung als alleinige Aufgabe der öffentlich-rechtlichen Rundfunkanstalten

I. Die Unstimmigkeit des Begriffs der Grundversorgung und seine judikatorische Gestaltung

Der finanzielle Status quo des öffentlich-rechtlichen Rundfunks, insbesondere die Gebührenfinanzierung, wurde bereits skizziert. Wie oben dargestellt, setzt der Finanzierungsanspruch des öffentlich-rechtlichen Rundfunks die Funktionserfüllung seiner gesetzlichen Grundversorgungsaufgaben sowie die Garantie seines Bestandes und seiner Entwicklung voraus. Um die Frage zu prüfen, ob die Grundversorgungsaufgabe der Rundfunkanstalten noch eine geeignete Rechtfertigung der Rundfunkgebühr im Multimedienzeitalter ist, bedarf es zunächst der Präzision der einzelnen Bestandteile der Grundversorgung in diesem Abschnitt.

Die Grundversorgung gilt als eine relevante verfassungsrechtliche Aufgabe des öffentlich-rechtlichen Rundfunks. Der Begriff der „Grundversorgung“ ist aber bis heute strittig. Deshalb hat die rundfunkrechtliche Diskussion in jüngster Zeit noch viele verschiedene Akzente erfahren. Beim Aufbau der dualen Rundfunkordnung in Deutschland wurde von den öffentlich-rechtlichen Rundfunkanstalten verlangt, die Verantwortung für die Erfüllung der Grundversorgungsaufgabe zu übernehmen. Aus dieser gesetzlichen Aufgabe wird eine Finanzierungsgarantie der Rundfunkanstalten abgeleitet. Nach Ansicht der privaten Rundfunkveranstalter ist der Begriff „Grundversorgung“, der im Zusammenhang mit der Konkretisierung der Voraussetzungen für die Gebührenfinanzierung angewandt wird, durch die Urteile des BVerfG verunklart und wird häufig mißbraucht worden.[132] Die sogenannte Grundversorgung könne auch durch private Programmsendungen erfüllt werden.

Um den umstrittenen Begriff zu klären, muss zunächst seine Entwicklung dahingehend betrachtet werden, was der Grundversorgungsaufgabe des öffentlich-rechtlichen Rundfunks entspricht und was nicht, insbesondere, ob der Begriff nur einen Minimalauftrag bedeutet oder ob er die äußersten Grenzen des Programmauftrags des öffentlich-rechtlichen Rundfunks bildet. Das schließt zugleich die Frage ein, was bzw. was nicht aus Rundfunkgebühren finanziert werden darf.

---

[132] Dazu siehe Lück, in: Stern u.a. (Hrsg.), Die Finanzierung des Rundfunks, S. 6 f.

1. Die Unstimmigkeit des Grundversorgungsbegriffs im Schrifttum

Zur Diskussion des Begriffes „Grundversorgung“ und seines Umfangs gibt es bereits viele Veröffentlichungen.[133] Einige Autoren leiten die Verpflichtung des Staates hauptsächlich aus dem Demokratie- und Sozialstaatsprinzip her, eine Rundfunkgrundversorgung zu gewährleisten. Aber die Begründung ist unstimmig. Davon werden drei unterschiedliche Auffassungen im folgenden zusammengefaßt.

a) Rundfunkspezifische Erscheinungsform der Daseinsvorsorge

Im Schrifttum des Rundfunkrechts ist dieser Begriff erstmals 1975 in dem Werk von *Herrmann* erschienen. Demnach ist die Grundversorgung eine aus dem Demokratieprinzip und dem Sozialstaatsgebot hergeleitete rundfunkspezifische Erscheinungsform der *Daseinsvorsorge*.[134] In dieser kurzen Formulierung sind zwei dogmatische Ausgangspunkte für den Grundversorgungsbegriff enthalten, nämlich das Demokratie- und das Sozialstaatsprinzip.

Herrmann hat darauf hingewiesen, dass aufgrund des Demokratieprinzips eine Grundversorgung der Allgemeinheit mit einem Mindestmaß an Informationen gewährleistet werden müsse, die für die allgemeine Meinungsbildung erforderlich seien.[135] Dabei tritt der Rundfunk als allgemein zugängliche Informationsquelle auf, der so auf den Prozeß der öffentlichen Meinungs-

---

[133] Dazu vgl. Herrmann, Fernsehen und Hörfunk; H. Klein, Die Rundfunkfreiheit; Niepalla, Die Grundversorgung; Libertus, Grundversorgungsauftrag; Scheble, Perspektiven der Grundversorgung.

[134] Starck, NJW 1992, S. 3257.

[135] Herrmann, Fernsehen und Hörfunk, S. 299; Niepalla, Die Grundversorgung, S. 35.

bildung wirkt. Daneben drückt Herrmann auch aus, dass das Sozialstaatsgebot auf die Gestaltung des Rundfunkwesens in solcher Weise einwirkt, dass für jede Schicht oder Gruppe in der Bevölkerung die wirtschaftliche und kulturelle Lebensfähigkeit auf ein angemessenes Niveau zu bringen oder aufrechtzuerhalten ist und dementsprechende Einrichtungen zu schaffen oder zu erhalten sind. [136] Somit werde ein gleichmäßiges, möglichst alle interessierten Bürger erreichendes kontinuierliches Rundfunkprogramm zu sozialen Bedingungen gewährleistet. Die Grundversorgung könne nach der Entscheidung der Gesetzgeber mit ein, zwei oder mehr Rundfunkprogramm zu erreichen sein. Sobald eine Grundversorgung wegen technischer oder sonstiger faktischen Verhältnisse nicht mehr möglich sei, könne aus dem Sozialstaatsgebot ein "staatlicher Betriebsvorbehalt" begründet werden.[137]

b) Die Aufgabe in der angemessenen Übergangszeit

Sodann wird der Terminus „Grundversorgung“ von. *H. H. Klein* aufgenommen. Klein hat darauf hingewiesen, dass dem Staat die Aufgabe zukommt, den Informationsfluß an den Rezipienten in dem unentbehrlichen Mindestmaß zu gewährleisten. [138] Das folge sowohl aus dem Verfassungsprinzip der Sozialstaatlichkeit als auch aus dem demokratischen Prinzip. Rundfunk sei Bestandteil staatlicher Daseinsvorsorge.[139] Der Staat müsse dafür Sorge tragen, dass „jedermann eine Mindest(Grund-)versorgung mit Rundfunk erhält.“[140]

---

[136] Herrmann, Fernsehen und Hörfunk, S. 297; Niepalla, Die Grundversorgung, S. 34.
[137] Herrmann, Fernsehen und Hörfunk, S. 346; Starck, NJW 1992, S. 3257.
[138] Klein, Die Rundfunkfreiheit, S. 58 f.; Niepalla, Die Grundversorgung, S. 35.
[139] Klein, Die Rundfunkfreiheit, S. 58 f.
[140] Klein, Die Rundfunkfreiheit, S. 60; Damm, Gebührenprivileg und Beihilferecht, S. 32.

Jedoch hält er an einer „öffentlichen Aufgabe“ der Grundversorgung durch die öffentlich-rechtlichen Rundfunkanstalten lediglich für eine Übergangszeit fest.[141] Diese „nicht zu kurz zu bemessende Übergangszeit" soll so lange dauern, bis die Bundesrepublik weitgehend verkabelt sei oder über Satelliten eine ausreichend große Zahl von Frequenzen zur Verfügung stünde und bis es gelänge, im Bereich des privaten Rundfunks jene Vielfalt zu etablieren, die im Rundfunk gegeben sein müsse, um die Prinzipien der Pluralität und Chancengerechtigkeit zur Wirkung zu bringen.[142] Die Verfassung verlange aber nicht, dass Rundfunkveranstaltungen nur Anstalten des öffentlichen Rechts sein können.[143]

c) Die auf bestimmte Zeiten begrenzte Aufgabe

Hingegen sieht *Bullinger* die Aufgabe der öffentlich-rechtlichen Rundfunkanstalten anders als Klein. Ihmzufolge sollen die bestehenden öffentlich-rechtlichen Rundfunkanstalten in der inhaltsfreien außenpluralen Rundfunkordnung einen wesentlichen Platz einnehmen und *insoweit* unter dem Schutz der Rundfunkgarantie des Art. 5 Abs. 1 S. 2 GG stehen. Dies gelte vor allem - aber nicht allein - in der phasenweisen Übergangszeit zur neuen Rundfunkordnung, bis eine außenplurale Rundfunkordnung mit effektiver Rundfunkvielfalt gesichert sei. In der Endphase der inhaltsfreien vollpluralen Rundfunkordnung würde den Rundfunkanstalten vor allem die Möglichkeit und öffentliche Aufgabe bleiben, „durch Nachrichtensendungen, politische, kulturelle und Unterhaltungssendungen von hohem Niveau, was mit hoher Publikumswirksamkeit verbunden sein kann und nicht etwa zu langweiliger

---

[141] Klein, Die Rundfunkfreiheit, S. 66.
[142] Klein, Die Rundfunkfreiheit, S. 73.
[143] Klein, Die Rundfunkfreiheit, S. 56.

Sterilität verurteilt sein muss, unter Umständen zeitlich konzentriert ein Kontrastprogramm zu den Programmen anderer Rundfunkeinrichtungen zu schaffen, statt durch das bisher geübte Einschieben anspruchsloser billiger Programme ein Dauerprogramm anzustreben".[144] Die öffentlich-rechtlichen Rundfunkanstalten müssten sich stärker für jede einzelne der nunmehr auf individuelle Selektion verwiesenen Sendungen um politisches oder kulturelles Niveau und um inhaltliche Ausgewogenheit bemühen und ihrer öffentlichen Aufgabe der "Informations- und Kulturpflege" gerecht werden. Nur die gerecht Erfüllung dieser Aufgabe und ihre Eigenschaft als "Medium und Faktor ausgewogener politischer Information und kultureller Bildung" könne die Existenz und die Gebührenaufkommen der Rundfunkanstalten rechtfertigen.[145] Nach dieser Ansicht verbleibt den öffentlich-rechtlichen Rundfunkanstalten in einem späteren Zustand der außenpluralen Rundfunkordnung nur eine auf niveauvolle und inhaltlich ausgewogene Sendungen begrenzte Grundversorgungsaufgabe, die auf bestimmte Tageszeiten begrenzt werden könnte.[146]

In jüngster Zeit hat Bullinger eine Konzeption entwickelt, die den *Funktionsauftrag* durch gesetzliche Vorgaben für den gegenständlichen Programmbereich und seiner Wahrnehmung prozedural durch Selbstregulierung konkretisiert.[147] Diesen Begriff hat das BVerfG oft angewandt, seine Definition ist jedoch wie der Begriff der Grundversorgung streitig. Bullinger würde die Aufgabe des öffentlich-rechtlichen Rundfunks nicht mehr auf enge und bestimmte Arten begrenzen, dass z.B. die Veranstaltung von

---

[144] Bullinger, Kommunikationsfreiheit, S. 94 ff.
[145] Bullinger, Kommunikationsfreiheit, S. 95.
[146] Starck, NJW 1992, S. 3257/3258.
[147] Bullinger, Die Aufgaben des öffentlichen Rundfunks, S. 13 ff.; Vgl. dazu auch Ladeur, M&K 2000, S. 93 ff.

Spartenprogrammen oder Pay-TV und andere ähnliche Ergänzungsprogramme unzulässig sei. Vielmehr vertrat er mit Hilfe einer vergleichenden Expertenuntersuchung [148] die Auffassung, die Aufgabe des öffentlich-rechtlichen Rundfunks durch vier Teilfunktionen festzulegen: die Integrationsfunktion, die Forumsfunktion, die Komplementärfunktion und die Vorbildfunktion. Der Gesetzgeber sei auf dem Verfassungsweg nicht daran gehindert, die im Grundsatz verfassungsrechtlich vorgegebenen Aufgaben des öffentlich-rechtlichen Rundfunks direkt oder indirekt zu konkretisieren. Die Programmautonomie der Rundfunkanstalten solle unter dem Vorbehalt der gesetzlich festgelegten Aufgaben stehen.[149] Darauf wird im folgenden Abschnitt weiter eingegangen.

2. Die Begriffsgestaltung der Grundversorgung nach der Judikatur des Bundesverfassungsgerichts

a) Die Herleitung der Grundversorgung aus der Rundfunkfreiheit

Der Begriff „Grundversorgung" ist nicht im Grundgesetz vorgegeben, sondern bei der Verfassungsinterpretation der Rundfunkfreiheit des Art. 5 Abs. 1 S. 2 GG entwickelt worden. Um die Bedeutung dieses Begriff richtig zu verstehen, muss man auf die einschlägige Rechtsprechungen des BVerfG zurückkommen. [150] Im dritten Rundfunkurteil vom 16.06.1981 (das sogenannte „FRAG-Urteil") hat das BVerfG den Weg zu einer dualen Rundfunkordnung verfassungsrechtlich geöffnet. Mit der Entstehung des dualen

[148] Hamm (Hrsg.), Fernsehen auf dem Prüfstand, S. 90 ff.
[149] Bullinger, Die Aufgaben des öffentlichen Rundfunks, S. 116.
[150] Zur systematischen Zusammenfassung der Grundversorgung in ständigen Rechtsprechungen des Bundesverfassungsgerichts, siehe Scheble, Perspektiven der Grundversorgung, S. 321ff.; Wilhelmi, Verfassungsrechtliche Probleme, S. 28 ff.

Rundfunksystems, das mit der Zulassung des privaten Rundfunks zusammenhängt, verlangte das BVerfG eine ersetzliche Gewährleistung der Rundfunkfreiheit, insbesondere effektive gesetzliche Vorkehrungen, mit denen sicherzustellen ist, dass sämtliche gesellschaftlich relevanten Kräfte zu Wort kommen können. [151] Bei den Ausführungen zur Funktion der Rundfunkfreiheit im Sinne einer Gewährleistung der freien Meinungsbildung wurde eine Grundaufgabe des Rundfunks benannt. Demgemäß sei Rundfunkfreiheit eine der Freiheit der Meinungsbildung in ihren subjektiv- und objektivrechtlichen Elementen *dienende* Freiheit. Sie ergänze und verstärke die Meinungsbildungsfreiheit unter den Bedingungen der modernen Massenkommunikation und diene der Aufgabe, eine freie und umfassende Meinungsbildung durch den Rundfunk zu gewährleisten. [152]

Fünf Jahre später hat das Gericht im vierten Rundfunkurteil vom 04.11.1986 (Niedersachen-Urteil) den nicht einheitlich angewandten Begriff "*Grundversorgung*" aus der Literatur erstmalig aufgenommen, um den notwendigen Aufgabenbereich des öffentlich-rechtlichen Rundfunks in der dualen Rundfunkordnung zu regeln. Er bezeichnet primär die "*Grundfunktion*" des öffentlich-rechtlichen Rundfunks. [153] Danach ist Grundversorgung eine Aufgabe, welche im Prinzip dafür Sorge tragen müsste, dass für die Gesamtheit der Bevölkerung Programme geboten würden, welche umfassend und in der vollen Breite des klassischen Rundfunkauftrags informieren, und dass Meinungsvielfalt in der verfassungsrechtlich gebotenen Weise gesichert sei. [154] Kurzgefaßt schließt die *unerläßliche* Grundversorgung den „klassischen

[151] BVerfGE 57, 295/320 f.
[152] BVerfGE 57, 295/320; dazu Scholz, JZ 1981, S. 561 ff. und Oppermann, JZ 1981, S. 721 ff.
[153] BVerfGE 73, 118 /163.
[154] BVerfGE 73, 118/157 f.

Auftrag des Rundfunks“ ein, der neben seiner Rolle für die Meinungs- und politische Willensbildung, neben Unterhaltung und über laufende Berichterstattung hinausgehender Information seine kulturelle Verantwortung erfaßt.[155]

Bei diesem Urteil gab es auch eine deutliche Aufgabenzuweisung, dass die Grundversorgung Sache der öffentlich-rechtlichen Anstalten sei, weil ihre terrestrischen Programme nahezu die gesamte Bevölkerung erreichten und weil sie nicht in gleicher Weise wie private Veranstalter auf hohe Einschaltquoten angewiesen, mithin zu einem inhaltlich umfassenden Programmangebot in der Lage seien.[156] In der Gewährleistung der Grundversorgung für *alle* wurden der öffentlich-rechtliche Rundfunk und seine besondere Eigenart, namentlich die Gebührenfinanzierung gerechtfertigt. Um diese Aufgaben erfüllen zu können, ist es notwendig, die technischen, organisatorischen, personellen und finanziellen Vorbedingungen sicherzustellen.[157]

b) Drei Elemente der Grundversorgung

Nach wenigen Monaten hat das Gericht weiterhin im fünften Rundfunkurteil vom 24.03.1987 (der sogenannte „Baden-Württemberg-Beschluss“) formuliert, dass die Grundversorgung nicht eine *Mindestversorgung* bedeute, auf die der öffentlich-rechtliche Rundfunk beschränkt sei oder ohne Folgen für die an privaten Rundfunk zu stellenden Anforderungen reduziert werden könne. Es handle sich auch nicht um eine Grenzziehung oder Aufgabenteilung zwischen

---

[155] BVerfGE 73, 118/157 f.
[156] BVerfGE 73, 118/157.
[157] BVerfGE 73, 118/158.

öffentlich-rechtlichen und privaten Rundfunkveranstalter, dass Programme oder Sendungen, die der Grundversorgung zuzurechnen seien, dem öffentlich-rechtlichen, alle übrigen dem privaten Rundfunk vorbehalten seien oder vorbehalten werden könnten.[158] Vielmehr wurde darauf hingewiesen, dass die Grundversorgung aus drei wesentlichen Elemente besteht. Erstens rechnet dazu *Übertragungstechnik*, bei der ein Empfang der Sendungen für alle sicherzustellen sei, bis auf weiteres mithin die herkömmliche terrestrische Technik. Zweitens ist notwendiger inhaltlichen Programmstandard, der nach seinen Gegenständen und der Art ihrer Darbietungen oder Behandlung dem Auftrag des Rundfunks nicht nur zu einem Teil, sondern voll entspreche. Drittens geht es um eine wirksame Sicherung gleichgewichtiger Vielfalt in der Darstellung der bestehenden Meinungsrichtungen durch organisatorische und verfahrensrechtliche Vorkehrungen.[159]

In Bezug auf die Frage, welche Programme der Rundfunkanstalten im einzelnen zu der Grundversorgung gehören, hat das Gericht nicht deutlich entschieden. Da Grundversorgung stets eine Mehrzahl von Programmen voraussetze, kann diese Frage nicht für einzelne Programme oder Programmteile der Rundfunkanstalten beantwortet werden. Zumindest sei der Bestand der im Zeitpunkt des Urteils terrestrisch verbreiteten Programme des öffentlich-rechtlichen Rundfunks der Grundversorgung zuzurechnen.[160]

---

[158] BVerfGE 74, 297/326.
[159] BVerfGE 74, 297/326.
[160] BVerfGE 74, 297/326.

c) Die Bestands- und Entwicklungsgarantie der Rundfunkanstalten

Beim sechsten Rundfunkurteil vom 05.02.1991 (das sogenannten „Nordrhein-Westfalen-Urteil“) wurde der Begriff der Grundversorgung weit dahingehend klargesellt, dass der Gesetzgeber verpflichtet sei, die Grundversorgung der Bevölkerung durch die Gewährleistung der „erforderlichen“ technischen, organisatorischen, personellen und finanziellen Voraussetzungen für den öffentlich-rechtlichen Rundfunk zu sichern. Daher sei es mit dieser Gewährleistungspflicht unvereinbar, den öffentlich-rechtlichen Rundfunk jedenfalls auf den gegenwärtigen Entwicklungsstand in programmlicher, finanzieller und technischer Hinsicht zu beschränken. Im dualen Rundfunksystem könne die Grundversorgungsaufgabe nur dann erfüllt werden, wenn der öffentlich-rechtliche Rundfunk nicht allein in seinem gegenwärtigen Bestand, sondern auch in seiner zukünftigen Entwicklung gesichert sei.[161] Solche Ansicht hat das BVerfG bereits im fünften Rundfunkurteil geäußert. Es hat darauf hingewiesen, dass die Rundfunkfreiheit unter den Bedingungen raschen technischen Wandels ihre normative Kraft bewahren soll. Dann dürfe bei der Bestimmung von Rundfunk nicht nur an eine bereits eingeführte Technik angeknüpft würden. Andernfalls könnte sich die grundrechtliche Gewährleistung nicht auf jene Bereich erstreckten, in denen gleichfalls die Funktion des Rundfunks erfüllt würde. Zur Gewährleistung freier individueller und öffentlicher Meinungsbildung wurden die „rundfunkähnlichen Kommunikationsdienste“ als neue Technik in den Schutzbereich der Rundfunkfreiheit des Art. 5 Abs. 1 S. 2 GG einbezogen.[162]

[161] BVerfGE 74, 297/350 f.; 83, 238/298.
[162] BVerfGE 74, 297/350 f.; 83, 238/302.

Die Bestands- und Entwicklungsgarantie beschränke sich nicht nur auf die Technik der terrestrischen Übertragung. Es gelte auch für das Programmangebot der Rundfunkanstalten, das für neue Publikumsinteressen oder neue Formen und Inhalte offen bleiben müsse. Gegenständlich und zeitlich offen und dynamisch sei der Begriff der Grundversorgung allein an die *Funktion* gebunden, die der Rundfunk im Rahmen des von Art. 5 Abs. 1 GG geschützten Kommunikationsprozesses zu erfüllen hat. Die Grenzen der auf die Grundversorgung bezogenen Bestand- und Entwicklungsgarantie ergebe sich auch nur aus der Funktion des Rundfunks. Soweit die Bestands- und Entwicklungsgarantie des öffentlich-rechtlichen Rundfunks von seiner Aufgabe im dualen Rundfunksystem getragen werde, besitze sie ebenfalls eine verfassungsrechtliche Grundlage.[163]

d) Der Rechtfertigungsgrund der Gebührenfinanzierung

aa) Gebühren als finanzielle Gewährleistung der Grundversorgung

Aus dem siebten Rundfunkurteil vom 06.10.1992 (der sogenannte „Hessen 3-Beschluß") hat das Gericht den Begriff der Grundversorgung nicht weiter formuliert, sondern auf die allgemeinen Grundsätze für Art und Umfang der Finanzierung des öffentlich-rechtlichen Rundfunks zur Erfüllung der Grundversorgungsaufgabe hingewiesen. Zur Erfüllung der Grundversorgungsaufgabe sei eine Finanzierungsweise, die ihn vornehmlich auf die Werbeeinnahmen verwiese, nicht geeignet, da es gerade die Werbefinanzierung sei, von der die programm- und vielfaltsverengenden

[163] BVerfGE 83, 238/299 f.

Zwänge ausgingen, die im privaten Rundfunk zu beobachten seien.[164] Die dem öffentlich-rechtlichen Rundfunk gemäße Art der Finanzierung sei die Gebührenfinanzierung, die in der Erfüllung der essentiellen Funktion des Rundfunks und in der Sicherstellung der Grundversorgung unter den Bedingungen des dualen Systems ihre Rechtfertigung finde.[165] Das bedeute aber nicht, dass neben Gebühren andere Finanzierungsquellen, namentlich Werbeeinnahmen, untersagt seien, solange die Gebührenfinanzierung nicht in den Hintergrund gedrängt werde. Eine Mehrzahl von Einnahmequellen könne vielmehr geeignet sein, einseitige Abhängigkeiten zu lockern und die Programmgestaltungsfreiheit der Rundfunkanstalten zu stärken.[166] Der Rundfunkgesetzgeber sei aber verfassungsrechtlich nicht verpflichtet, den Rundfunkanstalten Werbeeinnahmen zu gestatten. Entscheidend sei allein, dass die Finanzierung der Tätigkeit der Rundfunkanstalten überhaupt ausreichend gesichert sei. Nur darauf hätten sie einen verfassungsrechtlichen Anspruch.[167] Dementsprechend können die Rundfunkanstalten einen Anspruch auf finanzielle Mittel erheben, soweit sie sich im Rahmen des zur Wahrung ihrer Funktion Erforderlichen halten.[168] Im einzelnen muss die Finanzierung nach Art und Umfang der spezifischen Funktion des öffentlich-rechtlichen Rundfunks entsprechen und darf die von Art. 5 Abs. 1 Satz 2 GG geschützte Programmautonomie nicht gefährden.[169]

Bei diesem Urteil wurde das Kriterium der „Erforderlichkeit“ im Hinblick auf die Finanzierung des öffentlich-rechtlichen Rundfunks akzentuiert. Wie im

---

[164] BVerfGE 83, 238/311; 87, 181/199.
[165] BVerfGE 73, 118/158; 87, 181/200.
[166] BVerfGE 83, 238/310 f.; 87, 181/200.
[167] BVerfGE 87, 181/200.
[168] BVerfGE 87, 181/198; 90, 60/90.
[169] BVerfGE 87, 181/198.

fünften Rundfunkurteil erwähnt, ist der Landesgesetzgeber verpflichtet, eine hinreichende Finanzierung der von Rundfunkfreiheit geschützten Programme zu ermöglichen.[170] Es kann aber nicht nach dem Gutdünken des Gesetzgebers entschieden werden, welche Mittel er den Rundfunkanstalten zur Erfüllung ihrer Aufgabe bereitstellen wolle. Der Gesetzgeber soll im Rahmen seiner finanziellen Gewährleistungspflicht eine Finanzierungsform bestimmen, die „den öffentlich-rechtlichen Rundfunkanstalten derjenigen Programme zu ermöglichen ist, deren Veranstaltung ihren spezifischen Funktionen nicht nur entspricht, sondern auch zur Wahrnehmung dieser Funktionen *erforderlich* ist.“ [171] Diese finanzielle Gewährleistungspflicht ende aber nicht bei der Grundversorgung. Mit dem Erforderlichkeitskriterium werde ein angemessener Ausgleich zwischen der Programmautonomie der Rundfunkanstalten und den vom Gesetzgeber wahrzunehmenden finanziellen Interessen der Rundfunkempfänger geschaffen. Auf einer Seite beschränke es die Rundfunkanstalten nicht auf ein extern festgesetztes Mindestangebot, sondern trüge seiner grundrechtlichen gesicherten Freiheit bei der Funktionserfüllung Rechnung. Auf anderer Seite verhindere es jedoch, dass jede den Rundfunkanstalten wünschbar erscheinende Programmausweitung eine Pflicht des Staates zur Einnahmeerhöhung nach sich zöge. Es sei auch hinreichend anpassungsfähig. Was die Funktionserfüllung erfordere, würde nicht ein für allemal bestimmt, sondern hinge von den Umständen ab, namentlich von der technischen Entwicklung und dem Verhalten der privaten Anbieter, denen gegenüber der öffentlich-rechtliche Rundfunk im dualen System konkurrenzfähig bleiben müsse, wenn dieses nicht insgesamt die Anforderungen von Art. 5 Abs. 1

[170] BVerfGE 74, 297/342.
[171] BVerfGE 74, 297/342; 87, 181/202.

Satz 2 GG verfehlen solle.[172]

Allerdings sei es sehr schwierig, eine genaue Bestimmung für die Erforderlichkeit zu setzen. Die zur Entscheidung von Finanzfragen erstrebenswerte Quantifizierung sei aus diesem Kriterium nicht stringent abzuleiten. Es erlaube aber mögliche Eingrenzungen. Wesentlich für die Bestimmung der Erforderlichkeit sei das gesamte Programm einer Rundfunkanstalt. Im diesem, nicht in jedem einzelnen Programm oder gar in jeder Sendungen, müsse sie den Rundfunkauftrag in vollem Umfang verwirklichen.[173] Hingegen könnten einzelne Programme durchaus gegenständliche Schwerpunkte setzen oder bestimmte Zielgruppen berücksichtigen. Wie die Rundfunkanstalten die verfügbaren Mittel im Rahmen der gesetzlichen Bestimmungen auf einzelne Programme oder Programmsparten verteilen würden, sei ihre Sache. Daraus könnten zusätzliche Finanzansprüche nicht abgeleitet werden.[174]

bb) Prozeduraler Grundrechtsschutz der Rundfunkfinanzierung

Darüber hinaus hat das BVerfG im achten Rundfunkurteil vom 22.02.1994 (das sogenannten „Rundfunkgebühren-Urteil“) die vorherigen Aussagen für die Grundversorgung kurz zusammengefaßt. Ausgangspunkt ist das Festsetzungsverfahren bei der Rundfunkgebühr. Dabei hat es wiederum hervorgehoben, dass die staatliche Rundfunkfinanzierung den öffentlich-rechtlichen Rundfunk in den Stand setzen solle, die zur Erfüllung seiner Funktion erforderlichen Programme zu verwirklichen und auf diese Weise die

[172] BVerfGE 87, 181/202 f.
[173] BVerfGE 87, 181/203.
[174] BVerfGE 87, 181/203 f.

Grundversorgung der Bevölkerung mit Rundfunk sicherzustellen. Die Gebührenfestsetzung könnte nicht zu Zwecken der Programmlenkung oder der Medienpolitik im dualen System benutzt werden.[175] Das Grundrecht der Rundfunkfreiheit verlange eine positive Ordnung, dadurch könne die Vielfalt der Themen und Meinungen aufgenommen und wiedergegeben werden. Zu diesem Zweck seien materielle, organisatorische und prozeduale Regelungen notwendig, die an der Aufgabe des Rundfunks orientiert seien und erreichen könnten, was Art. 5 Abs. 1 GG in seiner Gesamtheit bewirken wollte.[176] Dieser Schutz beziehe sich nicht nur auf die manifesten Gefahren unmittelbarer Lenkung oder Maßregelung des Rundfunks, vielmehr schließe er auch die subtileren Mittel indirekter Einwirkung ein, mit denen sich staatliche Organe Einfluß auf das Programm verschaffen oder Druck auf die im Rundfunk Tätigen ausüben könnten.[177]

Aus diesem Gesichtspunkt wurde das damalige Verfahren der Gebührenfestsetzung für unvereinbar mit den Anforderungen *„prozeduralen Grundrechtsschutzes“* erklärt, da es einerseits weder den Rundfunkanstalten hinreichend die funktionsgerechten erforderlichen finanziellen Mittel sichere noch Einflussnahmen des Staates auf die Programmgestaltung der Rundfunkanstalten wirksam ausschließe, und weil andererseits die Kommission zur Ermittlung des Finanzbedarfs der Rundfunkanstalten (KEF) die notwendige Unabhängigkeit verliere und nur als bloßes Hilfsinstrument der Ministerpräsidentenkonferenz ins Leben gerufen worden sei. Die Einschaltung der KEF böte aber keine ausreichende Sicherung der

---

[175] BVerfGE 90, 60/93 f.
[176] BVerfGE 90, 60/88.
[177] BVerfGE 73, 118/183; 90, 60/88.

Rundfunkfreiheit.[178] Der Grundsatz der Trennung zwischen allgemeinen medienpolitischen Entscheidungen und Entscheidungen über die Rundfunkgebühr sei nicht hinreichend effektiv.[179] Doch sei es Sache gesetzgeberischer Entscheidung, wie das Verfahren der Gebührenfestsetzung im einzelnen ausgestaltet werde. Verfassungsrechtlich müsse lediglich gewährleistet sein, dass die Rundfunkanstalten die zur Erfüllung ihres Auftrags erforderlichen Mittel erhielten und die politischen Einflussnahmen auf die Programmgestaltung dadurch wirksam ausgeschlossen würden.[180] Die für die Gebührenentscheidung geltenden Grundsätze der Programmneutralität und der Programmakzessorietät müssten dabei auch gewahrt bleiben.[181]

In dieser Rechtsprechung hat das Gericht ein dreigliedriges Verfahren gezeigt. Demzufolge sei die Bedarfsanmeldung der Rundfunkanstalten als die Basis der Bedarfsermittlung und der folgenden Gebührenfestsetzung einzusetzen. Diese Bedarfsanmeldung sei eine externe Kontrolle, die im Interesse der mit der Gebühr belasteten Rundfunkteilnehmer erforderlich sei. Diese Kontrolle dürfe sich nicht auf die Vernünftigkeit oder Zweckmäßigkeit der Programmentscheidungen der Rundfunkanstalten beziehen, sondern lediglich darauf, ob sie sich im Rahmen des rechtlich umgrenzten Rundfunkauftrags halte und ob der aus Programmentscheidungen abgeleitete Finanzbedarf zutreffend und mit den Grundsätzen von Wirtschaftlichkeit und Sparsamkeit vereinbar sei. Bei dieser Kontrolle handele es sich nicht um eine politische, sondern um eine fachliche Aufgabe. Die fachliche Prüfungs- und Ermittlungsaufgabe hinsichtlich des angemeldelten Bedarfs könne an ein

[178] BVerfGE 90, 60/97 f.
[179] BVerfGE 90, 60/94.
[180] BVerfGE 90, 60/101 f.
[181] BVerfGE 90, 60/101 f.

Sachverständigengremium übertragen werden, das im Unterschied zur KEF nicht nur rundfunk-, sondern auch politikfrei zusammenzusetzen sei.[182]

Die Länder seien deshalb gehalten, alsbald für ein verfassungsmäßiges Gebührenfestsetzungsverfahren zu sorgen. Die Gebührenentscheidung sei aufgrund der überprüften Bedarfsanmeldungen der Rundfunkanstalten zu treffen. Wer sie träfe und wie das geschähe, wie oben dargelegt, sei wiederum Sache gesetzlicher Regelung.[183] Weil es sich bei der Gebührenfestsetzung um eine gebundene Entscheidung handele, die von allgemeinen medienpolitischen Rücksichten gerade freizuhalten sei, zwinge die Verfassung auch nicht dazu, dass die Parlamente die Gebührenhöhe jeweils selbst bestimmten. Vielmehr käme auch eine Delegation in Betracht, wenn diese den rechtsstaatlichen Bestimmtheitsanforderungen genüge und die wesentlichen Fragen durch Gesetz geregelt seien.[184]

e) Die Grundversorgung als Basis des Kurzberichterstattungsrechts

Im sogenannten „Kurzberichterstattungsurteil“ vom 17.02.1998 wurde die Grundversorgungsaufgabe ebenfalls als eine wesentliche Grundlage der Begründung herangezogen. Die verfassungsrechtliche Garantie der Rundfunkfreiheit in Art. 5 Abs. 1 S. 2 GG diene der freien individuellen und öffentlichen Meinungsbildung. Diese könne nur unter den Bedingungen umfassender und wahrheitsgemäßer Information gelingen. Informationen trügen zur Bildung und zur Überprüfung von Meinungen bei. Daher verlange Art. 5 Abs. 1 Satz 2 GG, dass die informationellen Voraussetzungen der

---

[182] BVerfGE 90, 60/102 f.; auch Wilhelmi, Verfassungsrechtliche Probleme, S. 40.
[183] BVerfGE 90, 60/103.
[184] BVerfGE 90, 60/104.

Meinungsbildung im Leitmedium des Fernsehens gewährleistet würden. Information sei ein wesentlicher Bestandteil des klassischen Rundfunkauftrags. [185] Es gehört zu einem bedeutsamen Bereich der Grundversorgung.

Die Informationsfunktion des Rundfunks beschränke sich nicht auf politische Informationen im engeren Sinn. Zur Information im Sinne des klassischen Rundfunkauftrags gehöre die gegenständlich uneingeschränkte Information über alle Lebensbereiche unter Zugrundelegung publizistischer Kriterien. Dazu zählten die Berichte über herausragende Sportveranstaltungen. Die Bedeutung solcher Sportereignisse erschöpfe sich nicht in ihrem Unterhaltungswert. Sie erfüllten darüber hinaus eine wichtige gesellschaftliche Funktion. Der Sport biete Identifikationsmöglichkeiten im lokalen und nationalen Rahmen und sei Anknüpfungspunkt für eine breite Kommunikation in der Bevölkerung. Eine umfassende Berichterstattung lasse sich daher unter Verzicht auf Sportereignisse nicht verwirklichen. Dieses Ziel würde durch eine Monopolisierung der Berichterstattung über Gegenstände von allgemeiner Bedeutung oder allgemeinem Interesse bei einem einzelnen Rundfunkveranstalter gefährden. [186] Zur Verhinderung vorherrschender Meinungsmacht bedürfe es nicht nur wirksamer Vorkehrungen gegen eine Konzentration auf Veranstalterebene, sondern auch ausreichender Maßnahmen gegen Informationsmonopole.[187]

Eine durchgängige Kommerzialisierung von Informationen von allgemeiner Bedeutung oder allgemeinem Interesse, die dem Erwerber der Verwertungs-

---

[185] BVerfGE 73, 118/158; 97, 228/256 f.
[186] BVerfGE 97, 228/257.
[187] BVerfGE 57, 295/323; 73, 118/160; 95, 163/172; 97, 228/258.

rechte gestatte, damit beliebig zu verfahren und Dritte auszuschließen oder in der Teilnahme zu beschränken, würde den Leitvorstellungen von Art. 5 Abs. 1 Satz 2 GG nicht gerecht. Der Gesetzgeber könne sich daher auf vernünftige Erwägungen des Gemeinwohls berufen, wenn er dem entgegenzuwirken suche. Dabei müsse er jedoch den Grundsatz der Verhältnismäßigkeit berücksichtigen.[188]

II. Die verfassungsrechtliche Basis der Grundversorgungsaufgabe

1. Die Herleitung der Grundversorgung aus der Rundfunkfreiheit des Art. 5 Abs. 1 S. 2 GG in Verbindung mit dem Demokratieprinzip

a) Die Rundfunkfreiheit als Funktionsgrundrecht

Bereits im oben dargelegten ersten Rundfunkurteil hat das BVerfG den Rundfunk als *öffentliche Aufgabe und Sache der Allgemeinheit* charakterisiert. Herkömmlich gehöre er zu den Aufgaben der öffentlichen Verwaltung.[189] Der Rundfunk sei als Instrument der freien Meinungsbildung und als *Medium und Faktor* eines geschützten Prozesses der Kommunikation qualifiziert.[190] Ihm obliegt die Aufgabe, Meinungsvielfalt zu fördern und zu gewährleisten. Daher sei die Bedeutung der objektiv-rechtlichen Dimension der Rundfunkfreiheit wie die der Pressefreiheit immer herausgehoben. Das BVerfG hat zunächst das Grundrecht des Art. 5 Abs. 1 S. 2 GG, welches *die Freiheit der Berichterstattung durch Rundfunk* schützt, als *institutionelle Freiheit* definiert

[188] BVerfGE 97, 228/258.
[189] BVerfGE 12, 205/260
[190] BVerfGE 12, 205/260; 74, 297/ 323.

und darauf hingewiesen, dass Art. 5 Abs. 1 GG mehr als nur das individuelle Grundrecht des Bürgers gegen den Staat auf Respektierung einer Freiheitssphäre enthalte.[191] Später ist der Begriff der institutionellen Freiheit im dritten Rundfunkurteil durch das Konzept der *„dienende Freiheit“* konkretisiert worden, die für die freie individuelle und öffentliche Meinungsbildung, für Kritik und Kontrolle der öffentlichen Gewalt und für die Wahlentscheidung als demokratischer Grundakt des Volkes unerläßlich sei.[192] Im Unterschied zu anderen Freiheitsrechten des Grundgesetzes handele es sich bei der Rundfunkfreiheit nicht um ein Grundrecht, das seinem Träger zum Zweck der Persönlichkeitsentfaltung oder Interessenverfolgung eingeräumt sei. Die Rundfunkfreiheit sei vielmehr eine dienende Freiheit. Sie diene der freien individuellen und öffentlichen Meinungsbildung.[193]

Daraus folgt, dass die Rundfunkfreiheit ein *Funktionsgrundrecht*[194] ist, das der Freiheit der Meinungsbildung in ihren subjektiv- und objektivrechtlichen Elementen dient.[195] Es wird im Sinne einer *Doppelnatur des Grundrechts* gewürdigt.[196] Das Ziel dieses Grundrecht ist es, einen Prozeß freier Meinungsbildung zu ermöglichen und unveränderlich zu erhalten, also offene und vielfältige Kommunikationsprozesse zu gewährleisten. Angesichts der kommunikativen Bedeutung werde freie Meinungsbildung nur in dem Maß gelingen, wie der Rundfunk seinerseits frei, umfassend und wahrheitsgemäß informiere.[197] Dabei müssten sowohl die subjektiven als auch die objektiven

[191] BVerfGE 12, 205/259 f; 31, 314/326.
[192] BVerfGE 57, 295/319; 83, 238/ 295 f.; 87, 181/ 197; 90, 60/87; 91,125/134; 97, 228/257.
[193] BVerfGE 57, 295/319; 83, 238/ 295 f.; 87, 181/ 197.
[194] Holznagel/Vesting, Sparten- und Zielgruppenprogramme, S. 44.
[195] BVerfGE 57, 295/320; 73, 118/152; 74, 297/ 323.
[196] Libertus, Grundversorgungsauftrag, S. 25.
[197] BVerfGE 83, 238/296.

Elemente der Rundfunkfreiheit die Gewährleistung durchdringen und stützen.[198]

b) Die subjektive Abwehrfunktion der Rundfunkfreiheit

aa) Der Veranstalter der Rundfunkprogramme als Grundrechtsträger der Rundfunkfreiheit

Nach Art. 19 Abs. 3 GG gelten die Grundrechte grundsätzlich nicht für juristische Personen des öffentlichen Rechts. Jedoch sind die öffentlich-rechtlichen Rundfunkanstalten seit langem vom BVerfG als Grundrechtsträger der Rundfunkfreiheit anerkannt, weil sie vom Staat unabhängig sein müssen, um die Verwirklichung des Grundrechts der Rundfunkfreiheit zu ermöglichen.[199] Durch den Rundfunk nehmen die öffentlich-rechtlichen Rundfunkanstalten die Interessen der Allgemeinheit an einer freien Meinungsbildung wahr, sie üben die Rundfunkfreiheit „treuhänderisch" aus.[200] In der jüngeren Rechtsprechung hat das Gericht wiederum erläutert, dass das Grundrecht der Rundfunkfreiheit ohne Rücksicht auf öffentlich-rechtliche oder privatrechtliche Rechtsform, auf kommerzielle oder gemeinnützige Betätigung jedenfalls allen natürlichen und juristischen Personen zustehe, die Rundfunkprogramme veranstalten, weil die Rundfunkfreiheit in ihrem Kern Programmfreiheit sei.[201] Daher steht die Grundrechtsfähigkeit allen Veranstaltern der Rundfunkprogramme zu.

---

198 BVerfGE 57, 295/320; 74, 297/ 323.
199 BVerfGE 31, 314/322; 59, 231/247.
200 BVerfGE 60, 53/66; Ricker/Schiwy/Schütz, Rundfunkverfassungsrecht, S. 117.

bb) Abwehrrecht gegen Eingriffe von Staat oder Medienmacht

Die in Art. 5 Abs. 1 S. 2 GG geschützte Rundfunkfreiheit betone zuerst ein subjektives Abwehrrecht des Individuums gegen Eingriffe staatlicher Gewalt, weil dieses Abwehrrecht essentielle Bedingung der freien individuellen und öffentlichen Meinungsbildung ist.[202] Die Rundfunkfreiheit ist ebenso wie die Pressefreiheit, die Freiheit der Meinungsäußerung und die Informationsfreiheit schlechthin konstituierend für die freiheitlich-demokratische Grundordnung.[203] Aus diesem Gesichtspunkt dürfe der Rundfunk weder dem Staat noch einer gesellschaftlichen Gruppe ausgeliefert werden.[204] Indienstnahmen des Rundfunks drohen nicht nur von Seiten des Staates, sondern auch von gesellschaftlichen Mächten. Jedoch verbietet die Rundfunkfreiheit nicht, dass auch Vertretern des Staates in den Organen des *neutralisierten* Trägers der Veranstaltungen ein angemessener Anteil eingeräumt wird. Vielmehr schließt dieses Grundrecht nur aus, dass der Staat unmittelbar oder mittelbar eine Anstalt oder Gesellschaft dominiert, die Rundfunksendungen veranstaltet.[205] Diese Abwehrfunktion des Grundrechts gilt nicht nur für unmittelbare Einflussnahmen Dritter auf das Programm, sondern auch für die Beeinflussungen, welche die Programmfreiheit mittelbar beeinträchtigen könnten. Deshalb wäre es unzureichend, Art. 5 Abs. 1 Satz 2 GG lediglich als staatsgerichtetes Abwehrrecht zu verstehen. Mit aufkommendem globalen Wettbewerb ist die Konzentration der Medien unumgänglich. Die Rundfunkfreiheit wird in besonderem Maße durch das

---

[201] BVerfGE 95, 220/234; 97, 298/310.

[202] BVerfGE 57, 295/319; 83, 238/295 f.; 87, 181/197; 90, 60/87; 97, 228/257.

[203] BVerfGE 7, 198/208; 10, 118/121; 12, 205/259 ff.; 20, 56/97 f.; 20, 162/174 ff.; 27, 71/81 f.; 35, 202/222.

[204] BVerfGE 12, 205/262; 90, 60/88; dazu auch Schneider/Radeck, Verfassungsprobleme der Rundfunkfinanzierung , S. 21.

[205] BVerfGE 12, 205/263; 90, 60/88.

Entstehen vorherrschender Meinungsmacht gefährdet.[206] Daher müssen den Gefahren der Meinungsmonopolisierung und einseitiger Einflußmöglichkeiten auf den Kommunikationsprozeß im Rundfunkbereich entgegengetreten werden.

aaa) Wahrnehmung der Meinungsfreiheit

Zunächst geht die Rundfunkfreiheit nicht vom Schutz des einzelnen im Sinne der Selbstentfaltung aus, vielmehr ergibt sich die abwehrende Funktion der Rundfunkfreiheit aus dem Schutz der Meinungsfreiheit des einzelnen und der Gesellschaft vor staatlicher Einflußnahme. [207] Von daher ist die Rundfunkfreiheit ein wesentlichen Bestandteil der Meinungsfreiheit in Art. 5 Abs. 1 GG. Die als objektives Prinzip der Grundrechtsordnung gewürdigte Meinungsfreiheit kann nur gewährleistet werden, wenn der individuelle und öffentliche Kommunikationsprozeß nicht vom Staat oder von anderen Mächte beeinflußt wird. Damit kann sich der einzelne nach eigenem Wunsch informieren und die Möglichkeit freier Gegenseitigkeit, geistigen Austauschs zwischen den Bürgern verwirklichen.[208]

Der Rundfunk wirkt an der öffentlichen Meinungsbildung durch seine Programme mit, die sich nicht nur auf die Nachrichtensendungen, politischen Kommentare und Sendereihen über politische Angelegenheiten beschränken. Dabei kann das Programm nicht in einzelne Teil zergliedert, sondern muss als einheitliche Veranstaltung verstanden werden.[209] Darüber hinaus erstreckt es sich nicht allein auf die Programmfunktion im engeren Sinne, die die

---

[206] BVerfGE 73, 118/157, 172.
[207] Ricker/Schiwy/Schütz, Rundfunkverfassungsrecht, S. 90.
[208] Haverkate, Verfassungslehre, S. 228.

herkömmlichen medialen Aktivitäten, die von der Beschaffung der Information bis zur Verbreitung der Sendung reichen, umfassen.[210] Die übrigen für die Erfüllung der Programmfunktion erforderlichen, sachgerechten akzessorischen Hilfsmittel, die sich auf die technischen, organisatorischen, personellen, finanziellen u.a. Voraussetzungen der Programmveranstaltung beziehen, werden auch gewährleistet.[211]

bbb) Das Demokratieprinzip

Ferner steht die abwehrende Funktion der Rundfunkfreiheit in einem engen Zusammenhang mit dem Verfassungsprinzip der Demokratie. Die Demokratie setzt grundsätzlich einen offenen Kommunikations- und Willensbildungsprozess voraus. Dabei hat das BVerfG im „Lebach-Urteil" bereits hervorgehoben, dass sich die Meinungs- und politische Willensbildung „von dem Volk zu den Staatsorganen vollziehen müsse und nicht umgekehrt".[212] Der Rundfunk ist wie die Presse eines der unersetzlichen Massenkommunikationsmitteln, denen sowohl für die Gewaltkontrolle zwischen dem Volk und den Staatsorganen als auch für die Integration der Gemeinschaft in allen Lebensbereichen eine maßgebende Wirkung zukommt. Er informiert den Bürger umfassend über das Zeitgeschehen, über Entwicklungen im Staatswesen und das gesellschaftliche Leben.[213] Damit ermöglicht er die öffentliche Diskussion und hält sie in Gang, indem er Kenntnis von den verschiedenen Meinungen vermittelt, dem Einzelnen und den gesellschaftlichen Gruppen Gelegenheit

---

[209] Starck, in: v. Mangoldt/Klein/Starck (Hrsg.), BK Bd 1, Art. 5 Abs, 1, 2, S. 628, Rn. 100.
[210] BVerfGE 78, 101/102 f.; 90, 60/87.
[211] Hoffmann-Riem, Regulierung der dualen Rundfunkordnung, S. 211.
[212] BVerfGE 20, 56/99; 44, 125/140; 69, 315/346; dazu Dreier (Hrsg.), GG Komm. Bd. II, Art. 20 (Demokratie), S. 53, Rn. 72.
[213] BVerfGE 35, 202/222.

gibt, Meinungen zu bilden, und er stellt selbst einen entscheidenden Faktor im permanenten Prozeß der öffentlichen Meinungs- und Willensbildung dar.[214] Aufgrund des Demokratieprinzips wird es ausgeschlossen, dass der Staat unmittelbar oder mittelbar eine Anstalt oder Gesellschaft beherrscht, die Rundfunksendungen veranstaltet. Es darf keine politische Instrumentalisierung des Rundfunks stattfinden.[215] Der Staat ist verpflichtet, jede unmittelbare oder mittelbare Steuerung der Rundfunkprogramme zu vermeiden.

c) Objektiv-rechtliches Grundrechtsverständnis der Rundfunkfreiheit

aa) Die Rundfunkfreiheit als dienende Freiheit

Wie oben bereits dargestellt, enthält die Rundfunkfreiheit außer der subjektiv-rechtlichen Komponente auch einen objektiv-rechtlichen Gehalt. Bei der objektiv-rechtlichen Gewährleistung der Rundfunkfreiheit handelt es sich nicht um ein Freiheitsrecht, das nur der Selbstentfaltung und Interessenverfolgung seines Grundrechtsträgers dient. Umgekehrt bezieht es sich auf die Existenz und die Funktionsfähigkeit einer institutionellen Freiheit.[216] Darüber hinaus hat das BVerfG aus Art. 5 Abs. 1 GG ein *objektives Prinzip der Gesamtrechtsordnung* entnommen und diesem die Rundfunkfreiheit als besondere Gewährleistung untergeordnet.[217] Demzufolge ist die Rundfunkfreiheit, wie alle Garantien des Art. 5 Abs. 1 GG, eine

---

[214] BVerfGE 12, 113/125; 12, 205/260; 35, 202/222.

[215] BVerfGE 90, 60/88.

[216] BVerfGE 12, 205/261; 31, 314/326; Frotscher, „Big Brother" und das deutsche Rundfunkrecht, S. 29.

[217] BVerfGE 74, 297/323; 87, 181/197; 90, 60/88; Damm, Gebührenprivileg und Beihilferecht, S. 5.

„dienende Freiheit", die der freien individuellen und öffentlichen Meinungsbildung dient.[218] Wie der Hüter der Verfassung immer wieder hervorgehoben hat, ist die freie Meinungsbildung eine unentbehrliche Voraussetzung sowohl der Persönlichkeitsentfaltung als auch der demokratischen Ordnung in einem Prozeß der Kommunikation durch Medien, die Informationen und Meinungen verbreiten und selbst Meinungen äußern. Der hiermit verfolgte Schutzzweck ist der *Prozeß der Meinungsbildung* selbst, in dem die Meinungsäußerungsfreiheit und die Informationsfreiheit wesentliche Einzelgarantien darstellen. Dabei kommt dem Rundfunk wegen seiner Breitenwirkung, Aktualität und Suggestivkraft besondere Bedeutung zu. Freie Meinungsbildung kann nur gelingen, soweit der Rundfunk seinerseits frei, umfassend und wahrheitsgemäß informieren kann. Der Rundfunk ist daher als eine verfassungsrechtlich wesentliche *Institution* der Meinungsbildung anerkannt. Von anderer Seite zu sagen, soll der Mensch oder Bürger auch eine Chance haben, umfassend informiert zu werden, damit seine Meinungsäußerung nicht mehr die bloße Subjektivität der Stellungnahme widerspiegelt. Unter dieser Betrachtung sollen möglichst viele Informationen und Meinungen von möglichst vielen Personen und Institutionen im politischen und gesellschaftlichen Meinungs- und Willensbildungsprozess thematisiert, berücksichtigt und integriert werden.[219] Aufgrund dieses Verständnisses soll die Rundfunkfreiheit auch als "institutionelle Garantie" verstanden werden.[220]

Anders als bei der Presse konnte es beim Rundfunk von vornherein nicht darum gehen, eine vorgegebene privatwirtschaftliche Verbreitung abzusichern.

---

[218] BVerfGE 57, 295/319; 83, 238/295 f.; 87, 181/197; 90, 60/87; 97, 228/257.
[219] Brugger, Rundfunkfreiheit und Verfassungsinterpretation, S. 31.
[220] Bullinger, in: Isensee/Kirchhof (Hrsg.), HdbStR VI, § 142, Rn. 118.

Vielmehr war unter der Weimarer Verfassung ein Staatsrundfunk und unter dem Grundgesetz ein mit ausschließlichem Verbreitungsrecht ausgestatteter Gruppenrundfunk in der Form öffentlich-rechtlicher Anstalten mit organisatorischer und programmatischer Binnenpluralität vorgegeben.[221] Demgemäß soll Rundfunkfreiheit der Freiheit der individuellen und öffentlichen Meinungsbildung und allen relevanten Meinungen zur Verbreitung über den Rundfunk dienen. Es wird jedoch nicht verkannt, dass den einzelnen Parteien, Gruppen und anderen Trägern relevanter Meinungen kein gerichtlich durchsetzbares Recht darauf zuerkannt wird, Sitz und Stimme im Rundfunkrat[222] oder eine angemessene Sendezeit zu erhalten.[223]

bb) Die Ordnungspflicht des Staates aufgrund der Rundfunkfreiheit

Darüber hinaus wird eine Schutzpflicht des Staates aus dem objektiven Verständnis der Rundfunkfreiheit abgeleitet. Um die oben erwähnte dienende Funktion der Rundfunkfreiheit zu verwirklichen und die Institution des Rundfunks zu verbürgen, kommt dem Staat die Pflicht zu, eine *positive Ordnung* zu schaffen, die sicherstellt, dass der Rundfunk die Vielfalt der Themen und Meinungen aufnimmt und wiedergibt, die in der Gesellschaft eine Rolle spielen. Diesen Zweck zu ermöglichen, sind „materielle, organisatorische und prozedurale Regelungen notwendig, die an der Aufgabe des Rundfunks orientiert sind und erreichen können, was Art. 5 Abs. 1 GG in seiner Gesamtheit bewirken will."[224]

---

[221] Bullinger, in: Isensee/Kirchhof (Hrsg.), HdbStR VI, § 142, Rn. 90 f.
[222] Für die politischen Parteien BVerfGE 60, 53/63 ff.
[223] Hess VGH in: AfP 1983, S. 487; sofern aber Parteien Sendezeiten erhalten, ist deren Chancengleichheit zu beachten, BVerfGE 13, 204/205.
[224] BVerfGE 57, 295/320; 83, 238/296; 90, 60/88.

Zur Erfüllung dieser Schutzpflicht sollen Rahmenbedingungen für eine Rundfunkordnung entwickelt werden. Adressat dieser Pflicht ist der Gesetzgeber. Art. 5 Abs. 1 S. 2 GG schreibt verbindlich nur das Ziel vor, eine freie, umfassende und wahrheitsgemäße Meinungsbildung zu gewährleisten. Wie der Gesetzgeber seine Pflicht erfüllen will, ist jedoch Sache seiner eigenen Entscheidung.[225] Insoweit steht ihm eine große Gestaltungsfreiheit zu. Dafür gilt ein Parlamentsvorbehalt.[226] Der Gesetzgeber verpflichtet, die wesentlichen Regelungen selbst vorzugeben. Es ist unzulässig, sie durch die Generalklauseln auf die Exekutive abzuschieben.[227] Das BVerfG hat im FRAG-Urteil darauf verwiesen, dass die folgenden Vorkehrungen zum Parlamentsvorbehalt gehören.[228] Zuerst sei ein binnenplurales oder ein außenplurales Ordnungsmodell zu schaffen, um die Staatsfreiheit des Rundfunk sicherzustellen, daneben seien die Leitgrundsätze für den Inhalt des Gesamtprogramms verbindlich zu bestimmen, die ein Mindestmaß an inhaltlicher Ausgewogenheit, Sachlichkeit und gegenseitigem Respekt verbürgen und für den Jugendschutz Sorge tragen. Die Zugänglichkeit zur Rundfunkveranstaltung sei ebenfalls im Gesetz selbst vorzuschreiben. Der Zugang darf aber nur von Voraussetzungen abhängig gemacht werden, die der Gewährleistung der Rundfunkfreiheit dienen. Schließlich sei eine begrenzte Staatsaufsicht zu gründen, um die Einhaltung der gesetzlichen Regelungen sicherzustellen.

---

[225] BVerfGE 54, 173/202; 57, 295/320 f.
[226] BVerfGE 47, 46/79; 57, 295/321.
[227] Hesse, Rundfunkrecht, S. 71, Rn. 54.

d) Die Zuweisung der Aufgabe bei der dualen Rundfunkordnung

Aufgrund der bisher gewonnenen Ergebnisse über den Begriff der Grundversorgung wird entnommen, dass dieser Begriff nicht unmittelbar im Grundgesetz vorgegeben, sondern bei der Auslegung der Rundfunkfreiheit in Art. 5 Abs. 1 S. 2 GG ausgeprägt ist, um den notwendigen Aufgabenbereich des öffentlich-rechtlichen Rundfunks in der dualen Rundfunkordnung zu regeln. Die Grundversorgungsaufgabe steht im engen Zusammenhang mit der obigen Aufgabe des Gesetzgebers, eine positive Ordnung zu schaffen, die den Anforderungen des Art. 5 Abs. 1 GG Rechnung trägt. Konkreter gesprochen ist der Gesetzgeber verpflichtet, die für den Gebrauch der Rundfunkfreiheit erforderlichen materiellen, organisatorischen und prozeduralen *Grund*voraussetzungen[229] festzusetzen.

Für die dualen Rundfunkordnung hat das BVerfG die unerläßliche Grundversorgungsaufgabe den öffentlich-rechtlichen Rundfunkanstalten zugewiesen, weil die terrestrischen Programme der Rundfunkanstalten nahezu die gesamte Bevölkerung erreichen und weil die Rundfunkanstalten nicht in gleicher Weise wie private Veranstalter auf hohe Einschaltquoten angewiesen, mithin zu einem inhaltlich umfassenden Programmangebot in der Lage sind.[230] Die Grundversorgungsaufgabe umfasst die essentiellen Funktionen des Rundfunks und den klassischen Auftrag des Rundfunks. Der klassische Auftrag schließt die Mitwirkung an der Meinungs- und politischen Willensbildung, die Unterhaltung, die über laufende Berichterstattung hinausgehender Information und die Erfüllung einer kulturellen

---

228 BVerfGE 57, 295/324 ff.; Hesse, Rundfunkrecht, S. 71f., Rn. 54.
229 BVerfGE 57, 295/320; 73, 118/182 f; 83, 228/322 f.
230 BVerfGE 73, 118/157 f.

Verantwortung ein.[231] In der Gewährleistung der Grundversorgung für alle finde der öffentlich-rechtliche Rundfunk und seine besondere Eigenart, namentlich die Gebührenfinanzierung, ihre Rechtfertigung; diese Aufgabe mache es notwendig, die technischen, organisatorischen, personellen und finanziellen Vorbedingungen ihrer Erfüllung sicherzustellen,[232] zu denen es gehört, dem öffentlich-rechtlichen Rundfunk eine funktionsgerechte Finanzierung zu ermöglichen und die erforderlichen Übertragungskapazitäten zuzuteilen.[233]

2. Die Ableitung der Grundversorgung aus dem Sozialstaatsprinzip

Die Grundversorgungsaufgabe läßt sich ebenfalls aus dem Sozialstaatsprinzip in Art. 20 Abs. 1 GG und in Art. 28 Abs. 1 GG ableiten. Das Sozialstaatsprinzip gewährleistet für den Bereich der Bundesrepublik Deutschland eine Grundversorgung mit Rundfunkprogrammen zu sozialen Bedingungen. [234] Wie oben dargelegt, nimmt bereits Herrmann eine umfangreiche Analyse des Verhältnisses zwischen Rundfunkkommunikation und Sozialstaatsprinzip vor. Dabei geht er davon aus, dass die Grundversorgung als eine aus dem Demokratie- und dem Sozialstaatsprinzip abgeleiten würde, rundfunkspezifische Erscheinungsform der *Daseinsvorsorge* anzusehen sei. Die dem Sozialstaatsgebot und anderen Verfassungsgeboten entsprechende Rundfunkkommunikation könne nicht ohne entsprechende staatliche Daseinsvorsorge sicher entwickelt werden. Eine

---

[231] BVerfGE 73, 118/158.
[232] BVerfGE 73, 118/158.
[233] Holznagel/Vesting, Sparten- und Zielgruppenprogramme, S. 46.
[234] Herrmann, Fernsehen und Hörfunk, S. 346.

durchgängige Kommerzialisierung der Rundfunkkommunikation in Deutschland sei unzulässig.[235]

Nach ständiger Rechtsprechung des BVerfG begründet das Sozialstaatsprinzip die Pflicht des Staats, eine gerechte und ausgleichende Sozialordnung zu gestalten.[236] Der Gestaltungsauftrag des Sozialstaatsprinzips richtet sich nicht nur auf die Sicherung der materiellen Existenz des Bürgers, sondern auch auf die Schaffung der existentiellen Voraussetzungen für die Entfaltung von Freiheit. [237] Aus diesem Grund gehört die Teilnahme am öffentlichen Meinungs- und Willensbildungsprozess zur Entwicklung der Persönlichkeit und zu den essentiellen menschlichen Bedürfnissen. Solche Teilnahme wird durch die Medien vermittelt. Daher muss die Rundfunkkommunikation auch sozial ausgestaltet werden, so dass sich jedermann auch zu erträglichen Kosten informieren kann. Ansonsten könnte die Teilnahme des Einzelnen erschwert oder gar unmöglich sein.[238] Zwar hat das BVerfG es nicht anerkannt, dass das Sozialstaatsprinzip mit der Rundfunkfreiheit gleichrangig sei,[239] jedoch auf die sozialstaatliche Komponente des Rundfunks wurde seit dem vierten Rundfunkurteil immer wieder hingewiesen, z.B., „Rundfunk ist Sache der Allgemeinheit", „die Natur des Rundfunks als einer der Allgemeinheit verpflichteten Veranstaltung",[240] „in der Gewährleistung der Grundversorgung für alle" [241] oder „dass für die Gesamtheit der Bevölkerung Programme geboten werden, welche umfassend und in der vollen Breite des klassischen

---

[235] Herrmann, Rundfunkrecht, § 6, S. 143 f., Rn. 9 und 11.
[236] BVerfGE 22, 180/204; 35, 202/235 f; 69, 272/314; 94, 241/263; Jarass/Pieroth (Hrsg.), GG Komm. Art. 20, Rn. 107.
[237] Libertus, Grundversorgungsauftrag, S. 69.
[238] Fromm, Öffentlich-rechtlicher Programmauftrag, S. 75.
[239] BVerfGE 59, 231/262.
[240] BVerfGE 31, 314/327 f.
[241] BVerfGE 73, 118/158.

Rundfunkauftrags informieren, und dass Meinungsvielfalt in der verfassungsrechtlichen Weise gesichert ist."[242] Daraus folgt die Aufgabe des Staats, den Zugang zur Informationsquelle Rundfunk für die Gesamtheit der Bevölkerung sicherzustellen, um für eine möglichst allgemeine Teilnahme am Meinungsbildungsprozeß zu sorgen.

Obwohl Art. 5 Abs. 1 S. 2 GG grundsätzlich ein subjektives Leistungsrecht für den Rundfunkrezipienten gewährleistet, kann jedoch nur durch das Sozialstaatsprinzip sichergestellt werden, dass die Ungleichheit der Teilnahmemöglichkeit aufgrund der Finanzbelastung oder anderer Gründe beseitigt und die materielle Gleichheit erreicht wird.[243] Deshalb wird die Grundversorgung nicht nur aus der Rundfunkfreiheit, sondern auch aus dem Sozialstaatsprinzip dogmatisch abgeleitet.

III. Die Ausgestaltung der Grundversorgungsaufgabe

1. Die Grundversorgung als öffentliche Aufgabe

Wie im vorigen Abschnitt darstellt, hat der Rundfunk aufgrund der sogenannten *Treuhandfunktion eine öffentliche Aufgabe.*[244] Der Gedanke einer *Grundrechtstreuhänderschaft*, etwa im Sinne der von Ossenbühl entwickelten Sicht, taucht im Kontext der Problematik der Grundrechtsfähigkeit juristischer Personen auf.[245] Er hat in diesem

---

[242] BVerfGE 74, 297/325.
[243] Fromm, Öffentlich-rechtlicher Programmauftrag, S. 75.
[244] Von Mutius, in: Dolzer/Vogel/Graßhof (Hrsg.), BK Art. 19 Abs. 3 Rn. 33; Ossenbühl, DöV 1977, S. 381/383.
[245] Von Mutius, , in: Dolzer/Vogel/Graßhof (Hrsg.), BK Art. 19 Abs. 3 Rn. 33;

Zusammenhang die konstruktive Aufgabe, den Gegensatz zwischen individueller, personal gebundener Freiheit des einzelnen und Grundrechtsträgerschaft von Assoziationen und Korporationen, zu denen sich einzelne in juristischen Personen verbinden, grundrechtsdogmatisch zu überwinden. Dementsprechend erscheint die Grundrechtfähigkeit juristischer Personen dadurch berechtigt und erklärt, dass sie nicht etwa individuelle Freiheitsrechte zu einem überindividuellen Kollektivgrundrecht sublimiert, sondern nur die existent und unverändert bleibenden Individualrechte gleichsam bündelt, so dass die juristische Person als *Sachwalterin gebündelter Individualrechte*,[246] als *Trägerin zusammengefaßter individueller Rechte*[247] fungiert.

Mit dem Aufbau der dualen Rundfunkordnung hat das BVerfG den öffentlich-rechtlichen Rundfunkanstalten zugleich die Grundversorgung als unentbehrliche Aufgabe zugewiesen. Die Rundfunkanstalten und ihre Gebührenfinanzierung wurden somit durch die Wahrnehmung der essentiellen Funktionen des Rundfunks und die Gewährleistung der Grundversorgung gerechtfertigt. Obwohl der öffentlich-rechtliche Rundfunk als öffentlich-rechtliche Anstalt Teil der Staatsorganisation im weiteren Sinne ist, wird er ausnahmsweise als vom Staat unabhängiger Grundrechtsträger der Rundfunkfreiheit seit langem anerkannt.[248] Das ist eine typische Ausnahme von der fehlenden Grundrechtsfähigkeit juristischer Personen des öffentlichen Rechts.[249] Die Rundfunkfreiheit aus Art. 5 Abs. 1 Satz 2 GG als

Ossenbühl, DöV 1977, S. 381/383.

[246] Dürig, in: Maunz/Dürig u.a. (Hrsg.), GG Komm. Art. 19 Abs. III Rn. 37.

[247] Bachof, Die Grundrechte III/ 1, S. 180; Ossenbühl, DöV 1977, S. 381/384.

[248] BVerfGE 31, 314/321 f.; 59, 231/254; 74, 297/317 f.; Dreier (Hrsg.), GG Komm., Art 5 I, II Rn. 91.

[249] Degenhart, in: Dolzer/Vogel/Graßhof (Hrsg.), BK Art. 5 Abs. 1, 2 Rn. 728.

Gewährleistung der Programmfreiheit gilt für alle Veranstalter von Rundfunkprogrammen, [250] auch für die öffentlich-rechtlichen Rundfunkanstalten. Das Grundrecht der Rundfunkanstalten ist aber immer zugleich Grundrechtspflicht. Der Verzicht oder negative Gebrauch ihres Grundrechts ist ausgeschlossen. [251] Diese Lage ist auch im Multimedia-Zeitalter unverändert.

Gleichzeitig ist *allein* der öffentlich-rechtlichen Rundfunk nach Ansicht des BVerfG Garant dafür, pluralistische Meinungsvielfalt zu schützen und zur demokratischen Willensbildung beizutragen.[252] Aufgrund der *Sondersituation* der Rundfunkfreiheit kann die partiell öffentlich-rechtliche Form die Ausgestaltung im Rundfunkbereich in Abwägung mit anderen verfassungsrechtlich geschützten Gütern optimieren, sofern die Rundfunkfreiheit staatsunabhängig in selbstverantwortlicher Weise ausgeübt wird. Die öffentlich-rechtlichen Rundfunkanstalten sind also "Einrichtungen des Staates, die Grundrechte in einem Bereich verteidigen, in dem sie vom Staat unabhängig sind".[253] Für den Bereich, in dem sie die Grundrechte verwirklichen, und *nur* für diesen Bereich sind sie daher als grundrechtsfähig anerkannt.[254] Das gilt auch für die Bundesrundfunkanstalten[255] und die Landesmedienanstalten, insofern sie Teilelement einer grundrechtsgeschützten Rundfunkordnung sind.[256] Dafür obliegt dem Gesetzgeber die Sicherung der Grundversorgung durch die Gewährleistung der erforderlichen technischen, organisatorischen, personellen und finanziellen Voraussetzungen.

---

[250] BVerfGE 97, 298 ff.
[251] Bethge, Die verfassungsrechtliche Position, S. 56.
[252] Schneider-Freyermuth, ZUM 2000, S. 564.
[253] BVerfGE 31, 314/322.
[254] Degenhart, in: Dolzer/Vogel/Graßhof (Hrsg.), BK, Art. 5 Abs. 1, 2 Rn. 670.
[255] Puhl, DVBl. 1992, S. 933/936; Dreier (Hrsg.), GG Komm., Art 5, Rn. 91.
[256] Bethge, NJW 1995, S. 557 ff.; Dreier (Hrsg.), GG Komm., Art 5, Rn. 91.

2. Keine Grundversorgung durch private Rundfunkveranstalter

In der Literatur wird dieses Gewährleistungsmodell der Grundversorgung jedoch kritisiert. Fraglich ist, ob neben dem binnenpluralen Vielfaltsmodell ein *außenpluralistisches* Modell verfassungsrechtlich zulässig ist. Dieses Problem steht stets mit den Fragen der Medienkonzentration im Mittelpunkt der medienpolitischen und -rechtlichen Diskussion.[257] Zunächst geht eine heftige Debatte von der *Privatisierung der Grundversorgung* aus, die mit dem Ziel einer Reduzierung oder einer Deregulierung des öffentlich-rechtlichen Rundfunks zusammenhängt. Fraglich ist, ob die privaten Rundfunkveranstalter das Grundrecht der Programmautonomie haben, damit sie sich die Themen auswählen können, die bei öffentlich-rechtlichen Veranstalter zum Programmbereich der Grundversorgung gehören.[258]

Aus der Sicht des BVerfG ist kein *Berührungsverbot*[259] gegenüber privaten Rundfunkveranstaltern aus dem Begriff der Grundversorgung abzuleiten. Bei der Grundversorgung handelt es sich nicht „um eine Grenzziehung oder Aufgabenteilung zwischen öffentlich-rechtlichem und privatem Rundfunk, etwa in dem Sinne, dass Programme oder Sendungen, die der Grundversorgung zuzurechnen sind, dem öffentlich-rechtlichen, alle übrigen dem privaten Rundfunk vorbehalten sind oder vorbehalten werden könnten."[260] Jedoch sind die privaten Rundfunkveranstalter angesichts der folgenden Umstände für die Grundversorgungsaufgabe nicht geeignet.

---

[257] Die darüber erschienenen Veröffentlichungen siehe, Hartstein/Ring/Kreile/Dörr/Stettner, RStV, B II, C-0.3, § 25, S. 12 ff.
[258] Bethge, Die verfassungsrechtliche Position, S. 46 f.
[259] Bethge, Die verfassungsrechtliche Position, S. 47.
[260] BVerfGE 74, 297/326.

a) Die Sicherung der Meinungsvielfalt im Rundfunkbereich

aa) Meinungsvielfalt als verfassungsrechtliches Gebot

Wie immer betont, ist Meinungsfreiheit als „schlechthin konstituierend" für das Funktionieren der demokratischen Ordnung anzusehen.[261] In einem freiheitlich demokratischen Staat kann die Meinungsbildung nur dadurch erfolgen, dass die Meinungsvielfalt gefördert und gewährleistet ist, weil dieses Vielfaltsgebot in besonderem Maße durch das Entstehen vorherrschender Meinungsmacht gefährdet wäre.[262] Um Meinungsvielfalt im Rundfunkprogramm zu ermöglichen, muss der Gesetzgeber ein Gewährleistungsmodell gestalten. Bis zum vierten Rundfunkurteil hat das BVerfG aufgrund der *technisch-finanziellen Sondersituation*[263] des Rundfunks diesen gegenüber der Presse hervorgehoben. Danach ist eine *außenpluralistische* Vielfalt wie die in der Presse für den Rundfunk nicht geeignet. Um die Gefahr zu verhindern, dass der Rundfunk einigen wenigen gesellschaftlichen Gruppen ausgeliefert werde, sollte der Rundfunk daher nicht wie etwa der Film und die Presse den Selbstregulierungskräften der Gesellschaft anvertraut werden.[264] Obwohl sich die neue Übertragungstechniken durch Kabel oder Satelliten weiter entwickelt haben, wurde diese Sonderlage aber nicht geändert, dass die Zahl der für alle Teilnehmer empfangbaren Programme noch für längere Zeit auf terrestrisch verbreitete Programme beschränkt sei und der außergewöhnlich hohe

---

[261] BVerfGE 35, 202/222; 73, 118/ 157 f.
[262] BVerfGE 73, 118/ 157 ff.; 172.
[263] BVerfGE 12, 205/261; 31, 314/327.
[264] Ricker/Schiwy/Schütz, Rundfunkverfassungsrecht, S. 103 f.; Damm, Gebührenprivileg und Beihilferecht, S. 13.

finanzielle Aufwand für Rundfunkprogramme weiter bestünde.[265] Dabei müsse die Zahl der Träger solcher Veranstaltungen verhältnismäßig „klein" bleiben. Daher könne das verfassungsrechtliche Gebot der Meinungsvielfalt kaum kraft Marktkonkurrenz verwirklicht werden.[266] Im Hinblick auf diese sogenannte Sondersituation hat der Gesetzgeber ein *binnenpluralistisches* Strukturmodell hergestellt, bei dem der Rundfunkveranstalter selbst durch seine Organisation Vorkehrungen trifft, dass der Einfluß aller in Betracht kommender Kräfte sicherstellt ist. [267] Damit will der nach binnenpluralistischem Prinzip organisierte und gebührenfinanzierte öffentlich-rechtliche Rundfunk ein geeigneter Gewährträger für die Sicherung gleichgewichtiger Meinungsvielfalt sein.

bb) Das Vielfaltsdefizit bei der Programmgestaltung der privaten Veranstalter

Die Sicherung der Meinungsvielfalt bei der Programmgestaltung durch organisatorische und verfahrensrechtliche Vorkehrungen ist, wie oben dargelegt, eine wichtige Begründung der Grundversorgung. Die Definition der gleichgewichtigen Meinungsvielfalt, nämlich die Ausgewogenheit, ist schwer zu bestimmen, weil es an eindeutigen Maßstäben fehlt, *wann* gleichgewichtige Vielfalt besteht oder zu erwarten ist.[268] Dieses Pluralitätsgebot kann daher nur als Zielwert gelten, der sich stets nur annäherungsweise erreichen läßt.[269] Demzufolge muss die gleichgewichtige Vielfalt in der Darstellung der

---

[265] BVerfGE 73, 118/154.
[266] BVerfGE 12, 205/261 f.
[267] Hartstein/Ring/Kreile/Dörr/Stettner, RStV, B II, C-0.3, § 25, Rn. 7.
[268] BVerfGE 73, 118/156.
[269] BVerfGE 73, 118/156; Bumke, Die öffentliche Aufgabe der Landesmedienanstalten, S. 118 f.

bestehenden Meinungsrichtungen in möglichster Breite und Vollständigkeit bei der Programmgestaltung erfüllt werden. Die verschiedenen Strömungen, Auffassungen und Überzeugungen in der Gesellschaft müssen zum Ausdruck gelangen, auch wenn sie nicht populär sind, sondern nur von Minderheiten getragen werden.[270] Deshalb ist ein inhaltlich umfassendes Programmangebot eine unentbehrliche Voraussetzung der Grundversorgung.[271]

Das Pluralitätsgebot der Grundversorgung ist nach Argumentation des BVerfG durch privaten Rundfunk nicht zu verwirklichen, weil die privaten Veranstalter *strukturelle Defizite* an gegenständlicher Breite und thematischer Vielfalt aufgrund einer überwiegenden oder ausschließlichen Werbefinanzierung aufweisen. Die privaten Anbieter werden möglichst massenattraktive Programme mit möglichst niedrigen Kosten verbreiten. Die nur für eine geringere Zahl von Teilnehmen hergestellten Sendungen, für die oft ein hoher Kostenaufwand erforderlich ist, müssen in der Regel zurücktreten. Es ist keine Meinungsbildung im Sinne der Garantie des Art. 5 Abs. 1 S. 2 GG.[272] Diese Programmdefizite könnten nur hingenommen werden, soweit und solange der öffentlich-rechtliche Rundfunk in vollem Umfang funktionstüchtig bliebe.[273] Solange und soweit die Wahrnehmung der Grundversorgung jedenfalls durch den öffentlich-rechtlichen Rundfunk wirksam sichergestellt sei, erscheine es gerechtfertigt, an die Breite des Programmangebots und die Sicherung gleichgewichtiger Vielfalt im privaten Rundfunk nicht gleich hohe Anforderungen zu stellen wie im öffentlich-rechtlichen Rundfunk.[274] Dementsprechend unterliegt der private Rundfunk

---

[270] Ricker/Schiwy/Schütz, Rundfunkverfassungsrecht, S. 347.
[271] Starck, NJW 1992, S. 3257/3258.
[272] BVerfGE 73, 118/155 f.
[273] BVerfGE 90, 60/90 f.
[274] BVerfGE 73, 118/159.

zwar auch dem Gebot einer gleichgewichtigen Vielfalt [275] und genießt gewissermaßen Tendenzschutz, dennoch setzt das voraus, dass zur gleichen Zeit der öffentlich-rechtliche Rundfunk mit der Grundversorgungsaufgabe betraut ist. [276] Zwischen beiden Rundfunkveranstalter besteht aber kein Subsidiaritätsverhältnis, sondern eine Beziehung *funktioneller Akzessorietät.*[277]

Aus diesem Grund sei es mit den Anforderungen der Grundversorgung nicht vereinbar, den Rundfunk den Marktkräften, die nach dem außenpluralistischen Modell wirken sollen, anzuvertrauen.[278] Zum einen sind die Programme nur particll in der Sachlage, die Aufgabe eines Mediums und Faktors öffentlicher Meinungsbildung zu erfüllen. Zum anderen werden die Rundfunkprogramme privater Anbieter Information nicht in der vollen Breite der Meinungen und kulturellen Strömungen vermitteln, weil die privaten Rundfunkanbieter zur Finanzierung beinahe ausschließlich auf Werbungseinnahmen angewiesen sind, die aufgrund ihrer Abhängigkeit von Einschaltquoten in starkem Maß zu der Gefahr einseitiger Programmgestaltung führen.[279] Um diese Gefahr zu vermeiden, bestimmt die Vorschrift des § 25 Abs. 1 RStV die generellen Anforderungen an die Meinungsvielfalt. Die bedeutsamen politischen, weltanschaulichen und gesellschaftlichen Kräfte und Gruppen müssen in dem Vollprogramm angemessen zu Wort kommen; Auffassungen von Minderheiten sind zu berücksichtigen. Diese Bestimmung stellt als eine Konkretisierung des Art. 5 Abs. 1 GG und der Rechtsprechung des BVerfG

---

[275] Libertus, Grundversorgungsauftrag, S. 38;
Bethge, Die verfassungsrechtliche Position, S. 45.
[276] Bethge, Die verfassungsrechtliche Position, S. 45.
[277] Bethge, Die verfassungsrechtliche Position, S. 45.
[278] BVerfGE 73, 118/155.
[279] BVerfGE 73, 118/155.

somit fest, auf welche Weise die Meinungsvielfalt im privaten Rundfunk verstanden und gewährleistet wird.

cc) Die Herausforderung der Grundversorgung im Internet-Zeitalter

Ferner ist fraglich, ob das vorhandene Gewährleistungsmodell der Grundversorgung, nach dem der öffentlich-rechtlichen Rundfunk einziger Aufgabenträger ist, wegen technischer Entwicklung der Telekommunikation, vor allem durch die Nutzung des Internet abgeschafft werden könnte. Dieses neue Medium führt zu einer wichtigen Folge, dass nämlich passive Unterhaltung, aktive Diskussion und eine internationale Informationsmenge, einschließlich der Rundfunkprogramme, grenzenlos jedermann zur Verfügung steht, sowie dass eine globale Kommunikation aufgebaut wird. *Individualisierung* und *Globalisierung* sind zwei relevante Eigenschaften des Internets. Anders als bei der terrestrischen Verbreitung von Hörfunk und Fernsehen, die sich auf ein bestimmtes Sendegebiet beschränkt, können die Programme von öffentlich-rechtlichen Rundfunkanstalten oder privaten Rundfunkveranstaltern durch Internet über die Ländergrenzen sehr schnell übertragen werden.[280] Diese technische Entwicklung dauert bis heute. Es kommt dabei zu einer Kontroverse, ob die für die Gesamtheit der Bevölkerung aus der Rundfunkfreiheit abgeleitete Grundversorgungsaufgabe, insbesondere die Aufgabe einer Sicherung der Meinungsvielfalt, in neuer Weise, nämlich durch das Internet, erfüllt werden könnte.

In technischer Hinsicht ist die Situation allerdings im Vergleich mit der bei der Entstehung der dualen Rundfunkordnung ganz unterschiedlich. Damals

---

[280] Dazu siehe Grzeszick, AöR 1998, S. 173/174 f.

benutzten die Rundfunkanstalten nur terrestrische Frequenzen. Das BVerfG ist in Bezug auf die möglichen Inhalte und die Reichweite der Grundversorgung sehr zurückhaltend. Allerdings hat das Gericht die drei oben genannten Elemente der Grundversorgung beschrieben, jedoch unter Vermeidung einer eindeutigen Feststellung, sowohl in qualitativer als auch in quantitativer Hinsicht.[281] Der Begriff der Grundversorgung ist *dynamisch* zu verstehen, worauf im folgenden weiter eingegangen wird. Diese Aufgabe zieht weder in der Vergangenheit noch heute eine absolute Grenze für die Handlungsmöglichkeit der Rundfunkanstalten.[282] Deswegen gerät die Nutzung des Internets mit dem Begriff der Grundversorgung in keinen Konflikt, dagegen ist die Entwicklung der Übertragungstechnik auch ein relevanter Grundstoff der Grundversorgung. Im § 19 Abs. 1 S. 2 RStV wurden die Übertragungstechnik über Satelliten und „die zusätzliche Verbreitung über andere Übertragungswege“ ausdrücklich bestimmt.

Aus programminhaltlichen Gründen ist es aber im Internet-Zeitalter noch notwendig, das Vielfaltgebot in der bisherigen Form aufrechtzuerhalten. Zwar ist das Internet in naher Zukunft ein zugängliches Kommunikationsinstrument und eine sehr wichtige Informationsquelle, die alle Angebote umfasst, die von einem Urheber bzw. Content-Provider entweder selbst entwickelt und in das Internet eingespeist werden oder die zumindest in seinem Namen präsentiert werden, aber die Programmangebote über Internet zu verbreiten, bedeutet nur eine Änderung des Übertragungswegs, die Inhalte der Programmsangebote der privaten Rundfunkveranstaltern bleiben *marktorientiert*. Voraussichtlich wird es nur mehr Spartenprogramme als bisher anbieten, die sich an bestimmte Zielgruppen wenden. Das allein ändert nichts an der Notwendigkeit, das

[281] Bleckmann, Öffentlich-rechtliche Spartenprogramme, S. 56.

derzeitige Gewährleistungsmodell der Grundversorgung im Internet-Zeitalter weiterhin beizubehalten.

b) Das Problem der Medienkonzentration

Durch die Wahrnehmung der Grundversorgungsaufgabe des öffentlich-rechtlichen Rundfunks soll auch die Medienkonzentration verhindert werden. Die Tendenz zur Fusionierung und Monopolisierung im Medienbereich, vor allem bei elektronischen Medien, führt zu einem heftigen rundfunkrechtlichen Disput. Jüngstes Beispiel ist die Überlegung des Medientycoons Rupert Murdoch in Bezug auf eine Teilnahme an dem Digitalprogramm „Premiere-World" der Kirch-Gruppe. [283] Diese Medienentwicklung kann zu einer Konzentration von Meinungsmacht und zu einseitiger Einflußnahme auf die öffentliche Meinung führen.[284] In der Situation sei es mit dem verfassungsrechtlichen Gebot des Art. 5 Abs. 1 S. 2 GG nicht vereinbar, wenn nur staatliche Eingriffe ausgeschaltet würden und der Rundfunk dem freien Spiel der Marktkräfte überlassen werden würde.[285] Deshalb hat das BVerfG die Verpflichtung des Gesetzgebers betont, der Instrumentalisierung des Rundfunks durch gesellschaftliche Kräfte und der Entstehung vorherrschender Meinungsmacht präventiv entgegenzuwirken,[286] weil der Rundfunk wegen seiner Breitenwirkung, Aktualität und Suggestivkraft die Möglichkeit eröffnet, die öffentliche Meinungsbildung zu manipulieren. Am 18. Dezember 1996 hat das BVerfG im Beschluß zum Deutschen Sportfernsehen DSF wieder

---

[282] Holznagel/Vesting, Sparten- und Zielgruppenprogramme, S. 52.
[283] Die Zeit, Nr. 49 vom 02. 12. 1999, S. 37. Zu den Entwicklungen und Konzentrationsstrategien der größten deutschen Medienunternehmen siehe Röper, MP 1999, S. 345 ff.
[284] BVerfGE 57, 295/323.
[285] BVerfGE 31, 314/ 325; 57, 295/323.
[286] BVerfGE 57, 295/323; 73, 118/160; 95, 163/172.

klargestellt, dass die Verhinderung vorherrschender Meinungsmacht ein aus Art. 5 Abs. 1 Satz 2 GG folgendes objektives Gebot sei. Dabei ist auch wieder auf die Notwendigkeit einer präventiven Konzentrationskontrolle hingewiesen worden, weil eine nachträgliche Korrektur von Fehlentwicklungen gerade gegenüber konzentrierter Meinungsmacht in ihren Erfolgsaussichten stark gemindert wäre. Es sei ebenfalls nicht ersichtlich, dass das Gebot der Vielfaltsicherung durch neuere Entwicklungen an Gewicht verlieren könnte.[287] Danach hat das Gericht in seinem Urteil zur Kurzberichterstattung im Fernsehen vom 17. Februar 1998 weiterhin festgestellt, dass es zur Verhinderung vorherrschender Meinungsmacht nicht nur wirksamer Vorkehrungen gegen eine Konzentration auf Veranstalterebene bedarf, sondern auch ausreichender Maßnahmen gegen Informationsmonopole.[288]

c) Die Indisponibilität der Grundversorgung

Anschließend muss noch auf einen wesentlichen Unterschied zwischen öffentlich-rechtlichen und privaten Rundfunkveranstaltern bei der Gewährleistung der Grundversorgung hingewiesen werden, dass es sich nämlich bei der Grundversorgung des öffentlich-rechtlichen Rundfunks um eine *Pflichtaufgabe* handelt, von der der öffentlich-rechtlichen Rundfunk nicht freigestellt werden kann. Er unterliegt stärkeren Programmbindungen. Im Gegensatz dazu veranstalten die private Rundfunkveranstalter die zur Grundversorgung gehörenden Programme kraft ihres *Beliebens*, sie können nach eigenem Gutdünken wieder davon Abstand nehmen. Damit ist der private Rundfunk bei der Wahrnehmung der Grundversorgung nur nach dem

---

[287] BVerfGE 95, 163/172 f.
[288] BVerfGE 98, 228/258.

Kriterium gefordert, einen *Grundstandard von Ausgewogenheit*[289] zu beachten. An die Breite des Programmangebots und die Sicherung gleichgewichtiger Vielfalt im privaten Rundfunk werden nicht gleich hohe Anforderungen wie im öffentlich-rechtlichen Rundfunk gestellt.[290] Daraus folgt, dass die Grundversorgung eine für den öffentlich-rechtlichen Rundfunk *indispensable und indisponible* Aufgabe ist. Die Privatisierung der Grundversorgung ist verfassungsrechtlich ausgeschlossen.[291] Diese treuhänderische Grundversorgungsaufgabe kann daher nicht den privaten Rundfunkveranstaltern als deren eigene Pflichtaufgabe übertragen werden, weil es nicht nur zu einer weiteren Deregulation des öffentlich-rechtlichen Rundfunks führt, die deshalb die beständige duale Rundfunkordnung zerstören könnte, sondern auch mit der privatnützigen Eigenschaft privater Rundfunkveranstaltung unvereinbar wäre.

3. Die Unabhängigkeit des öffentlich-rechtlichen Rundfunks als wichtige Voraussetzung der Grundversorgungsgewährleistung

a) Das verfassungsrechtliche Gebot der Staatsfreiheit

Ein weiterer Grund für das geltende Gewährleistungsmodell der Grundversorgung ist die Staatsfreiheit des öffentlich-rechtlichen Rundfunks. Aus dem Grundrecht der Rundfunkfreiheit hat das BVerfG den Grundsatz der Staatsfreiheit des öffentlich-rechtlichen Rundfunks abgeleitet.[292] Aufgrund der historischen Erinnerung an den Nationalsozialismus wird die Unabhängigkeit

[289] BVerfGE 73, 118/159 f.; Bethge, Die verfassungsrechtliche Position, S. 47.
[290] BVerfGE 73, 118/159.
[291] Bethge, Die verfassungsrechtliche Position, S. 47.
[292] Ossenbühl, Rundfunkfreiheit und Rechnungsprüfung, S. 34 ff.; Badura, Rundfunkfreiheit und Finanzautonomie, S. 41.

des Rundfunks vom Staat und der Schutz seiner politischen Neutralität nach dem zweiten Weltkrieg besonders herausgehoben. Das Gericht hat dieses Prinzip im FRAG-Urteil für das private Rundfunkwesen präzisiert. Um die Dezentralisierung im Rundfunkbereich zu ermöglichen und die Monopolisierung von Information und Meinungsbildung zu verhindern, wurde immer betont, dass der Rundfunk weder dem Staat noch einer gesellschaftlichen Gruppe ausgeliefert werden darf. Dieses gilt nicht nur für die Vorkehrung gegen die Einflußnahme vom Staat, wie das BVerfG oft betont hat, sondern auch für die Abwehr gegen die Beeinflussung von allen gesellschaftlichen Mächten, insbesondere die Eingriffe seitens der Parteien und der privaten Wirtschaft.[293] Die Rundfunkfreiheit meint nicht nur auf eine Freiheit von staatlicher Beherrschung und Einflußnahme, insoweit hat sie wie die klassischen Freiheitsrechte abwehrende Bedeutung,[294] sondern auch die Festlegung einer institutionellen Garantie, die den Bestand eines der individuellen und öffentlichen Meinungsbildung dienenden Rundfunks unter eine verfassungsrechtliche Gewährleistung stellt. [295] Daher ist jede unmittelbare oder mittelbare Einflußnahme auf das Rundfunkprogramm durch den Staat verfassungsrechtlich ausgeschlossen. Nach allgemeiner Ansicht bedeutet dieses Prinzip aber nur ein *Auslieferungs- und Beherrschungsverbot*, nicht ein striktes *Einmischungsverbot*.[296] Der Staat ist jedoch verpflichtet, im Wettbewerb unter einzelnen Rundfunkveranstaltern neutral zu verhalten, welche jede Differenzierung nach Meinungs- und Programminhalten verbieten.[297]

---

[293] Schneider-Freyermuth, ZUM 2000, S. 564/567.
[294] BVerfGE 57, 295/320.
[295] Ricker/Schiwy/Schütz, Rundfunkverfassungsrecht, S. 217.
[296] Ossenbühl, Rundfunkfreiheit und Rechnungsprüfung, S. 35.
[297] Gersdorf, Staatsfreiheit des Rundfunks, S. 373.

b) Die Einwirkungsgrenze des Staats im Rundfunkwesen

Wie oben erwähnt, obliegt dem Staat eine Schutzpflicht, eine positive Ordnung zu schaffen. Fraglich ist aber, wie eine Einwirkungsgrenze des Staats im Rundfunkbereich gezogen werden kann. Das Prinzip der Staatsfreiheit richtet sich zuerst gegen die Exkutive. Sie darf nicht Einzelmaßnahmen treffen, um auf die Rundfunkprogramme Einfluß zu nehmen. Dies gilt auch für die Rechtsaufsicht, die nicht auf Programmangelegenheiten unbegrenzt eingreifen darf.[298] Zugleich setzt das Prinzip dem Gesetzgeber die Grenzen bei der Gestaltung rundfunkrechtlicher und rundfunkorganisatorischer Regelungen, wie die für die Ausgestaltung von Aufsichtsgremien und für die Festlegung der Rahmenbedingungen der Rundfunktätigkeit, z. B. in den Bereichen Technik und Finanzausstattung.[299] Jedoch wird dieses Prinzip grundsätzlich nicht verletzt, wenn der Staat durch Organisationsregeln, durch Normierung inhaltlicher Bedingungen der Rundfunkprogramme oder durch Bestimmung der Finanzierungsmodalitäten Einfluß auf die Ausgestaltung des Rundfunkwesens nimmt. Das Verbot des Staatsrundfunks verlangt also nur, dass ein Rundfunk ausgeschlossen ist, der unter "unangemessen" starkem staatlichem Einfluß steht. Nicht jede staatliche *Einwirkung* ist ganz verboten, soweit sie überhaupt durch einen besonderen Grund legitimiert ist.[300] Darüber hinaus spielt die vom BVerfG entwickelte *Wesentlichkeitstheorie* eine wichtige Rolle; danach ist es Aufgabe des Gesetzgebers, die *wesentlichen* Fragen rundfunkrechtlicher Gestaltung zu regeln.

---

[298] Hesse, Rundfunkrecht, S. 64.
[299] Schneider-Freyermuth, ZUM 2000, S. 564/565.
[300] Badura, Rundfunkfreiheit und Finanzautonomie, S. 42.

c) Die Unabhängigkeit gegenüber gesellschaftlichen Interessengruppen

Außerdem könnten die Rundfunktätigkeiten nicht nur durch potentielle staatliche Eingriffe gefährdet werden, sondern auch durch die Einflußnahme der Träger politischer, ökonomischer oder kultureller Macht. Das aus Art. 5 Abs.1 Satz 2 GG resultierende Verfassungsgebot der Unabhängigkeit des Rundfunks gilt daher nicht nur für die Unabhängigkeit gegenüber der unmittelbaren Staatsorganisation, sondern auch für die Unabhängigkeit gegenüber gesellschaftlichen Interessengruppen.[301] Wie immer hervorgehoben wurde, hat der Rundfunk eine kommunikative Schlüsselstellung für die Vermittlung von Informationen unterschiedlichen Inhalts an die Allgemeinheit, mit denen das Verhalten der Rezipientenmassen gesteuert werden könnte.[302] Es führt zu dem Prozeß der Machtbildung und Machtausdehnung, durch die das offene Kommunikationsfeld der Meinungs- und Informationsfreiheit in wachsendem Maße von großen Unternehmen und Einrichtungen des Medienwesens besetzt worden ist und weiter besetzt wird. Dadurch entsteht eine sehr intensive neue Form gesellschaftlicher Macht, die Meinungsbildungs- und Informationsmacht. [303] Zur Vermeidung der Abhängigkeiten der einzelnen in der Realisierung ihrer Informations- und Meinungsbildungsfreiheit von den gesellschaftlichen Kommunikationsmächten, muss der Staat, insbesondere der Gesetzgeber, aufgrund seiner Schutzpflicht ein Gewährleistungsmodell schaffen und ein Gegengewicht schaffen.

---

[301] Herrmann, AöR 1965, S.286 ff.
[302] Herrmann, Rundfunkrecht, § 2 Rn. 93.
[303] Böckenförde, Staat, Verfassung, Demokratie, S. 268.

d) Rundfunkanstalten als geeignete Aufgabenträger der Grundversorgung

Wie der Gesetzgeber seine Aufgabe erfüllen möchte, ist Sache seiner eigenen Entscheidung. Das Grundgesetz gibt ihm keine bestimmte Form der Rundfunkorganisation vor. Angesicht der nicht-wirtschaftlichen Eigenschaft und terrestrische Übertragungsfähigkeit des öffentlich-rechtlichen Rundfunks, der aufgrund binnenpluralistischer Struktur gestaltet wird, hat der Gesetzgeber ihn als den geeigneten Aufgabenträger der Grundversorgung anerkannt.[304] Um der Gefahr zu begegnen, dass Meinungsträger, die sich im Besitz von Sendefrequenzen und Finanzmitteln befinden, an der öffentlichen Meinungsbildung vorherrschend mitwirken, [305] ist der Gesetzgeber verpflichtet, den Rundfunkanstalten die zur Erfüllung ihres Auftrags erforderlichen prozessualen, organisatorischen und finanziellen Mittel zur Verfügung zu stellen. Dem entspricht ein ebenfalls aus Art. 5 Abs. 1 Satz 2 GG folgender Anspruch der Anstalten auf finanzielle Mittel, soweit sie sich im Rahmen des zur Wahrung ihrer Funktion Erforderlichen halten.[306] Im einzelnen muss diese Finanzausstattung nach Art und Umfang der spezifischen Funktion des öffentlich-rechtlichen Rundfunks entsprechen und darf die von Art. 5 Abs. 1 Satz 2 GG geschützte Programmautonomie nicht gefährden.[307]

4. Die funktionelle Akzessorietät in der dualen Rundfunkordnung

Zwar hat das BVerfG immer wieder akzentuiert, dass die Grundversorgung nicht das Kriterium der Aufgabenverteilung zwischen beiden Rundfunksäulen

[304] BVerfGE 57, 295/323; 90, 60/90.
[305] BVerfGE 57, 295/323.
[306] BVerfGE 87, 181/198; 90, 60/90.

ist, aber es führte gleichzeitig aus, dass die Defizite des privaten Rundfunks an gegenständlicher Breite und thematischer Vielfalt nur hingenommen werden könnten, soweit und solange der öffentlich-rechtliche Rundfunk in vollem Umfang funktionstüchtig bliebe.[308] Der Privatfunk unterliegt daher nur einem Grundstandard von Ausgewogenheit.[309] Das ist aber nur gerechtfertigt, wenn zur gleichen Zeit der öffentlich-rechtliche Rundfunk mit den Aufgaben der unerläßlichen Grundversorgung betraut ist. Andererseits ist auch die von der Grundversorgung bestimmte Bestands- und Entwicklungsgarantie für den öffentlich-rechtlichen Rundfunk nur dann konsequent, wenn die Rundfunkanstalten die Pflichtaufgabe der Grundversorgung übernehmen.[310] Zwischen privatem und öffentlich-rechtlichem Rundfunk besteht überhaupt keine Subsidiarität zu Last des letzteren und auch keine Priorität zugunsten des ersteren. Das Verhältnis von beiden Rundfunksäulen ist von einer Art *funktioneller Akzessorietät* geprägt, [311] die dem öffentlich-rechtlichen Rundfunk den maßgeblichen Part zugesteht, weil die Grundversorgung der Rundfunkanstalten den Privatfunk ins Recht setzt. Die Grundversorgung der Rundfunkanstalten legitimiert daher den Privatfunk, sie ist die eigentliche Stabilisierungsgrundlage in der dualen Rundfunkordnung.[312]

---

307 BVerfGE 87, 181/198.
308 BVerfGE 90, 60/90 f.
309 BVerfGE 73, 118/159 f.
310 BVGE 83, 238/298; 90, 60/91.
311 Schneider/Radeck, Verfassungsprobleme der Rundfunkfinanzierung, S. 31.
312 Bethge, die verfassungsrechtliche Position, S. 45.

IV. Grundversorgung als funktionsgerechte Versorgung

1. Der Streit über die traditionellen Elemente der Grundversorgungsaufgabe

Wie bereits gezeigt, umfasst die Grundversorgung drei wesentliche Elemente: eine Übertragungstechnik, ein notwendiger inhaltlicher Programmstandard und eine wirksame Sicherung der Meinungsvielfalt. Diese Grundversorgungsdoktrin wird jedoch im Schrifttum heftig kritisiert. Nach diesen Kritiken resultiert die Unklarheit des Begriffs *„Grundversorgung"* des öffentlich-rechtlichen Rundfunks aus einer vagen Konstellation der Programmerweiterung und des Finanzierungsanspruchs. Zudem hat das BVerfG hat immer angewiesen, was zur Grundversorgung des öffentlich-rechtlichen Rundfunks gehört und was durch den Gesetzgeber finanziell gewährleistet werden muss. Dadurch ist das Gewaltenteilungsprinzip im demokratischen Verfassungsstaat verletzt worden. Um dieser Streit zu erörtern, soll im folgenden auf die Interpretation der einzelnen Elemente der Grundversorgung und die einschlägigen Vorwürfe eingehen.

a) Der Ausgangspunkt der Übertragungstechnik

aa) Übertragungstechnik für alle

Zunächst ist die Grundversorgung technisch begründet worden. Dies wurde aus einer im ersten Rundfunkurteil dargelegten *Sondersituationstheorie* entwickelt.[313] Die damals vorliegende Sondersituation im Bereich des

---

[313] BVerfGE 12, 205 /261.

Rundfunkwesens, dass sowohl aus technischen Gründen *Knappheit der verfügbaren Frequenzen* als auch mit Rücksicht auf den *außergewöhnlich hohen finanziellen Aufwand* für die Rundfunksendungen die Zahl der Träger solcher Veranstaltungen verhältnismäßig *klein* bleiben musste, verlangte besondere Vorkehrungen zur Verwirklichung und Aufrechterhaltung der Rundfunkfreiheit.[314] Daher ist die Übertragungstechnik erstes Element der Grundversorgungskonstruktion.

Der Begriff der Übertragungstechnik wird nicht auf die herkömmliche Technik begrenzt. Wenn daneben andere Übertragungsformen treten oder sie verdrängen, wird auch dic Anwendung der neuen Übertragungsformen von der Gewährleistung der Grundversorgung eingeschlossen.[315] Durch die derzeitige Vervielfältigung der Übertragungsmöglichkeiten, vor allem durch Kabel und Satellit, wurde die Sondersituation der Frequenzenknappheit bereits verändert. Obwohl in jüngerer Zeit die Übertragungstechnik fortgeschritten ist, vertritt das BVerfG bisher noch die Meinung, dass auf technischer Seite eine "Grundversorgung für alle"[316] gewährleistet werden muss. Die Anforderung "Grundversorgung für alle" erfordert damit eine Verbreitungstechnik für den Rundfunk, die potentiell jedermann erreichen kann und allen die Rezeption des Programms erlaubt.[317] Mit anderen Worten müssen die Rundfunkprogramme für alle Teilnehmer im Bereich eines Bundeslandes oder im lokalen Bereich *empfangbar* bleiben. Danach ist es die Aufgabe der Rundfunkanstalt, allen zugängliche Übertragungstechnik zur Verfügung zu stellen.[318]

---

[314] BVerfGE 12, 205 /261.
[315] BVerfGE 83, 238/299.
[316] BVerfGE 73, 118/158.
[317] Schneider/Radeck, Verfassungsprobleme der Rundfunkfinanzierung, S. 28.
[318] Fromm, Öffentlich-rechtlicher Programmauftrag, S. 77.

bb) Technische Grundversorgung im digitalen Zeitalter

Dabei stellt sich aber eine Frage, ob das technische Element der Grundversorgung im digitalen Zeitalter bestehen bleiben wird. Aus technischer Perspektive wird die Aufgabe der terrestrischen Grundversorgung stark kritisiert. Demzufolge ist die Bereitstellung der Übertragungstechnik in der digitalen Tendenz der Medien nicht mehr ausschließliche Aufgabe des öffentlich-rechtlichen Rundfunks, sondern kann von privaten Rundfunkveranstaltern erfüllt werden. Dieses Versorgungselement kann deshalb nicht als Erwägungskriterium dafür benutzt werden, ob allein den öffentlich-rechtlichen Rundfunkanstalten die Erfüllung der Grundversorgungsaufgabe erteilt werden kann. Wegen der zunehmenden Verbreitung von Satellitenschüsseln sowie der nach wie vor anwachsenden Kabeldichte in Deutschland und der bevorstehenden digitalen Datenautobahnen kommt diesem technischen Aspekt nicht mehr die entscheidende Bedeutung zu, die er noch vor wenigen Jahren gehabt hat.[319]

Jedoch hat das BVerfG im sechsten Rundfunkurteil vom 05. 02. 1991 (das sogenannte „Nordrhein-Westfalen-Urteil“) eine Bestands- und Entwicklungsgarantie für den öffentlich-rechtlichen Rundfunk, die auch ein relevantes Element der Grundversorgung ist, endgültig festgestellt. Danach steht es dem öffentlich-rechtlichen Rundfunk bei zukünftigen Entwicklungen grundsätzlich frei, neue Übertragungstechniken und Dienste zu benutzen, um ihre Aufgabe der umfassenden Grundversorgung erfüllen zu können.[320] Beispielsweise können die Rundfunkanstalten durch die neuen Multimediadienste, vor allem das World Wide Web, ihre Programme verbreiten. Diese neue Übertragungs-

---

[319] Lück, in: Stern u.a. (Hrsg.), Die Finanzierung des Rundfunks, S. 7.

technik bietet für den öffentlich-rechtlichen Rundfunk Herausforderungen und enorme Chancen. Der vierte Rundfunkänderungsstaatsvertrag ermächtigt daher ARD und ZDF, Onlineangebote zu verbreiten, die überwiegend programmbegleitende Eigenschaft haben und werbe- und sponsoringfrei sein müssen.[321] Wie die ARD/ZDF-Online-Studie 2000 ermittelte, benutzen 18,3 Millionen Erwachsene das Internet mehr oder weniger regelmäßig. Für die meisten Anwender ist das Internet ein Medium, das einen konkreten, alltagswesentlichen Gebrauchswert aufweist. Dabei setzen die Rundfunkanstalten hohe Qualitätsstandards. [322] Zwar ist die Übertragungstechnik als Begründungskriterium der Grundversorgung nicht mehr so wesentlich wie vorher, aber die Technik als ein relevantes Grundelement der Grundversorgung ist unberührt.

b) Der inhaltliche Standard der Programme

aa) Grundversorgung als Vollversorgung

Abgesehen von den technischen Voraussetzungen hat das BVerfG die Grundversorgung weiterhin aus dem Aspekt des Programminhalts begründet. Diese Gemeinwohlpflicht in Form der Grundversorgung ist als *Vollversorgung* des Programmauftrags hervorgehoben, die alle Teilbereiche herkömmlicher und in Zukunft denkbarer Programminhalte und Programmformen umfasst.[323] Daher wird vom öffentlich-rechtliche Rundfunk verlangt, dafür zu sorgen, dass ein dem klassischen Rundfunkauftrag entsprechendes Programm für die gesamte Bevölkerung angeboten wird, das

---

[320] Knothe/Schwalba, MP 1999, S. 111/113.
[321] Ehlers, MP 2000, S. 369.
[322] Dazu siehe v. Eimeren/Gerhard, MP 2000, S. 338 ff.

dem Wettbewerb mit den privaten Veranstaltern standhalten kann.[324] Die Erläuterung des *klassischen* Rundfunkauftrages und der *unerläßlichen* Grundversorgung bedeutet nicht eine qualitative oder quantitative Beschränkung.[325] Sie meint keine *Mindestversorgung*[326] oder eine *Reserveversorgung*[327], auf die der öffentlich-rechtliche Rundfunk beschränkt wird oder ohne Folgen für die Anforderungen an den privaten Rundfunk beschränkt werden könnte. Außerdem unternimmt sie keine Grenzziehung oder Aufgabenteilung zwischen öffentlich-rechtlichem und privatem Rundfunk etwa in dem Sinne, dass die Informations- und Bildungsprogramme dem öffentlich-rechtlichen Rundfunk zuzurechnen sind, alle übrigen dem privaten Rundfunk vorbehalten sind oder vorbehalten werden könnten.[328]

Der klassische Rundfunkauftrag bezeichnet damit die programminhaltliche Seite der Grundversorgung. Fraglich ist aber, welche Programme der öffentlich-rechtlichen Rundfunkanstalten zu diesem Rundfunkauftrag gehören. Nach Ansicht des BVerfG umfasst der klassische Rundfunkauftrag neben seiner Rolle für die Meinungs- und politische Willensbildung, neben Unterhaltung und über laufende Berichterstattung hinausgehender Information auch seine kulturelle Verantwortung.[329] Auf diese Weise wird der klassische Rundfunk-auftrag *qualitativ* bestimmt. Jedoch ist dieser Rundfunkauftrag mit diesen festgeschriebenen Aufgaben nicht erschöpft. Neben den Programm-gegenständen ist auch eine klassische *Art der Darbietung oder Behandlung*

---

[323] Bethge, Die verfassungsrechtliche Position, S. 48 f.
[324] BVerfGE 90, 60/92.
[325] Bethge, Die verfassungsrechtliche Position, S. 49.
[326] BVerfGE 74, 297/326.
[327] Bethge, Die verfassungsrechtliche Position, S. 49.
[328] BVerfGE 74, 297/326; 83, 238/297 f.
[329] BVerfGE 73,118/158; 74, 297/324; 90, 60/90.

erforderlich.[330] Außerdem hat das Gericht auch *quantitativ* den Bereich des klassischen Rundfunkauftrags dargestellt. Demzufolge kann diese Frage nicht isoliert für einzelne Programme oder Programmteile der Rundfunkanstalten beantwortet werden, weil die Grundversorgung eine *Mehrzahl* der Programme voraussetze.[331] Ohne einen Umfang festzulegen, kommt das Gericht im vierten Rundfunkurteil aber zu dem Schluß, dass „zumindest die im Zeitpunkt dieses Urteils terrestrisch verbreiteten öffentlich-rechtlichen Programme der unerläßlichen Grundversorgung zuzurechnen seien."[332]

bb) Zusatzversorgung – Abgrenzung von der Grundversorgung

Der Begriff der Grundversorgung ist nach Ansicht des BVerfG „gegenständlich und zeitlich offen." [333] Angesichts der dynamischen Auslegung der Grundversorgung ist es sehr schwer, eine exakte Kontur festzuschreiben. Daher hat das BVerfG in derselben Entscheidung eine Negativabgrenzung vorgenommen, indem die sogenannte *Zusatzversorgung*,[334] die regionale und lokale Programme, Spartenprogramme sowie rundfunkähnliche Kommunikationsdienste umfasst, von der Grundversorgung ausgeschlossen wurde.

---

[330] Zum Umfang des klassischen Rundfunkauftrags siehe, Scheble, Perspektiven der Grundversorgung, S. 239 ff.
[331] BVerfGE 74, 297/326.
[332] BVerfGE 74, 297/326.
[333] BVerfGE 83, 238/299.
[334] Dazu siehe Fromm, Öffentlich-rechtlicher Programmauftrag, S. 94 ff.

aaa) Regionale und lokale Programme

Zunächst gehören regionale und lokale Programme nicht zum Rundfunkauftrag der Grundversorgung, weil die Zahl möglicher Themenstellungen für spezifisch regionale oder lokale Sendungen eine Grundversorgung nicht eindeutig geboten sei. Jedoch müsse im regionalen und lokalen Rundfunk ebenfalls wirksam sichergestellt sein, dass in ihm die bestehende Meinungsvielfalt des jeweiligen engeren räumlichen Bereichs zum Ausdruck gelange. Wenn dies nicht durch die gesetzliche Ordnung des privaten Rundfunks gleich wirksam sichergestellt wäre, dann wäre eine Grundversorgung durch Landesrundfunkanstalten als Gegenwicht notwendig.[335] Wichtig ist aber noch, dass in diesen Bereichen dem öffentlich-rechtlichen Rundfunk nicht verwehrt werden darf, die Programme zu veranstalten, die über die Grundversorgung hinausgingen, da ihm aus Art. 5 Abs. 1 S. 2 GG ein Anspruch zukommt, Programme über die Grundversorgung hinaus zu veranstalten und vom Gesetzgeber Kostendeckung verlangen zu können.[336]

Die entscheidende Aussage des BVerfG ist aber, dass das Hinzutreten weiterer Veranstalter und Programme die Rundfunkversorgung insgesamt verbessere. In der dualen Rundfunkordnung könnte der private Rundfunk für sich allein unter den derzeitigen Bedingungen den Anforderungen des Art. 5 Abs. 1 S. 2 GG nicht voll entsprechen. Eine solche Verbesserung setze voraus, dass „eine höhere Zahl von Programmen angeboten wird, weil sich damit die Chance

[335] BVerfGE 74, 297/327; Fromm, Öffentlich-rechtlicher Programmauftrag, S. 94.
[336] BVerfGE 74, 297/326 ff., 344; auch vgl. Starck, in: Burmeister (Hrsg.), Verfassungsstaatlichkeit: FS für K. Stern, S. 777/784 f.

eines Mehr an inhaltlicher Vielfalt erhöht."[337] Andererseits kommt es auf die Konkurrenz der Programme an. Dem Nebeneinander von öffentlich-rechtlichem und privatem Rundfunk läge der Gedanke zugrunde, dass der publizistische Wettbewerb zwischen beiden sich anregend und belebend auf das inländische Gesamtangebot auswirke und die Meinungsvielfalt auf diese Weise gestärkt und erweitert würde. Diese publizistische Konkurrenz kann dann einen Sinn haben, wenn beide Rundfunksäulen unter gleichen Bedingungen den Wettbewerb vornehmen könnten. Daher hat der Gesetzgeber grundsätzlich die freie Veranstaltung von Programmen durch den öffentlich-rechtlichen und den privaten Rundfunk zu gleichen Bedingungen zuzulassen.[338]

Es zeigt sich damit, dass der öffentlich-rechtliche Rundfunk nicht nur im Bereich der unerläßlichen Grundversorgung den Garanten für die Gewährleistung der Rundfunkfreiheit in der dualen Rundfunkordnung darstellt, sondern auch im sonstigen Bereich eine relevante Rolle in der publizistischen Konkurrenz zum privaten Rundfunk spielt.[339]

bbb) Spartenprogramme

Überdies sind Spartenprogramme der Rundfunkanstalten auch nicht der Grundversorgung zuzurechnen, weil die Spartenprogramme „sich nur an einen begrenzten Teilnehmerkreis richten und auch thematisch begrenzt sind, so dass sie für sich genommen umfassende Information und Meinungsbildung

---

[337] BVerfGE 74, 297/331 f.
[338] BVerfGE 74, 297/332.
[339] Fromm, Öffentlich-rechtlicher Programmauftrag, S. 95.

nicht ermöglichen."[340] In derselben Entscheidung hat das Gericht gleichzeitig die Frage überprüft, ob der Landesgesetzgeber die öffentlich-rechtliche Spartenprogramme untersagen oder andere Maßnahmen treffen darf, welche die Möglichkeiten des öffentlich-rechtlichen Rundfunks einschränken, diese Programme zu veranstalten. Dabei hat das Gericht auch deutlich ausgeführt: Um freie Meinungsbildung zu ermöglichen und zu schützen, sei es dem Gesetzgeber durch Art. 5 Abs. 1 GG prinzipiell verwehrt, die Veranstaltung bestimmter Rundfunkprogramme zu untersagen oder auf andere Weise die Möglichkeit von Beiträgen zur Meinungsbildung zu verkürzen.[341]

Ferner hat das Gericht eindeutig darauf hingewiesen, dass die Spartenprogramme der öffentlich-rechtlichen Rundfunkanstalten Beiträge enthalten dürften, welche von privaten Veranstaltern nicht zu erwarten seien, wie die Programme im Kultur- und Bildungsbereich.[342] Infolgedessen könnten die Anstalten nicht nur die Breite des gesamten Programmangebots erhöhen, sondern in dieses auch ein für das kulturelle Leben in der Bundesrepublik wesentliches Element einbringen und in diesem Bereich den klassischen Auftrag des Rundfunks wahrnehmen. Eine Untersagung solcher Programme würde der Gewährleistung der Rundfunkfreiheit zuwiderlaufen.[343]

In der Literatur ist aber die Frage seit langem umstritten, ob die Spartenprogramme des öffentlich-rechtlichen Rundfunks, etwa wie der im RStV von 1996 eingeführte „Kinderkanal“ sowie der Parlaments- und Ereigniskanal „Phoenix“, seine Grundversorgungsaufgabe überschreite. Nach Ansicht von *Bleckmann* würden die Spartenprogramme als thematisch begrenzte

---

[340] BVerfGE 74, 297/345 f.
[341] BVerfGE 74, 297/345.
[342] BVerfGE 74, 297/346.

Programme nur in Einzelfällen dem dienenden Charakter der Rundfunkfreiheit gerecht. Diese Programme seien daher nicht der Grundversorgung zuzurechnen, die Aufgabe der öffentlich-rechtlichen Rundfunks sei. Das BVerfG hat sich im fünften Rundfunkurteil zur Frage der Spartenkanäle nicht geäußert. Bei konkreter Betrachtung erstrecke sich die Spartenprogramme der Rundfunkanstalten nicht nur auf Programme, die bei privaten Veranstaltern nicht zu erwarten seien, sondern auch auf Welche, die dort bereits existierten.[344] Zwar hätte das Gericht den Begriff der publizistischen Konkurrenzfähigkeit im journalistischen Bereich verwandt, aber es sei in den Vollprogrammen auch möglich, in den verschiedenen Themenbereichen gegenüber Spartenkanälen publizistisch zu konkurrieren. Auch ohne die Veranstaltung von Spartenprogrammen könnte der öffentlich-rechtliche Rundfunk jegliche Sendeform ausstrahlen und bliebe im journalistischen Bereich völlig entwicklungsoffen.[345] Darüber hinaus besteht zwischen beiden Rundfunksäulen nicht nur publizistische, sondern auch ökonomische Konkurrenz. Die Wettbewerbsfreiheit privater Rundfunkveranstalter müsste dabei berücksichtigt werden. Die Spartenkanäle des öffentlich-rechtlichen Rundfunks seien ein Eingriff in diese Wettbewerbsfreiheit, weil die Gebührenprivilegierung die Marktposition der Rundfunkanstalten verbessere und die Position privater Rundfunkveranstalter beschränke.[346]

In diese Richtung argumentiert auch *Starck*. Er vertritt den Standpunkt, dass die Spartenprogramme der öffentlich-rechtlichen Rundfunkanstalten problematisch seien, „weil sie den inhaltlichen Pluralismus der Vollprogramme zu vermeiden drohen und damit auch die integrative Wirkung

---

[343] BVerfGE 74, 297/346.
[344] Bleckmann, Öffentlich-rechtliche Spartenprogramme, S. 73 f.
[345] Bleckmann/Pieper/Erberich, AfP 1997, S. 417/421.

des Rundfunkprogramms schwächen." Zwar könnte die Veranstaltung von Spartenprogrammen dem öffentlich-rechtlichen Rundfunk übertragen werden, wenn sie Interessen abdeckten, die in privat veranstalteten Programmen wegen der geringen Einschaltquote aus wirtschaftlichen Gründen nicht berücksichtigt würden. Jedoch dürfte es nicht als Argument benutzt werden, die Vollprogramme entsprechend zu entpluralisieren und inhaltlich auszudünnen.[347]

Dagegen nehmen *Holznagel/Vesting* die Stellung ein, dass der Begriff der Grundversorgung kein Substanzbegriff, sondern ein Funktionsbegriff sei, der gegenständlich und zeitlich offen und dynamisch sei. Damit würde keine absolute Grenze für die Handlungsmöglichkeiten der Rundfunkanstalten gebildet.[348] Andererseits dürfe der öffentlich-rechtliche Rundfunk aufgrund seiner Programmautonomie die Programme veranstalten, die *nicht* zur Grundversorgung gehören. Das BVerfG vertrete auch die gleiche Auffassung. Zwar habe das BVerfG habe die Veranstaltung von Regional- und Lokalprogrammen nicht zum unerläßlichen Bereich der Grundversorgung gezählt, aber solche Programme seien gleichwohl als Ergänzung zulässig, für die dem Gesetzgeber sogar die Pflicht obliege, die notwendigen Voraussetzungen diskriminierungsfrei zu schaffen.[349]

Ähnlich sieht *Eberle* es als überholt an, dass die Spartenprogramme isoliert in ihrem Beitrag zur Grundversorgung und zur Gesamtvielfalt des Angebots zu bewerten seien. Der öffentlich-rechtliche Funktionsbereich sei nicht nur auf Vollprogramme beschränkt. Im digitalen Zeitalter würde die auf die

---

[346] Bleckmann/Pieper/Erberich, AfP 1997, S. 417/423 f.; Kresse, ZUM 1996, S. 61 f.
[347] Starck, in: Burmeister (Hrsg.), Verfassungsstaatlichkeit: FS für K. Stern, S. 777/792.
[348] Holznagel/Vesting, Sparten- und Zielgruppenprogramme, S. 52.

Chronologie des Sendungsablaufs beschränkte Angebotsart des Vollprogramms durch den elektronischen Programmführer und dessen mehrdimensionale Auswahl- und Zugriffsmöglichkeiten ersetzt werden. Gleichzeitig träten spartenmäßig gruppierte Programmangebote an die Stelle von Einzelprogrammen. Daher könne man den solchermaßen in das Gesamtangebot integrierten Spartenkanälen den Grundversorgungscharakter ebensowenig absprechen wie einzelnen Programmsendungen, die immer nur bestimmte Zielgruppen ansprechen.[350]

Mit gleicher Tendenz hat Bethge argumentiert, dass die Spartenprogramme vom Grundversorgungsauftrag gedeckt seien.[351] Nach seinem Ansatz gebe es keine irgendwie geartete „Zusatzungsversorgung", die den öffentlich-rechtlichen Rundfunk einseitig begünstige.[352] Nicht nur Vollprogramme, sondern auch die zielgruppenorientierte Spartenprogramme würden zur Grundversorgung zählen. Um die publizistische Konkurrenzfähigkeit des öffentlich-rechtliche Rundfunks zu erhalten, kommen ihm eine vom Art. 5 Abs. 1 Satz 2 GG geschützte medienspezifische Chancengleichheit zu. Jedoch seien die Spartenprogramme schon von der Grundversorgung erfaßt, so dass sie nicht notwendig vom Grundsatz der publizistischen Wettbewerbsfähigkeit zu legitimieren seien.[353]

---

[349] Holznagel/Vesting, Sparten- und Zielgruppenprogramme, S. 53.
[350] Eberle, AfP 1995, S. 559/561.
[351] Bethge, Die verfassungsrechtliche Position, S. 50.
[352] Bethge, Die verfassungsrechtliche Position, S. 49 f.
[353] Bethge, MP 1996, S. 66/69.

ccc) Rundfunkähnliche Kommunikationsdienste

Das BVerfG zählt die rundfunkähnlichen Kommunikationsdienste, die die Veranstaltung von Videotext sowie die abrufbare Ton- und Bewegtbilddienste einschließen, nicht zur Grundversorgung.[354] In diesen Diensten werden die Antworten für jedermann gespeichert und jedem beliebigen Interessenten elektromagnetisch zugeleitet, jedoch nur auf individuellen Wunsch und gesondert „adressiert" an jeden individuell Anfordernden. Diese Anrufdienste würden durch dehnende Interpretation oder Gesetzesänderung vielleicht unter den Begriff „Rundfunk" fallen. Das ändert jedoch nichts daran, dass es *funktionell* um eine Weiterentwicklung der Individualkommunikation geht, die den Schutzbereich der individuellen Meinungs- und Informationsfreiheit nicht verläßt.[355]

Nach Ansicht des BVerfG ist die Bedeutung der neuen Kommunikationsdienste für die Meinungsbildung derzeit relativ gering. Es fehle auch an Anhaltspunkten dafür, dass sie in naher Zukunft neben den herkömmlichen Rundfunk treten könnten. Daher scheide bei diesen Diensten die Notwendigkeit einer Grundversorgung vorerst aus. Jedoch sei der Begriff der Grundversorgung für die neuen Dienste nicht bedeutungslos. Wenn die zukünftige Entwicklung in die Richtung führe, dass die rundfunkähnlichen Kommunikationsdienste in erheblichem Umfang an die Stelle des herkömmlichen Rundfunks treten, müsse sich der öffentlich-rechtliche Rundfunk dieser Situation gegebenenfalls anpassen können. Sonst bestünde

---

354 BVerfGE 74, 297/351 f.
355 Bullinger, AfP 1996, S. 1/4.

die Gefahr, dass er seine Aufgaben eines Tages nicht mehr in vollem Umfang erfüllen könnte und so den klassischen Rundfunkauftrag verfehlen würde.[356]

c) Die Sicherung der Meinungsvielfalt

Schließlich umfasst der Begriff der Grundversorgung unter Berücksichtigung der *integrativen Funktion* eine organisatorische und verfahrensrechtliche wirksame Sicherung gleichgewichtiger Vielfalt in der Darstellung der existierenden Meinungen.[357] Das BVerfG hat die Anforderung an die Meinungsvielfalt in der Rechtsprechung mehrfach dargelegt. Demgemäß sei die Meinungsvielfalt *schlechthin konstituierend* für die demokratische Meinungsbildung.[358] In einem freiheitlich demokratischen Staat könne die Meinungsbildung nur dadurch erfolgen, dass die Meinungsvielfalt gefördert und gewährleistet wurde. Daher dürfe der Rundfunk weder dem Staat noch einzelnen gesellschaftlichen Gruppen ausgeliefert werden.[359] Alle gesellschaftlich relevanten Gruppen müssen zu Wort kommen können. Diese ausgewogenheitsbezogene Komponente richtet sich überwiegend an den Gesetzgeber, der eine positive Ordnung schaffen muss, um dieses Gebot der Meinungsvielfalt zu sichern. Zu diesem Zweck seien materielle, organisatorisch und prozedurale Regelungen notwendig, die an der Aufgabe der Rundfunkfreiheit orientiert und geeignet sein müssten, zu bewirken, was Art. 5 Abs. 1 GG in seiner Gesamtheit gewährleisten wollte.[360] Beispielsweise könne der Gesetzgeber für den Inhalt des Gesamtprogramms Leitgrundsätze verbindlich festlegen, die ein Mindestmaß von inhaltlicher Ausgewogenheit,

---

[356] BVerfGE 74, 297/353; 83, 238/302 f.
[357] BVerfGE 74, 297/326.
[358] BVerfGE 57, 295/319 f.; 73, 118/152 f.
[359] BVerfGE 12, 205/262; 90, 60/88.
[360] BVerfGE 57, 295/320; 83, 238/296; 90, 60/88.

Sachlichkeit und gegenseitiger Achtung gewährleisten.[361] Es käme nur darauf an, dass freie, umfassende und wahrheitsgemäße Meinungsbildung im dargelegten Sinne gewährleistet sei, dass Beeinträchtigungen oder Fehlentwicklungen vermieden würden.[362]

Dabei komme dem Gesetzgeber ein Gestaltungsspielraum zu. Wie er seine Aufgabe erfülle, sei Sache seiner eigenen Entscheidung. Die Sicherung der Meinungsvielfalt kann der Gesetzgeber durch Organisationsmodelle, wie bereits oben erwähnt, positiv bewirken. Er darf entweder eine *binnenpluralistische* Struktur der Veranstalter, also eine Organisation aufbauen, bei der der Einfluß der verschiedenen gesellschaftlichen Gruppen intern vermittelt wird, oder für andere Gestaltungsformen optieren, soweit er dafür sorgt, dass die Anforderung der Meinungsvielfalt im Ergebnis durch das Gesamtangebot aller Veranstalter erfüllt wird.[363] Dementsprechend kann er das Vielfaltsgebot auch durch das außenplurale Modell oder durch das Mischmodell gewährleisten.[364] Für das Vielfaltsgebot fehlt es aber an eindeutigen Maßstäben, es handelt sich daher um einen Zielwert, der sich stets annäherungsweise erreichen lässt.[365]

Das Vielfaltsgebot gilt nicht nur für den öffentlich-rechtlichen Rundfunk, sondern auch für die privaten Veranstalter. Das BVerfG hat aber von der Grundversorgungsaufgabe her die Anforderung der Meinungsvielfalt gegenüber dem private Rundfunkveranstalter relativiert. Solange und soweit die Wahrnehmung der Grundversorgungsaufgabe jedenfalls durch den

---

[361] BVerfGE 12, 205/ 263; 57, 295/325.
[362] BVerfGE 57, 295/321 f.
[363] BVerfGE 83, 238/296 f.
[364] Dazu siehe Bohl, Konzentrationskontrolle, S. 58 ff.; 178 ff.
[365] Hartstein/Ring/Kreile/Dörr/Stettner, RStV Komm. Bd. II, B5 § 25, Rn. 6.

öffentlich-rechtlichen sichergestellt sei, erscheine es gerechtfertigt, an die Breite des Programmangebots und die Sicherung gleichgewichtiger Vielfalt im privaten Rundfunk nicht so hohe Anforderungen wie im öffentlich-rechtlichen Rundfunk zu stellen. Die privaten Veranstalter gewährleisten lediglich einen *Grundstandard gleichgewichtiger Vielfalt.* [366] Zur Sicherung des abgeschwächte Vielfaltsstandard für den privaten Rundfunk, namentlich zur Verhinderung des Entstehens vorherrschender Meinungsmacht im Rundfunkmarkt hat das Gericht dem Landesgesetzgeber einen Gestaltungsspielraum eingeräumt.

2. Die Bestands- und Entwicklungsgarantie der Rundfunkanstalten

a) Die Funktionsgarantie des öffentlich-rechtlichen Rundfunks

Über die traditionelle Elemente hinaus hat das BVerfG im sechsten Rundfunkurteil des weiteren eine Bestands- und Entwicklungsgarantie für den öffentlich-rechtlichen Rundfunk aus der Gewährleistung der Grundversorgungsaufgabe abgeleitet.[367] Dabei wird eine enge Verknüpfung dieser Garantie mit der Grundversorgungsaufgabe aufgeführt. Der Begriff der Grundversorgung sei nicht auf bestimmte Bereiche beschränkt, sondern er müsse sich dem dynamisch verändernden Auftrag anpassen. Angesichts der schnellen Entwicklung der Rundfunktechnik sei es nicht ausreichend, diesen Begriff zu einem bestimmten Zeitpunkt festzulegen. Daher sei der Gesetzgeber verpflichtet, technisch, organisatorisch, personell und finanziell dafür zu sorgen, dass der öffentlich-rechtliche Rundfunk nicht allein in seinem gegenwärtigen Bestand, sondern auch in seiner zukünftigen Entwicklung

---

[366] BVerfGE 73, 118/159 f.

gesichert sei.[368] Eine solche Garantie des öffentlich-rechtlichen Rundfunks sei nichts anderes als „die Sicherung der Voraussetzungen, die die Grundversorgung der Bevölkerung möglich machen.“[369]

Wie die Gewährleistung der Grundversorgungsaufgabe wird die Bestands- und Entwicklungsgarantie vom BVerfG insgesamt von der Aufgabe des öffentlich-rechtlichen Rundfunks im dualen System her legitimiert.[370] Die Bestands- und Entwicklungsgarantie sei daher an die Erfüllung der Grundversorgungsaufgabe gebunden und von ihr begrenzt.[371] Diese Garantie könne sich aber nicht auf herkömmliche Übertragungstechnik beschränken. Wenn neue Übertragungsformen auftreten oder sie verdrängen würden, sei die Nutzung der neuen Übertragungsformen auch von der Gewährleistung der Grundversorgung umfasst. Dasselbe gelte für das Programmangebot der öffentlich-rechtlichen Rundfunkanstalten, das für neue Publikumsinteressen oder neue Formen und Inhalte offen bleiben müsse. Der Begriff der Grundversorgung sei gegenständlich und zeitlich offen und dynamisch allein an die *Funktion* gebunden, die der Rundfunk im Rahmen des von Art. 5 Abs. 1 GG geschützten Kommunikationsprozesses zu erfüllen habe.[372] Dabei bringt das Gericht seine funktionale Sicht der Grundversorgung bündig zum Ausdruck. Diese Funktionsgarantie bedeutet keine *Status-quo-Garantie* der einzelnen öffentlich-rechtlichen Rundfunkanstalt .[373] Der öffentlich-rechtliche Rundfunk müsse sich der grundversorgungsrelevanten Situation anpassen können, weil sonst die Gefahr bestünde, dass er seine Aufgabe eines Tages

---

[367] BVerfGE 83, 238/298.
[368] BVerfGE 74, 297/350 f.; 83, 238/299 f.; Dörr, Programmvielfalt, S. 28 f.
[369] BVerfGE 83, 238/299.
[370] BVerfGE 83, 238/299 f.
[371] BVerfGE 83, 238/300.
[372] BVerfGE 83, 238/299.
[373] Libertus, Grundversorgungsauftrag, S. 104.

nicht mehr in vollem Umfang erfüllen könnte und so den klassischen Rundfunkauftrag verfehlen würde.[374] Daraus folge, dass die Erfüllung der Grundversorgungsaufgabe eine Bestands- und Entwicklungsgarantie voraussetze.[375] Zu dieser Funktionsgarantie zählt das BVerfG ferner die Finanzgarantie und die Zuteilung von Übertragungskapazität.[376]

Aufgrund dieses Verständnisses ist heute weniger das Bestehen einer solchen Garantie, sondern ihr konkreter Inhalt und ihre Konsequenzen gegenüber den privaten Veranstaltern streitig. Nicht eine beliebige Entwicklung, sondern die Fähigkeit zur Erfüllung der gesetzlichen Aufgaben des öffentlich-rechtlichen Rundfunks ist Legitimation und Grenze der Garantie. In Fällen künftiger Ausweitungen der Rundfunktätigkeit aus der allgemeinen Entwicklung heraus kommt dem öffentlich-rechtlichen Rundfunk bei neuen Finanzforderungen allerdings eine Begründungspflicht zu. Es bedarf dabei eines Nachweises, dass die Ausweitung im Rahmen der spezifischen öffentlichen Funktionen und gemäß der allgemeinen Entwicklungen erfolgt und von den gesetzlichen Aufgaben her legitimiert ist.[377]

b) Der Funktionsgewährleistungsanspruch

Aus der Bestands- und Entwicklungsgarantie des öffentlich-rechtlichen Rundfunks folgen Funktionsgewährleistungsansprüche. Diese Ansprüche sollten die Funktionstüchtigkeit des öffentlich-rechtlichen Rundfunks insoweit sichern, wie sie zur bestmöglichen Wahrnehmung seiner unerläßlichen Grundversorgungsaufgabe notwendig sind. Deshalb muss der Gesetzgeber

---

374 BVerfGE 83, 238/303.
375 Fromm, Öffentlich-rechtlicher Programmauftrag, S. 92.
376 BVerfGE 90, 60/93.

dafür sorgen, dass der öffentlich-rechtliche Rundfunk für die Gesamtheit der Bevölkerung eine Versorgung mit Programmen anbieten könne, die dem klassischen Rundfunkauftrag entsprechen, und die technisch für alle empfangbar seien.[378] Dabei müsse der Gesetzgeber auch die zur Erfüllung dieser Funktion erforderlichen finanziellen Mittel sicherstellen.[379] Diese Ansprüche sind nicht nur die auf Gewährleistung der Institution, sondern auch die auf Gewährleistung des ordentlichen Funktionierens.[380] Sie geben den vorhandenen Rundfunkanstalten aber keinen Schutz vor der Auflösung oder Neuorganisation durch den Gesetzgeber. Es gibt nämlich keinen *Existenzgewährleistungsanspruch* einer konkreten Rundfunkanstalt.[381]

c) Die Kritik an dieser Funktionsgarantie im Schrifttum

Von privaten Veranstaltern wird diese Bestand- und Entwicklungsgarantie allerdings heftig kritisiert. Nach einer Ansicht wird eine dominierende Stellung des öffentlich-rechtlichen Rundfunks durch solch eine Funktionsgarantie innerhalb eines dualen Systems festgelegt. Damit könnte der öffentlich-rechtliche Rundfunk autonom über den Umfang des zur Wahrnehmung seines Grundversorgungsauftrags erforderlichen Abgabenbereichs bestimmen.[382] Alle technischen, wirtschaftlichen und finanziellen Möglichkeiten stünden den Rundfunkanstalten offen, die sich nicht nur aus den bestehen Bedingungen einer dualen Rundfunkordnung ableiteten, sondern sich hieraus in Zukunft erstreckten. Dies gehe zu Lasten

---

[377] Oppermann/Kilian, Rechtsgrundsätze der Finanzierung, S. 77.
[378] BVerfGE 73, 118/158; 74, 297/324 ff.; 87, 181/199.
[379] BVerfGE 73, 118/158; 83, 238/311; 87, 181/199.
[380] Stern/Bethge, Funktionsgerechte Finanzierung, S. 28 ff.
[381] Kempen, DöV 1988, S. 547/552; vgl. auch BVerwGE 75, 318/323.
[382] Degenhart, DVBl. 1991, S. 510/514; Schmitt Glaeser, DöV 1987, S. 837 ff.

nicht nur des privaten Rundfunks, sondern auch des originären Auftrags des öffentlich-rechtlichen Rundfunks.[383] Wenn der öffentlich-rechtliche Rundfunk wirtschaftliche Aktivitäten zur Sicherung seines Programmangebots entwickele, die mit einem Gebührenmonopol und einer erneuten Finanzierungsgarantie verbunden seien, trete er jedoch nicht zu gleichen Bedingungen an, wie private Teilnehmer am Wettbewerb. Diese Vorteile im wirtschaftlichen Wettbewerb intensivierten die publizistische Konkurrenzfähigkeit der Rundfunkanstalten und reduzierten die Chancen privater Veranstalter.[384] Daher sei diese Bestands- und Entwicklungsgarantie ein bedeutsames Privileg gegenüber privaten Veranstaltern.[385] Es führe zu einer verfassungsrechtlich fundierten *Ewigkeitsgarantie* des öffentlich-rechtlichen Rundfunks. [386] Dies ermächtige die Rundfunkanstalten zu ungehinderter Expansion.

Eine weitere Meinung spricht deswegen an, dass der Begriff der Bestandsgarantie nur eine normative Sicherung des Status quo des öffentlich-rechtlichen Rundfunks darstelle. Verfassungsrechtlich gesichert sei nicht die Existenz einer einzelnen Rundfunkanstalt, sondern nur, dass sich die Institution des öffentlich-rechtlichen Rundfunks in der dualen Rundfunkordnung überhaupt befinde. [387] Außerdem habe das BVerfG ersichtlich im sechsten Rundfunkurteil die technische Entwicklung im Auge und wolle verhüten, dass der öffentlich-rechtliche Rundfunk von der fortschreitenden Rundfunktechnik abgekoppelt werde. Dabei werde die Entwicklungsgarantie als die verbindliche Gewährleistung einer künftigen

---

[383] Bullinger, JZ 1987, S. 928 ff.; Degenhart, DVBl. 1991, S. 510/513.
[384] Degenhart, DVBl. 1991, S. 510/515.
[385] Bleckmann, Öffentlich-rechtliche Spartenprogramme, S. 63.
[386] Schmitt Glaeser, DöV 1987, S. 837/840.
[387] Bleckmann, Öffentlich-rechtliche Spartenprogramme, S. 64.

Fortschreibung der Bestandsgarantie dargelegt.[388] Offensichtlich entstehen hierbei zwei Fragen. Einerseits ist unklar, welche rundfunktechnischen Entwicklungen in welchen zeitlichen Dimensionen benutzt werden.[389] Sicher ist nur, dass der öffentlich-rechtliche Rundfunk alle technischen Entwicklungen ausnutzt. Die Zuweisung der neuen Übertragungstechnik bedeutet aber eine Expansion des Aufgabengebietes, da eine Technik ohne Aufgabe nur wenig Sinn macht. Für dieses Aufgabengebiet wird weiterhin eine funktionsgerechte Finanzausstattung verlangt, damit sich die Rundfunkanstalten im Rahmen ihrer Finanzkraft in neuen Bereichen, wie neue Formen und Inhalten der Programme, ausdehnen können. Andererseits fehle es auch an einer Begründung, warum es zu einer programmlichen Ausweitung der Rundfunkanstalten führen solle, dass sich die Anzahl der Kanäle nahezu unbeschränkt vervielfache.[390] Aus verfassungsrechtlichem Gesichtpunkt verlange die Rundfunkfreiheit des Art. 5 Abs. 1 GG daher keine solche Bestands- und Entwicklungsgarantie für die öffentlich-rechtliche Rundfunkanstalten. Der institutionelle Grundrechtsschutz schließe auch die privaten Veranstalter ein. Bei der Regelung der Rundfunktätigkeit in der dualen Rundfunkordnung solle keine isolierte Betrachtung der Gewährleistung des öffentlich-rechtlichen Rundfunks stattfinden, auch die verfassungsrechtlich geschützte Betätigung anderer im Wettbewerb stehenden privaten Veranstaltern müsse berücksichtigt werden.[391] Eine pauschale Bestands- und Entwicklungsgarantie, die dazu führe, dass die Nutzung neuer Techniken und der Umfang der Aufgabe von begünstigen öffentlich-rechtlichen Rundfunkanstalten selbst entschieden werde, sei verfassungswidrig. Der Gesetzgeber solle den öffentlich-rechtlichen

[388] Bleckmann, Öffentlich-rechtliche Spartenprogramme, S. 64.
[389] Ory, AfP 1987, S. 465/469.
[390] Bleckmann, Öffentlich-rechtliche Spartenprogramme, S. 65.

Rundfunkanstalten neue Übertragungsmöglichkeiten ausdrücklich nur für bestimmte Programme zuweisen und dabei inhaltlich - nicht im Sinne einer bestimmten Tendenz, sondern einer Sparte - Vorgaben machen.[392]

Diese Kritiken sind aber verfassungsrechtlich fragwürdig. Weil die Zulässigkeit des dualen Rundfunksystems abhängig von der Funktionstüchtigkeit der öffentlich-rechtlichen Rundfunkanstalten ist, hat das BVerfG daraus die Funktionsgarantie, nämlich die Bestands- und Entwicklungsgarantie, für die öffentlich-rechtliche Rundfunkanstalten abgeleitet.[393] Diese Funktionsgarantie ist daher mit der Erfüllung der Grundversorgungsaufgabe gebunden. Wie bereits angesprochen, muss der Begriff der Grundversorgung *dynamisch* verstanden werden. Wenn sich diese Funktionsgarantie auf bestimmte Art der Übertragungstechnik oder auf bestimmten Programmbereiche beschränkt, kann die Grundversorgungsaufgabe der Rundfunkanstalten dadurch nicht voll erfüllt werden.

3. Die Grundversorgung als Funktionsauftrag

Hierbei stellt sich jedoch eine Frage, ob dieser Begriff der Grundversorgung im Sinne einer Mindestversorgung oder als Bereichsabgrenzung verstanden werden kann. Der durch die Grundversorgung bestimmte Handlungsbereich des öffentlich-rechtlichen Rundfunks ist daher bisher noch streitig, auf den auch in der Rechtsprechung des BVerfG nicht hingewiesen wurde. Unter diesen Umständen bemühen sich die rundfunkrechtlichen Wissenschaftler, den

---

[391] Ory, AfP 1987, S. 465/472.
[392] Ory, AfP 1987, S. 465/469.
[393] BVerfGE 73, 118/158; 74, 297/324 f; 83, 238/298; 90, 60/91.

Konflikt wegen der Unklarheit des Begriffs „Grundversorgung" zu bewältigen. Dafür wird die Terminologie *Funktionsauftrag*, die auch das BVerfG in ähnlicher Formulierung verwendet hat, anstelle der Grundversorgung bei der Diskussion um die Aufgabe des öffentlich-rechtlichen Rundfunks zunehmend von Bedeutung angewendet. In jüngerer Zeit hat das Gericht durch Formulierungen wie „Funktion des öffentlichen Rundfunks" oder „ die ihm zukommende Funktion im dualen System zu erfüllen,..." [394] diesen funktionalen Bezug zum Ausdruck gebracht. Es handelt sich darum, Funktionserfordernisse zu gewährleisten. [395] Hinsichtlich des Begriffs „Rundfunkauftrag" ist er aber auch inhaltlich umstritten. [396] Im folgenden werden die verschiedene Verständnisse des Funktionsauftrags dargestellt.

a) Die gesetzliche Aufgabenfestsetzung der Rundfunkanstalten

Zunächst hat *Bullinger* in seinem Gutachten über die Aufgaben des öffentlich-rechtlichen Rundfunks eine Konzeption ausgedrückt, dass der Funktionsauftrag der Rundfunkanstalten durch gesetzliche Vorgaben für den Programmbereich und seine Wahrnehmung prozedural durch Selbstregulierung konkretisiert werden soll. Danach soll sich der Funktionsauftrag durch vier folgende Teilfunktionen zusammensetzen[397]: die *Integrationsfunktion*, die zum gesellschaftlichen Zusammenhalt beiträgt, die *Forumsfunktion*, die alle Stimmen der Gesellschaft zu Wort kommen läßt, die *Komplementärfunktion*, die solche Sendungen von gesellschaftlichem Interesse ermöglicht, die unter rein wirtschaftlichen Gesichtspunkten nicht angeboten würden, und schließlich die *Vorbildfunktion*, die als

[394] BVerfGE 87, 181/199; 90, 60/90.
[395] BVerfGE 90, 60/93; Hoffmann-Riem, Regulierung der dualen Rundfunkordnung, S. 209.
[396] Dazu siehe Ladeur, M&K 2000, S. 93 ff.

Qualitätsstandard musterhaft sei. Diese Funktionen kommen „vor allem in solchen Sendungen zum Ausdruck“, die „einem gesteigerten öffentlichen Interesse entsprechen, wie Nachrichten, Informationen, Jugend- und Kultursendungen, und deshalb zum *Kernbereich* der Wahrnehmung öffentlicher Aufgaben gehören“. Dieser Kernbereich der Sendungen von besonderem öffentlichem Interesse, die sich bestimmten Programmen oder Programmteilen schwerpunktmäßig widmen, soll durch gesetzliche Rahmenvorschriften und anstaltsinterne Selbstregulierung bestimmt werden.[398]

Aufgrund dieser Ansicht würde sich der Funktionsauftrag innerhalb der dualen Rundfunkordnung danach richten, dass die privaten Veranstalter, aber auch die Multimediadienste eine Fülle individualisierter und fragmentierter Teil-leistungen anbieten und die öffentlich-rechtlichen Rundfunkanstalten sich mit ihrem klassischen Programmauftrag an den Aufgaben des Integrations-runkfunks orientieren müssten.[399]

b) Der Funktionsauftrag als Selbstdefinition des Programms

Demgegenüber haben *Holznagel/Vestig* eine ganz andere Konzeption des *Funktionsauftrags* der Rundfunkanstalten entwickelt, die von der prozeduralen Voraussetzung der Rundfunkfreiheit abgeleitet ist. Nach ihrer Ansicht ist der Begriff der Grundversorgung kein *Substanzbegriff*, sondern ein *Funktionsbegriff*.[400] Wie in der Rechtsprechung des BVerfG mehrfach gezeigt, würde der Begriff der Grundversorgung *dynamisch* verstanden werden, der

---

[397] Bullinger, Die Aufgaben des öffentlichen Rundfunks, S. 15 f.
[398] Bullinger, Die Aufgaben des öffentlichen Rundfunks, S. 17.
[399] Ladeur, M&K 2000, S. 93/94 f.

gegenständlich und zeitlich offen sei.[401] Dabei wurde der Aufgabenbereich der Rundfunkanstalten nicht bestimmt, sondern nur auf die Voraussetzungen und Bedingungen hingewiesen, unter denen die Rundfunkanstalten ihre Programme gestalten können und sollen. Im Gegenteil zur verfassungsrechtlicher Sicherstellung der Grundversorgungsaufgabe der Rundfunkanstalten müsse der Gesetzgeber dafür sorgen, dass der öffentlich-rechtliche Rundfunk für die Gesamtheit der Bevölkerung Programme anbietet, die umfassend und in der vollen Breite des klassischen Programmauftrags informieren.[402] Der Kernbereich der Rundfunkfreiheit des Art. 5 Abs. 2 S. 2 GG sei daher Programmfreiheit, die gewährleisten würde, dass Auswahl, Inhalt und Gestaltung des Programms Sache des Rundfunks bleiben und sich an publizistischen Kriterien ausrichten könnten. Es sei der Rundfunk selbst, der aufgrund seiner professionellen Maßstäbe bestimmen dürfe, was der gesetzliche Rundfunkauftrag in publizistischer Hinsicht verlange.[403] Nach diesem Verständnis ist die Programmfreiheit die Freiheit zur Selbstdefinition der Rundfunkaufgabe. Wie der öffentlich-rechtliche Rundfunk den Rundfunkauftrag erfüllt, kommt den Rundfunkanstalten ein Recht zu, die zur Erfüllung ihrer Funktion notwendigen Maßnahmen zu entscheiden. Dies bedeutet, dass der Funkauftrag vor allem einen Auftrag zur Selbstorganisation (und Selbstdefinition) enthält, weil die Rundfunkanstalten unter den Umständen des dualen Rundfunksystems und in einer dynamischen Umwelt die organisatorischen und institutionellen Voraussetzungen für eine Programmstrategie selbst schaffen müssen, die es ihnen ermöglicht, im Wettbewerb mit den privaten Veranstaltern zu stehen.[404]

---

[400] Holznagel/Vesting, Sparten- und Zielgruppenprogramme, S, 42.
[401] BVerfGE 74, 297/325; 83, 238/298 ff.
[402] BVerfGE 74, 297/325; 83, 238/297 f.
[403] BVerfGE 90, 60/87; 95, 220/234.
[404] Holznagel/Vesting, Sparten- und Zielgruppenprogramme, S, 120.

Zwar beruht die Auffassung von Holznagel/Vestig auch auf dem Wettbewerb zwischen öffentlichen und privaten Rundfunkveranstaltern ähnlich der Position von Bullinger, jedoch geht ihre Argumentation davon aus, dass die Wandlung der Rundfunkökologie verfassungsrechtlich überwunden werden solle, indem die Freiheit zur Selbstdefinition des Rundfunks zur Entwicklung einer größeren Variationsbereite der Angebote benutzt werde. Dadurch werden die öffentlich-rechtliche Rundfunkanstalten nicht in eine *kulturelle Nischenfunktion* verdrängt.[405]

c) Der Funktionsauftrag nach der Luhmannschen Systemtheorie

Abweichend von beiden obigen Konzeptionen hat *Ladeur* den Funktionsauftrag der Rundfunkanstalten nach der Luhmannsche Systemtheorie definiert. Aufgrund dieser systemtheoretischen Überlegung läge die Funktion der Massenmedien nach all dem im Dirigieren der Selbstbeobachtung des Gesellschaftssystems. Es ging um eine universale, nicht um eine objektspezifische Beobachtung.[406] Man müsse nur die Autonomie der Massenmedien begrifflich schärfer fassen und sie aus der unproduktiven Bildung an die politische Integrationsfunktion befreien.[407] Die Funktion der Massenmedien besteht danach in der ständigen Erzeugung und Bearbeitung von Irritation.[408] Nur auf dieser Grundlage ist es möglich, die „moderne Gesellschaft in ihrem Kommunikationsvollzug endogen unruhig einzurichten wie ein Gehirn und sie damit an einer allzu starken Bildung an etablierte Strukturen zu hindern."[409]

---

[405] Holznagel/Vesting, Sparten- und Zielgruppenprogramme, S, 69;
Ladeur, M&K 2000, S. 93/95.

[406] Luhmann, Die Realität der Massenmedien, S. 173.

[407] Ladeur, M&K 2000, S. 93/97.

[408] Luhmann, Die Realität der Massenmedien, S. 174.

[409] Luhmann, Die Realität der Massenmedien, S. 175; Ladeur, M&K 2000, S. 93/97.

Als faktische Leistung stelle sich dann nicht „Integration“ ein, sondern „die Welt- und Gesellschaftsbeschreibungen, an denen sich die moderne Gesellschaft innerhalb und außerhalb des Systems ihrer Massenmedien orientiert.“[410]

Nach Ansicht von Ladeur ist es überholt, dass das Konzept der Grundversorgung an die Funktion der *Integration* gebunden ist. Das BVerfG hat in der Tat immer akzentuiert: Der Rundfunk „gibt dem Einzelnen und den gesellschaftlichen Gruppen Gelegenheit zu meinungsbildendem Wirken.“ „Dies geschieht in einem umfassenden Sinne; Meinungsbildung vollzieht sich nicht nur durch Nachrichtensendungen, politische Kommentare oder Sendereihen über Probleme der Vergangenheit, der Gegenwart oder der Zukunft, sonder ebenso in Hör- und Fernsehspielen, musikalischen Darbietungen oder Unterhaltungen.“[411] „Das Sendeprogramm kann infolge dessen nicht in einzelne Teile zerlegt werden, sondern muss als einheitliche Veranstaltung gesehen werden.“[412] Die herkömmliche Programmanforderung könne sowohl aus technologischen (Konvergenz) und ökonomischen (Preis der Programmrechte) als auch aus kulturellen (Veränderung der Bedeutung der Werbung) und gesellschaftlichen (Fragmentierung des Publikums) Gründen nicht mehr aufrechterhalten werden.[413] Die Diskussion um die Grundversorgung dürfe nicht einen falschen paternalistischen Zungenschlag einführen. Die öffentlich-rechtliche Organisationsform solle dazu dienen, den *Varietätspool* der Programmkomponenten und -formate zu erhalten und dafür in Gestalt dieser Rundfunkanstalten eine *Corporate Identity* zu finden. Der Rundfunk dürfe und müsse daher auch bewährte massenwirksame

---

[410] Luhmann, Die Realität der Massenmedien, S. 174; Ladeur, M&K 2000, S. 93/97.
[411] BVerfGE 59, 231/257 f.; 73, 118/152.
[412] BVerfGE 31, 314/326.

Komponenten weiterentwickeln, zumal auch die Rundfunkanstalten das Recht haben müssten, hinsichtlich der Ungewissheit der Erwartungen eine „Marke“ zu entwickeln, an der sich Zuschauer orientieren können.

Ladeur akzeptiert die Ansicht von Holznagel/Vesting teilweise, die die prozedurale Komponente des öffentlich-rechtlichen Rundfunks besonders akzentuieren wollen. Er behauptet, dass nur aufgrund des oben Erwähnten die Hervorhebung der Fähigkeit der öffentlich-rechtlichen Rundfunkanstalten zur Selbstdefinition ihres Programms ihre Konturen erhalten könne.[414] Im Übrigen könne die Akzentuierung der Autonomie der Massenmedien zwar zu einer neuen prozeduralen Legitimation des öffentlich-rechtlichen Rundfunks beitragen, aber es setze voraus, dass die Verbindung mit einem problematischen Verständnis des *Integrationsrunkfunks* aufgelöst werde, der im Zeitalter der Fragmentierung des Publikums seine Grundlage eingebüßt habe. Nur dann könne das Konzept der prozeduralen Rundfunkfreiheit realisiert werden. Demgegenüber sei der private Rundfunk in der Wahl der Programmthemen und -formen in erheblichem Maße durch ökonomische Zwänge begrenzt.

Darüber hinaus sei die Veränderungen der Medien im Zuge der Digitalisierung eine Innovation, die nach neuen Rechtsformen verlange, nicht aber eine Ausdehnung der Normalität des Marktes auch auf das Rundfunksystem meine. Ladeur kritisiert weiterhin das Modell von Bullinger, dass sie kaum den sich wandelten Bedingungen des Mediensystems gerecht werde, da er „zu schematisch auf das Marktmodell setzt und damit die grundlegenden Veränderungen in der Medienökonomie und die

---

[413] Ladeur, K&R 2000, S. 171/178.

Herausbildung einer neuen Internet-Ökonomie verfehlt."[415] Die Überlegung von Bullinger über eine genauere gesetzliche Definition eines zugleich erweiterungsfähigen Funktionsauftrag des öffentlich-rechtlichen Rundfunks und deren Verknüpfung mit einem System der Selbst- und Fremdbewertung sei zwar produktiv, aber dieser eng definierte Funktionsauftrag sei nicht angemessen, da es mit der Rechtsprechung des BVerfG kaum vereinbar sei. Den öffentlich-rechtlichen Rundfunk von Anfang an auf bestimmte Programmsegmente auszurichten, würde zudem der *Dynamik* des neuen Mediensystems widersprechen.[416] Daher sollen den Rundfunkanstalten alle Programmformate einschließlich der Unterhaltung offen stehen.

Schließlich vertritt Ladeur die Auffassung, dass der Funktionsauftrag des öffentlich-rechtlichen Rundfunks nicht in einer materiellen Festlegung bestimmter Funktionen wie die Auffassung von Bullinger bestehen könne. Er sollte flexibler für die Selbstdefinition unter Berücksichtigung der wachsenden Bedeutung der Produktion von Inhalt sein. Dies sei aber nicht, wie Holznagel/Vesting teilweise nahe legten, mit einer unstrukturierten Autonomie gleichzusetzen. Die öffentlich-rechtlichen Rundfunkanstalten müssten ihre defensive Position aufgeben und sich aktiver auf den Wandel einlassen. Dem werde die bloße Entgegensetzung von Markt und öffentlicher Aufgabe nicht mehr gerecht. Zukünftig sollte es darauf ankommen, vergleichend die Entwicklung von Public-Service-Rundfunk im Ausland zu berücksichtigen und ein neues prozedurales Moment der Selbstdefinition des öffentlich-rechtlichen Rundfunks einzuführen.[417]

---

[414] Ladeur, M&K 2000, S. 93/98.
[415] Ladeur, M&K 2000, S. 93/105.
[416] Ladeur, M&K 2000, S. 93/100.

d) Die Erfüllung des Funktionsauftrags als Maßstab der Selbstregulierung

Schließlich hat *Hoffmann-Riem* einen substantiellen Beitrag zur Diskussion um das Verhältnis zwischen Grundversorgung und Funktionsauftrag des öffentlich-rechtlichen Rundfunks geliefert. Er vertritt den Standpunkt, dass der neue Begriff *Funktionsauftrag* besser als der meist benutzte Begriff *Programmauftrag* geeignet sei, um die gesamte Aufgabe der Rundfunkanstalten begrifflich zu bündeln. Es gehe um die Sicherung der Funktionsfähigkeit der Rundfunkordnung. In der ausdifferenzierten, dynamischen Medienwelt müssten vor-, neben- und nachgelagerte Bereiche einbezogen werden, um die Funktionen in angemessener Weise erfüllen zu können. Dies drücke der Begriff *Funktionsauftrag* darstellungskräftiger aus als der des Programmauftrags.[418] Die Diskussion zum Funktionsauftrag verdeutliche, dass es auf funktionale Zusammenhänge ankomme. Ebenso sei der Begriff der Bestands- und Entwicklungsgarantie im funktionalen Zusammenhang zu verstehen. Deshalb sollte der Gewährleistungsgesetzgeber seine Maßnahmen an funktionalen Erfordernissen ausrichten. Dabei sei es notwendig, die Veränderungen im Realbereich möglichst genau zu verstehen, und klarzustellen, was sie in funktionaler Betrachtung an Reaktionen bedürften, um die weiter fortbestehenden Ziele der Rundfunkregulierung erfüllen zu können.[419] Kurzgesagt ist zu sagen, dass der Funktionsauftrag des öffentlich-rechtlichen Rundfunks nach Ansicht von Hoffmann-Riem ein Maßstab der Regulierung in der dualen Rundfunkordnung ist.

---

[417] Ladeur, M&K 2000, S. 93/105.
[418] Hoffmann-Riem, Regulierung der dualen Rundfunkordnung, S. 209.
[419] Hoffmann-Riem, Regulierung der dualen Rundfunkordnung, S. 210.

Übrigens sei die Reichweite dieses Funktionsauftrags durch den Gewährleistungsträger näher konkretisiert und dabei gegenüber dem Status quo eingeengt oder erweitert. Aufgrund der von der Rechtsprechung des BVerfG abgeleiteten Formel der Bestands- und Entwicklungsgarantie hat Hoffmann-Riem ausgeführt, dass der öffentlich-rechtliche Rundfunk nicht nur in seinem gegenwärtigen Bestand, sondern auch in seiner zukünftigen Entwicklung gesichert sei.[420] Diese Entwicklungsgarantie sei vorrangig an Marktprozesse gekoppelt. Der Gesetzgeber sollte dem öffentlich-rechtlichen Rundfunk die Möglichkeiten geben, sich unter Nutzung der Marktmechanismen zu entwickeln. Eine Beschränkung des Tätigkeitsfeldes öffentlich-rechtlichen Rundfunks sei dazu keine geeignete Maßnahme, da der öffentlich-rechtlicher Rundfunk in der dualen Rundfunkordnung unentbehrlich sei, um deren Gesamtfunktionsfähigkeit zu sichern.[421]

In diesem Zusammenhang hat Hoffmann-Riem den Vorschlag von Bullinger, die Funktionen des öffentlich-rechtlichen Rundfunks auf bestimmte Bereiche festzulegen, heftig kritisiert. Er meint, die gegenständliche und spartenmäßige Bereichsabgrenzungen widerspreche der Grundidee des dualen Rundfunk, die über den publizistischen Wettbewerb eine besondere Leistungsfähigkeit der gesamten Rundfunkordnung erreichen wollte. Die Festlegung des öffentlich-rechtlichen Rundfunks auf bestimmte Kernfunktionen seien Vorkehrungen zur Verhinderung von publizistischem Wettbewerb.[422] Die Kompensation der Marktdefizite des privaten durch öffentlich-rechtlichen Rundfunk sollte nicht als „Komplementarität" verzeichnet werden. Es betreffe nur den Defizitausgleich. Eine Begrenzung des öffentlich-rechtlichen Rundfunks auf

[420] Hoffmann-Riem, Regulierung der dualen Rundfunkordnung, S. 212, BVerfGE, 83, 238/298; 74, 297/334 f.

[421] Hoffmann-Riem, Regulierung der dualen Rundfunkordnung, S. 213.

Vollprogramme und bestimmte Spartenprogramme sei jedenfalls nicht vom BVerfG gefordert. Zu prüfen sei aber, ob es einen besonderen Integrationsauftrag für den öffentlich-rechtlichen Rundfunk gebe, der als Argumentationsgrundlage für solche programmlichen Begrenzungen dienen könne. Die Betonung der Integrationsfunktion knüpfe an die Ausführungen im zweiten Rundfunkurteil an, die sich mit der Organisationsform des öffentlich-rechtlichen Rundfunks beschäftigte und argumentierte, dass es sich bei ihm nicht um ein gewerbliches Unternehmen handele. Die Rundfunkanstalten stünden in öffentlicher Verantwortung und nähmen die Aufgaben öffentlicher Verwaltung wahr, zugleich aber auch „integrierende Funktionen" für das Staatganze.[423] Diese Vorstellungen des BVerfG seien von den staatstheoretischen Konzepten Smends und seiner Integrationslehre geprägt gewesen, nach der die Verfassung die Rechtsordnung des Staats sei, genauer des Lebens, in dem der Staat seine Lebenswirklichkeit hätte, nämlich seine Integrationsprozesse. Als Aufgabe einer Verfassung würde die Herstellung und Erhaltung politischer Einheit bezeichnet.[424]

Jedoch hätte das BVerfG nach Ansicht von Hoffmann-Riem niemals einen besonderen normativen Auftrag zur Integration formuliert, und es gelte keine entsprechenden, von einem Integrationsauftrag abgeleiteten konkreten Folgerungen für die Erfüllung des Programmauftrags herauszuarbeiten. Allerdings könne der Gesetzgeber durch Ausgestaltung für eine integrationsstiftende Aufgabenerfüllung sorgen, differenzieren und dem öffentlich-rechtlichen Rundfunk besondere Ziele gewährleisten, um desintegrierende Wirkungen des privatwirtschaftlichen Rundfunks

---

[422] Hoffmann-Riem, Regulierung der dualen Rundfunkordnung, S. 215.
[423] BVerfGE 31, 314/329.
[424] Smend, Verfassung und Verfassungsrecht, S. 78.

auszugleichen. Die Integrationsaufgabe allein des öffentlich-rechtlichen Rundfunks sei nur gesetzlich, nicht aber verfassungsrechtlich begründet. Die gegenwärtigen Differenzierungen und Fragmentierungen der Gesellschaft führten zu anderen Programmkonzepten und zu anderen Formen der Auseinandersetzung mit der sozialen Realität, als sie vor dreißigen Jahren angezeigt gewesen seien. Auf den kulturellen Differenzierungs- und Fragmentierungsprozess und auf die Tendenz zu immer größerer Flexibilität und Mobilität könne nicht mit irgendwelchen Patent- oder Pauschalweisen reagiert werden. Daher solle die Fähigkeit des Rundfunks zu flexibler, situationsangemessener Reaktion erhalten bleiben. Die Erfüllung einer „Public Service"-Aufgabe sei nicht auf spezifische Programmtypen begrenzt und begrenzbar.[425]

In Bezug auf das Problem des Funktionsauftrags des öffentlich-rechtlichen Rundfunks bei dem Wandel der Rundfunkökologie hat Hoffmann-Riem einen Vorschlag herausgebracht, nach dem für die Rundfunkanstalten im Rahmen der Aufgabenerfüllungen ein Selbstregulierungsspielraum gewährt werden solle. Die Selbstregulierung sei maßgebendes Ordnungsprinzip des öffentlich-rechtlichen Rundfunks, die in anderer Weise als beim privaten Rundfunk angelegt sei. Selbstregulierung wirke beim öffentlich-rechtlichen Rundfunk auf mehreren Ebenen. Zunächst sei organisationsinterne Selbstregulierung ein relevantes Feld, die durch selbstregulative Vorkehrungen für Effizienz ergänzt würden. [426] Hinzu komme auch in programmlicher Hinsicht eine auf publizistischen Wettbewerb bezogene Selbstregulierung. Die Maßstäbe dafür seien in professioneller Eigenverantwortung zu konkretisieren. Die Anstaltsautonomie und vorrangige Gebührenfinanzierung seien strukturelle

[425] Hoffmann-Riem, Regulierung der dualen Rundfunkordnung, S. 218 ff.

Vorkehrungen dafür, dass die professionelle Verantwortung der im Programmbereich Tätigen sich in Distanzierung vom ökonomischen Markt folgenreich an Kriterien publizistischer Relevanz orientiere.[427] Letztlich verschafften die gegenwärtigen Bemühungen der Rundfunkanstalten zur Operationalisierung der Public Service-Orientierung und das Herausarbeiten eines besonderen Programmprofils und damit zur Entwicklung angemessener Maßstäbe der Programmqualität sowie zum Aufbau eines Qualitätsmanagements und Qualitätscontrolling die Möglichkeiten selbstregulativer Reaktion auf sich verändernde Rahmenbedingungen.[428] Mit anderen Worten: Eine zeitangemessene Erfüllung des Funktionsauftrags des öffentlich-rechtlichen Rundfunks kann nach Hoffmann-Riem nur durch seine bedingte Selbstregulierung erreicht werden.

V. Fazit

Als Ergebnis bleibt festzuhalten, dass die „Grundversorgung" eine Pflichtaufgabe allein des öffentlich-rechtlichen Rundfunks ist. Meines Erachtens ist diese öffentliche Aufgabe unter den Bedingungen der bestehenden dualen Rundfunkordnung nicht privatisierbar. Wesensmäßig ist die Grundversorgung öffentlich-rechtlich. Zwar steht nichts entgegen, dass die private Rundfunkveranstalter die Programme anbieten, die als Grundversorgung ausgegeben werden. Jedoch ist das nur ein Ergebnis der Programmautonomie der privaten Rundfunkveranstaltern, die auch mit ganz anderer Tendenz ausgeübt werden kann. Die Bemühungen der privaten

---

[426] Hoffmann-Riem, Regulierung der dualen Rundfunkordnung, S. 276 ff, 330.
[427] Hoffmann-Riem, Regulierung der dualen Rundfunkordnung, S. 278 ff, 330.
[428] Hoffmann-Riem, Regulierung der dualen Rundfunkordnung, S. 280 ff, 330.

Rundfunkveranstaltern um Grundversorgung können nicht die Pflichtaufgabe der öffentlich-rechtlichen Rundfunkanstalten zur Wahrnehmung der Grundversorgung relativieren oder ersetzen.

Wie das BVerfG gezeigt hat, ist der Begriff der Grundversorgung gegenständlich und zeitlich offen und dynamisch, nur an die *Funktion* gebunden, die der Rundfunk im Rahmen des von Art. 5 Abs. 1 GG geschützten Kommunikationsprozesses zu erfüllen hat.[429] Danach kann die Grundversorgungsaufgabe des öffentlich-rechtlichen nicht auf bestimmte Bereiche oder auf einen bestimmten Zeitrahmen festgelegt werden. Darüber hinaus ist die Grundversorgung eine funktionsgerechte Versorgung, die drei wesentliche Elemente umfasst, die Übertragungstechnik, den notwendigen inhaltlichen Programmstandard und die wirksame Sicherung der Meinungsvielfalt. Zudem hat das BVerfG weiterhin eine Bestands- und Entwicklungsgarantie für den öffentlich-rechtlichen Rundfunk aus der Gewährleistung der Grundversorgung abgeleitet.[430] Diese Funktionsgarantie schließt die erforderlichen programmlichen, technischen und finanziellen Garantien zur Erfüllung der Grundversorgung ein. Dem Gesetzgeber obliegt es, technisch, organisatorisch, personell und finanziell dafür zu sorgen, dass der öffentlich-rechtliche Rundfunk nicht nur in seinem aktuellen Bestand, sondern auch in seiner zukünftigen Entwicklung gewährleistet wird. Deshalb ändert das nichts an der Notwendigkeit, das derzeitige Gewährleistungsmodell der Grundversorgung im Internet-Zeitalter weiterhin beizubehalten, weil aus übertragungstechnischer Sicht die Nutzung des Internet mit dem Begriff der Grundversorgung in keinen Konflikt gerät.

---

[429] BVerfGE 83, 238/299.

Gerade die Dynamik und die Offenheit des Begriffs der Grundversorgung schürt den heftige Streit um diesem Begriff. Zunehmend wird der Begriff *Funktionsauftrag* in der Diskussion um die Aufgabe des öffentlich-rechtlichen Rundfunks verwendet. Jedoch ist der Begriff des Funktionsauftrags ebenso offen wie der der Grundversorgung. Er führt ebenfalls zu inhaltlicher Auseinandersetzung. Die Änderung der Terminologie trägt zur Lösung der Begriffsunklarheit nichts bei. Meiner Meinung nach soll den öffentlich-rechtlichen Rundfunkanstalten eine Möglichkeit zukommen, dass sie die Funktionsbedingungen selbst regulieren können, um ihre Public Service-Aufgaben zu erfüllen und zu gewährleisten. Diese Selbstregulierung erstreckt sich auf binnenorganisatorische, programminhaltliche und andere programmbezogene Bereiche. Wenn die Grundversorgungsaufgabe oder der sogenannten Funktionsauftrag der öffentlich-rechtlichen Rundfunkanstalten auf bestimmte Bereiche festgelegt würde, führte das unvermeindlich dazu, dass der öffentlich-rechtliche Rundfunk in eine „kulturelle Nischenfunktion" verdrängt würde, und damit würde die vorhandene duale Rundfunkordnung zunehmend zerstört werden.

---

[430] BVerfGE 73, 118/158; 83, 238/297 f.

C. Die Finanzierungsgarantie des öffentlich-rechtlichen Rundfunks als unerläßliches Element der Grundversorgung

I. Die Finanzierungsgarantie als Erfüllungsvoraussetzung der Grundversorgungsaufgabe

Wie oben mehrfach betont, verbürgt die Rundfunkfreiheit alles, was zur Erfüllung der Grundversorgungsaufgaben erforderlich ist. Damit kommt dem öffentlich-rechtlichen Rundfunk ein Funktionsgewährleistungsanspruch auf die notwendige Ausstattung zu, die es ermöglicht, Rundfunkprogramme in seiner dienenden Funktion für die individuelle und öffentliche Meinungsbildung zu veranstalten. [431] Dabei spielt die finanzielle Gewährleistung eine relevante Rolle. Sowohl in der Rechtsprechung des BVerfG als auch im Schrifttum ist die aus Art. 5 Abs. 1 S. 2 GG hergeleitete Finanzierungsgarantie seit langem anerkannt.[432] Wie oben mehrfach erwähnt, bedarf es einer kontinuierlichen und intensiven, in Zielsetzung und Methodik rundfunkspezifischen Gewährleistungstätigkeit in der dualen Rundfunkordnung, weil dem bestehenden Rundfunksystem der Konkurrenzgedanke zugrunde liegt, dass ein publizistischer, und zwar ein Qualitätswettbewerb zwischen öffentlich-rechtlichen und privatem Rundfunk sich nach Maßgabe des jeweiligen Programmauftrages auswirken und Meinungsvielfalt auf diese Weise gestärkt und erweitert werde.[433] Daher hat das BVerfG auch immer hervorgehoben, dass der Begriff der Grundversorgung gegenständlich sowie zeitlich offen und dynamisch allein an

---

[431] Kempen, DöV 1988, S. 547/552.

[432] Dazu siehe Bethge, Die Verfassungsrelevanz, S. 31; Schneider/Radeck, Verfassungsprobleme der Rundfunkfinanzierung, S. 87 f.; Oppermann/Kilian, Rechtsgrundsätze der Finanzierung, S. 87 f; Libertus, Grundversorgungsauftrag, S. 153 ff.

[433] Stock, RuF 1992, S. 189/195; Dörr, Programmvielfalt, S. 24.

die Funktion gebunden sei, die der öffentlich-rechtliche Rundfunk im Rahmen des von Art. 5 Abs. 1 GG geschützten Kommunikationsprozesses zu erfüllen habe.[434] Um die Funktionstüchtigkeit des öffentlich-rechtlichen Rundfunks zu gewährleisten, hat das Gericht eine Bestands- und Entwicklungsgarantie für den öffentlich-rechtlichen Rundfunk abgeleitet, die neben technischen, organisatorischen und personellen Vorbedingungen auch die zur Erfüllung des Rundfunkauftrags erforderlichen finanziellen Mittel umfasst. Die Bestands- und Entwicklungsgarantie ist zugleich Finanzierungsgarantie.[435] Sie ist eine Konsequenz aus der umfassenden Grundversorgung im Sinne der Erfüllung der klassischen Rundfunkaufgaben durch die öffentlich-rechtlichen Rundfunkanstalten. Diese Finanzierungsgarantie ist rechtsverbindlich und nicht nur eine bloße politische Absichtserklärung.[436] Dementsprechend ist der Gesetzgeber verpflichtet, finanziell dafür zu sorgen, dass die Rundfunkanstalten in die Situation gesetzt werden müssen, ihrer Aufgabe im dualen System in vollem Umfang gerecht zu werden.[437]

Diese Finanzgarantie ist als Institution zugunsten der gesicherten Existenz des öffentlich-rechtlichen Rundfunks auferlegt, weil eine Aufgabenzuweisung ohne finanzielle Absicherung nicht möglich ist und ansonsten die Grundversorgungspflicht faktisch leer laufen würde. Jedoch gewährt die Rundfunkfreiheit keinen individuellen Existenzgewährleistungsanspruch einer konkreten Rundfunkanstalt.[438] Mit dem Grundversorgungskonzept wird eine enge Konnexität zwischen den dem öffentlich-rechtlichen Rundfunk gesetzlich zugewiesenen Aufgaben und einer entsprechenden grundsätzlichen

---

[434] BVerfGE 83, 238/299.
[435] BVerfGE 73, 118/158; 74, 297/324 f.; 83, 238/298; 90, 60/91.
[436] Hartstein/Ring/Kreile/Dörr/Stettner, RStV Komm. Bd. II C-0.3 § 11, Rn. 1.
[437] BVerfGE 83, 238/299 f.; Dörr, Programmvielfalt, S. 28 f.
[438] Kempen, DöV 1988, S. 547/552; vgl. auch BVerwGE 75, 318/323.

Finanzierungspflicht seitens des Staats geschaffen. Jedoch, um davor geschützt zu sein, dass der Staat die Entscheidung über die Finanzausstattung zu politischen Einflussnahmen auf die Tätigkeiten des öffentlich-rechtlichen Rundfunks benutzt, muss der öffentlich-rechtliche Rundfunk finanziell unabhängig sein. Daher ist die dem öffentlich-rechtlichen Rundfunk gemäße Art der Finanzierung die durch Rundfunkgebühren.[439] Diese funktionsgerechte Finanzierungsquelle, wie oben im Kapitel B argumentiert, findet ihre verfassungsrechtliche Rechtfertigung in der Erfüllung der essentiellen Funktionen des Rundfunks und in der Gewährleistung der Grundversorgung für alle. Auf Inhalt und Reichweite dieser Finanzierungsgarantie soll im folgenden näher eingegangen werden.

II. Reichweite und Inhalte dieser Finanzierungsgarantie

Im Hinblick auf die Finanzierungsgarantie des öffentlich-rechtlichen Rundfunks erhebt sich die Frage, welche Rundfunktätigkeiten zum Schutzbereich dieser Garantie gehören und ob die Rundfunkanstalten über den grundsätzlichen Anspruch hinaus auch einen Anspruch auf eine Finanzierung aus einer bestimmten Finanzierungsquelle haben. Dies ist im folgenden zu erörtern.

1. Der Umfang der Finanzierungsgarantie

Die Frage der die Reichweite der Finanzierungsgarantie hat das BVerfG schrittweise beantwortet. Zuerst hat das Gericht in der „Hessen-3-

---

[439] BVerfGE 73, 118/158; 87, 181/199; 90, 60/90.

Entscheidung“ ausgesprochen, dass der Umfang der finanziellen Gewährleistungspflicht des Staates nur von ihrer Funktion umgrenzt ist.[440] Diese Verpflichtung solle sich nach den Programmen richten, die der Funktion des öffentlich-rechtlichen Rundfunks entsprächen und zur Erfüllung der Grundversorgungsaufgaben erforderlich seien. Aufgrund dieser Stellungnahme wurde ferner ein Wechselverhältnis zwischen Programm und Finanzierung des öffentlich-rechtlichen Rundfunks im Gebühren-Urteil von 1994 zum Ausdruck gebracht: Programmentscheidungen haben finanzielle Voraussetzungen, Finanzentscheidungen haben programmliche Konsequenzen. Zwischen der Programmautonomie der Rundfunkanstalten und der Finanzierungsgewährleistungspflicht des Staates bestehe ein enger Zusammenhang.[441] Die sich auf die Programmautonomie des öffentlich-rechtlichen Rundfunks berufenden Bedarfsanmeldungen sind die Grundlagen der Bedarfsermittlung.

Die Finanzierungsgarantie ist für die Rundfunkteilnehmer ein Eigentumseingriff. Um den Konflikt zwischen Programmautonomie und Folgenverantwortung zu überwinden, führt das BVerfG ein *Erforderlichkeitskriterium* ein: den öffentlich-rechtlichen Rundfunkanstalten sei die Finanzierung derjenigen Programme zu ermöglichen, deren Veranstaltung ihren spezifischen Funktionen nicht nur entspreche, sondern auch zur Wahrnehmung dieser Funktionen erforderlich sei.[442] Daher ist die Finanzierungsgarantie nicht eine beliebige, unbegrenzte politische Entscheidung; ihre Legitimation und Grenze liegt bei der Funktionswahrnehmung zur ständigen Erfüllung der gesetzlichen Aufgaben.

---

[440] BVerfGE 87, 181/200.
[441] BVerfGE 90, 60/102.
[442] BVerfGE 74, 297/342; Libertus, Grundversorgungsauftrag, S. 156; Holznagel/Vesting,

Allerdings ist es sehr schwierig, den näheren Inhalt des Erforderlichkeitskriterium zu bestimmen. Eine ausschließlich externe Definition ist auch nicht annehmbar, weil damit in die Programmautonomie des öffentlich-rechtlichen Rundfunks eingegriffen werden würde.[443] Das BVerfG hat das Erforderlichkeitskriterium inhaltlich konkretisiert. Einerseits hat es die Auffassung vertreten, dass die Finanzierungsgarantie nicht auf den Bereich der Grundversorgung beschränkt sei. Sie begrenze aber auch nicht das Tätigkeitsfeld der öffentlich-rechtlichen Rundfunkanstalten. Andererseits hob das Gericht hervor, dass die Bezugsgröße für die Bestimmung des zur Erfüllung der Grundversorgungsaufgaben Erforderlichen nicht jedes einzelne Programm, sondern das gesamte Programmangebot eines öffentlich-rechtlichen Rundfunks ist.[444] Hieraus folgt, dass die Anwendung des Erforderlichkeitskriteriums nicht von Anfang an dazu führt, eine bestimmte Programmform von der Finanzierungsgarantie auszuschließen. In Fällen künftiger Ausweitungen der Rundfunktätigkeit infolge der allgemeinen Entwicklung kommt dem öffentlich-rechtlichen Rundfunk bei neuen Finanzforderungen allerdings eine Begründungspflicht zu. Es bedarf dabei eines Nachweises, dass die Ausweitung im Rahmen der spezifischen öffentlichen Funktionen und gemäß der allgemeinen Entwicklungen erfolge und von den gesetzlichen Aufgaben her legitimiert sei.[445]

Sparten- und Zielgruppenprogramme, S, 81.

[443] Holznagel/Vesting, Sparten- und Zielgruppenprogramme, S, 81.

[444] BVerfGE 87, 181/197 ff.; Holznagel/Vesting, Sparten- und Zielgruppenprogramme, S, 82.

[445] Oppermann/Kilian, Rechtsgrundsätze der Finanzierung, S. 77.

2. Der Anspruch auf neue bestimmte Finanzierungsformen

Darüber hinaus folgt aus der Finanzierungsgarantie, dass der einzelnen öffentlich-rechtlichen Rundfunkanstalt ein subjektiv-rechtlicher Anspruch gegenüber ihrem Muttergemeinwesen, also dem jeweiligen Land (bzw. bei Mehrländeranstalten den Staatsvertragsländern) auf funktionsgerechte Finanzierung zukommt.[446] Dazu stellt das BVerfG ebenfalls klar, dass der Gesetzgeber alles finanzieren müsse, was zur Aufrechterhaltung der Grundversorgung unerläßlich ist. Die finanzielle Gewährleistungspflicht ende aber nicht bei der Grundversorgung. Die öffentlich-rechtlichen Rundfunkanstalten bestimmten die Art und in gewissem Maß auch den Umfang ihrer Aufgabenerfüllung selbst und hätten dabei Anspruch auf finanzielle Mittel, soweit sie sich im Rahmen des zur Wahrung ihrer Funktion Erforderlichen hielten.[447] Hieraus ergibt sich, dass die einzelnen Rundfunkanstalten ein Recht auf funktionsorientierte, erforderliche Finanzierung erhalten.

Hierbei stellt sich nun die Frage, ob die öffentlich-rechtlichen Rundfunkanstalten über die vorhandenen Finanzquellen, insbesondere Gebühren und Werbung, hinaus noch einen Anspruch auf eine bestimmte Finanzierungsquelle erheben können. Diese Frage ist bereits zuvor in der Rechtsprechung des BVerfG und im Schrifttum mehrfach diskutiert worden. Jedoch soll sie mit der übertragungstechnischen Revolution, die Digitalisierung der Rundfunkprogramme und Online-Angebote der Rundfunkanstalten umfasst, wieder klarstellt werden. Mit der Verwendung der

---

[446] Hartstein/Ring/Kreile/Dörr/Stettner, RStV Komm. Bd. I B5 § 11, Rn. 5; Libertus, Grundversorgungsauftrag, S. 155.

[447] BVerfGE 87, 181/203.

neuen Übertragungstechnik steht die Frage im Raum, ob die Rundfunkanstalten aufgrund der Finanzierungsgarantie eine neue bestimmte Finanzierungsquelle verlangen können. Nach Ansicht des BVerfG ist die Finanzierungsgarantie als Gesamtfinanzierungsgarantie zu verstehen, die Rundfunkgebühren, Werbeeinnahmen und weitere Einnahmequellen umfasst. Obwohl die Gebührenfinanzierung die verfassungsmäßige Finanzierungsform des öffentlich-rechtlichen Rundfunks sei, schließe dies die verfassungsrechtliche Möglichkeit der Mitfinanzierung durch Werbung und andere Einnahmequellen nicht aus. Umgekehrt könne die Mitfinanzierung sogar die Unabhängigkeit der Rundfunkanstalten stärken.[448] Aber einen verfassungsrechtlichen Anspruch auf einen bestimmten Einnahmeumfang durch andere Finanzierungsquellen erkennt das Gericht nicht an. Dem Gesetzgeber wird verfassungsrechtlich nicht verboten, andere bestimmte Finanzierungsquellen bedingt für die Rundfunkanstalten einzusetzen. Er hat dabei lediglich Spielräume, aber keine Pflichten.

Angesichts der Tendenz, die die Rundfunklandschaft zunehmend ausdifferenziert, und der neuen Herausforderung der Digitalisierung der Programme kommen auf die öffentlich-rechtlichen Rundfunkanstalten die Risiken der Finanzierung zu. Diese sozio-kulturelle Fragmentierung und die technische Umwälzung werden zu einer wesentlichen Veränderung des Wettbewerbs in der vorhandenen dualen Rundfunkordnung führen. Beispielweise sind die Rundfunkanstalten aufgrund der enormen Kostensteigerungen auf den Märkten für quotenträchtige Sport- und Spielfilmrechte nur bedingt konkurrenzfähig. Wenn man an den Auffassungen weiter festhalten möchte, dass die Wettbewerbsfähigkeit des öffentlich-

---

[448] BVerfGE 87, 181/200; 90, 60/91; Vesting, in: Pethig/Blind (Hrsg.), Fernsehfinanzierung,

rechtlichen Rundfunks im dualen Rundfunksystem bestehen bleiben soll, und dass die Rundfunkanstalten nicht in die Lage versetzen werden sollen, in die Rolle eines Marktaußenseiters zu geraten, muss man dem öffentlich-rechtlichen Rundfunk in Finanzierungsfragen mehr Autonomie, Flexibilität und Kretivität zugestehen.[449] Dies bedeutet, dass die Einführung der neuen, die Rundfunkgebühren ergänzenden Finanzierungsformen offenbleiben muss. Die öffentlich-rechtlichen Rundfunkanstalten können somit eine bestimmte Finanzierungsform verlangen, wenn sie mit dem Begriff der funktionsgerechten Finanzierung vereinbar ist.

III. Aktuelle Auseinandersetzungen im Rahmen der Finanzierungsgarantie

Wie sich gerade gezeigt hat, trifft die vorhandene Finanzierungsgarantie des öffentlich-rechtlichen Rundfunks mit medientechnischer Umwälzung als neu Herausforderung zusammen. Das führt im Schrifttum aktuell zu heftigen politischen Auseinandersetzungen, insbesondere um die Frage, ob und in welchen Umfang diese Garantie bei der Nutzung neuer Übertragungstechnik weiter aufrechterhalten werden soll. Durch die Umsetzung des Vierten Rundfunkänderungsstaatsvertrags kann der öffentlich-rechtliche Rundfunk digitale Programme veranstalten und verbreiten. Außerdem, im Hinblick auf die Tendenz zur Konvergenz von Endgeräten, wie zum Beispiel Telefon, Radio, Fernseher und PC, einigten sich die Ministerpräsidenten bei der Neuregelung darauf, auf die Rundfunkgebühr für Computer mit Internet-Zugang einstweilen zu verzichten. Diese Frist wird mit dem jüngstem Fünften

---

S. 170/184.

Rundfunkänderungsstaatsvertrag bis zum 31.12.2004 verlängert. Daher wird in den folgenden Abschnitten weitgehend untersucht, ob bei neuen digitalen Programmangeboten des öffentlich-rechtlichen Rundfunks eine Finanzgarantie wie die im traditionellen Programmauftrag besteht. Anschließend wird überprüft, ob es erforderlich ist, eine Rundfunkgebühr für Internet-PCs oder Handy-Rundfunk einzunehmen.

1. Die Finanzierung der zukünftigen digitalen Programmangebote des öffentlich-rechtlichen Rundfunks

a) Neue Ordnungsrahmen für digitale Programmangebote

Wie alle Medien steht auch der Rundfunk an der Schwelle zu der technologischen Revolution der Digitalisierung. Die Bundesregierung verfolgt seit 1998 das Ziel, die Rundfunkübertragung bundesweits bis 2010 generell auf digitale Technik umzustellen.[450] Die technische Umwälzung führt zu einer relevanten Veränderung des Wettbewerbs im Rundfunkbereich. Die neuen Produktkonzepte werden die traditionellen Voll- und Spartenprogramme berühren und zu einer bisher noch nicht abzuschätzenden Erosion der Markanteile bei den traditionellen Programmangeboten führen. Zwar ist die Nutzung der digitalen Programmangebote nunmehr nach der Zuschauer-forschung in Deutschland noch keine relevante Größe,[451] bei diesen Programmangeboten finden aber die maßgeblichen Entwicklungen statt. Daher wird erstmals ein Ordnungsrahmen für das digitale Fernsehprogramm bei dem ab 1.4.2000 in kraft getretenen vierten Rundfunkänderungsstaatsvertrag

---

[449] Vesting, in: Pethig/Blind (Hrsg.), Fernsehfinanzierung, S. 170/188.
[450] Dörr/Zorn, NJW 2001, S. 2837/2853.
[451] Engel, MP 2001, S. 480 ff.

geschaffen. Nach § 19 RStV Abs. 3 und 4 erhält der öffentlich-rechtliche Rundfunk die Berechtigung, die digitalen Programme zu veranstalten und zu verbreiten. Die Begründung beruft sich auf die verfassungsrechtlich verbürgte Bestands- und Entwicklungsgarantie des öffentlich-rechtlichen Rundfunks.[452] Dies entspricht auch dem Entschluß des Rates und der im Rat vereinigten Vertreter der Regierungen der Mitgliedstaaten vom 25.01.1999 über den öffentlich-rechtlichen Rundfunk. [453] Die Neuregelung weist eine Fortschreibung des Programmauftrags der Rundfunkanstalten in der digitalen Welt auf. Dabei sei der öffentlich-rechtliche Rundfunk nach der Ansicht der zuständigen Ländern auch unverzichtbarer Bestandteil der elektronischen Medien. Daneben kommt auch die Entwicklungsgarantie in Betracht. Dementsprechend stehen ARD und ZDF zur Verfügung, ihren gesetzliche Programmauftrag zukünftig auch in digitaler Technik zu verbreiten und weitere digitale Programme auf insgesamt drei Kanälen (zwei für die ARD und einer für das ZDF) zu veranstalten. [454] In Zukunft können diese Programme zu einem Gesamtangebot, einem sogenannten Programmbouquet, der als Bündelung von Programmen und Dienst in Bestimmung von § 2 Abs. 2 Nr. 9 RStV definiert wird, unter einem elektronischen Programmführer verbreitet werden.

In der begleitenden medienpolitischen Diskussion ist sehr intensiv über die Frage diskutiert worden, ob und in welchem Umfang der öffentlich-rechtliche Rundfunk an den digitalen Angeboten teilnehmen darf. Die Kritiker haben die Ansicht vertreten, dass die integrative Aufgabe des öffentlich-rechtlichen Rundfunks nicht durch Programmbouquets erfüllt werden kann, weil hierfür

---

[452] Hartstein/Ring/Kreile/Dörr/Stettner, RStV Komm. Bd. I B 5 § 19, Rn. 4.
[453] ABlEG 5.2.1999, C30/01; vgl. auch Hartstein/Ring/Kreile/Dörr/Stettner, RStV Komm. Bd. I B 5 § 19, Rn. 20.

ausschließlich ein Vollprogramm erforderlich und zu finanzieren ist. Die Integrationsfunktion des Rundfunks stünde im Zusammenhang mit der öffentlichen Meinungsbildung, jedoch hemme eine Verspartung und Separierung des Programmangebotes diesen Prozeß, da ein Spartenprogramm naturgemäß als thematisch begrenzte Sendeform keine nennenswerte Vielfalt und Ausgewogenheit der Programminhalte bieten könne. Die Rolle als Integrationsinstanz könne der öffentlich-rechtliche Rundfunk dann erfüllen, wenn am Auftrag der Grundversorgung durch Vollprogramme festgehalten würde.[455] Darüber hinaus stehe es allerdings außer Frage, dass dem öffentlich-rechtlichen Rundfunk unter dem Schutz der verfassungsrechtlichen Entwicklungsgarantie der technische Fortschritt im Sinne der Digitalisierung zugute kommen solle. Die Schaffung von Programmbouquets sei aber keine notwendige Folge der Digitalisierung. Es gehe beim Programmbouquet nicht um die bessere Verbreitungsweise eines klassischen Programms der Rundfunkanstalten, sondern darum, um der Befreiung von Frequenzknappheit willen den Verspartungstendenzen nachzugeben. Das Programmbouquet stelle daher eine im Prinzip unzulässige Programmexpansion dar, die sich weder mit der verfassungsrechtlichen Entwicklungsgarantie noch über eine Anleihe aus dem Medienkonzentrationsrecht rechtfertigen ließe, und es sei damit eine Gefahr für die Funktionserfüllung des öffentlich-rechtlichen Rundfunks.[456]

Dem wird aber die Ansicht entgegengehalten, dass die Rundfunkfreiheit des Art. 5 Abs. 1 S. 2 GG eine kommunikative Entfaltungsfreiheit sei. Die Ausgestaltung der Rundfunkordnung müsse daher dynamisch bestimmt werden, vor allem in der technologischen, ökonomischen, programmlichen,

---

[454] Hesse, ZUM 2000, S. 183 f.; Dörr/Zorn, NJW 2001, S. 2837/2848.
[455] Bleckmann/Pieper/Erberich, AfP 1997, S. 417/420; Ricker, AfP 1998, S. 437/439.
[456] Ricker, AfP 1998, S. 437/441; Hartstein/Ring/Kreile/Dörr/Stettner, RStV Komm.

rezeptionsbezogenen und finanziellen Entwicklung. Das BVerfG habe auch die Auffassung vertreten, dass es mit der Gewährleistungspflicht unvereinbar sei, den öffentlich-rechtlichen Rundfunk auf den gegenwärtigen Entwicklungsstand in programmlicher, finanzieller und technischer Hinsicht zu beschränken. Der Grundversorgungsauftrag lasse sich im dualen System unter den bestehenden Bedingungen vielmehr nur erfüllen, wenn der öffentlich-rechtliche Rundfunk nicht allein in seinem gegenwärtigen Bestand, sondern auch in seiner zukünftigen Entwicklung gesichert sei.[457] So wie früher neue Kommunikationsformen in den Schutzbereich der Rundfunkfreiheit integriert worden seien, z.B. die Erstreckung der Rundfunkfreiheit vom Hörfunk auch auf das Fernsehen, so müsste die bestehende digitale Revolution und damit verbundenen neuen Programmangebote und Multimedia-Anwendungen auch auf die dynamische Interpretation der Rundfunkfreiheit rückwirkend angewandt werden.[458] Die Ausdehnung der öffentlich-rechtlichen Angebote auf die digitale Technologie, die nur eine Fortschreibung oder Gewährleistung des öffentlich-rechtlichen Programmauftrags eben in der digitalen Welt darstelle,[459] sei damit verfassungsrechtlich zulässig.

Das BVerfG hat mehrfach hervorgehoben, dass es dem öffentlich-rechtlichen Rundfunk möglich sein muss, im Wettbewerb mit den privaten Anbietern bestehen zu können. Die Wettbewerbsfähigkeit der Rundfunkanstalten sei mit ihrem Rundfunkauftrag sehr eng verbunden. Die Digitalisierung der Übertragungswege führe zu einer wesentlichen Veränderung des Wettbewerbs im Rundfunksektor. Sie böte den Rundfunksendern eine Reihe neuer

---

Bd. I B 5 § 19, Rn. 24.

[457] BVerfGE 74, 297/350 f.

[458] Hoffmann-Riem, Pay-TV, S. 31 ff.; 68 ff.

Möglichkeiten in bezug auf ihre Aktivitäten, neue Zugänge zu den Hörern und Zuschauern zu finden. Dadurch könnten die Funktionen dieser Sender erweitert und wertvoller Mehrnutzen für die Zuschauer und Zuhörer erzeugt werden. [460] Deshalb würde diese Wettbewerbsfähigkeit des öffentlich-rechtlichen Rundfunks in Zukunft gar unmöglich aufrecht zu erhalten sein, wenn ihnen die neue Übertragungstechnik nicht zugänglich sei.[461] Aufgrund der realen technischen Weiterentwicklung und der verfassungsrechtlichen Bestands- und Entwicklungsgarantie für den öffentlich-rechtlichen Rundfunk müsse ihnen allerdings der Zugang zur digitalen Technik offen stehen.[462] Um die Ausdifferenzierungstendenz des Programmangebotes zu verfolgen, könnten die Rundfunkanstalten die neue Sendungsform nutzen, die das zielgruppenspezifische Programmbouquet umfasse.

In Bezug auf das Programmbouquet stehe darüber hinaus eine Annahme im Vierten Rundfunkänderungsstaatsvertrag, dass sich die Präsentation der Programme im digitalen Zeitalter grundlegend wandle. Es werde nicht mehr wie bisher auf einem Kanal ein Programm angeboten. Die Verbreitung der Programme mit digitaler Übertragungstechnik werde vermehrt und verbilligt. Wegen der fast unbegrenzten Vielfalt der Programme müssten diese zu sogenannten Bouquets zusammengefaßt werden.[463] Die Zuschauer könnten dadurch vom einzelnen Vollprogramm hin zu den menügesteuerten Programmpaketen wechseln. Aufgrund der Programmautonomie könnten die öffentlich-rechtlichen Rundfunkanstalten selbst entscheiden, wie sie ihr Programmgesamtangebot gestalten und präsentieren wollten. Dies beziehe

---

[459] Hartstein/Ring/Kreile/Dörr/Stettner, RStV Kom. Bd. I B 5 § 19, Rn. 23.
[460] Knothe/Schwalba, MP 1999, S. 111.
[461] BVerfGE 90, 60/90 ff.; Knothe/Schwalba, MP 1999, S. 111 ff.
[462] Dörr/Zorn, NJW 2001, S. 2837/2848; Knothe/Schwalba, MP 1999, S. 111 ff.
[463] Hesse, ZUM 2000, S. 183/184.

sich nicht nur auf die Gestaltung der Inhalte und Formen ihrer Programme, sondern auch auf die einzelne Bestandteile der Programme, z. B. Anzahl, Umfang und Zuschnitt der Programme und Sendungen. Die externe quantitative oder qualitative programmliche Beschränkung sei mit der aus Art. 5 Abs. 1 S. 2 GG abgeleitete Programmfreiheit unvereinbar.[464] Daher stehe das Programmbouquet nicht im Gegensatz zu dem Programmauftrag der Rundfunkanstalten. Umgekehrt wäre ein Verzicht auf solche interessengruppen- und themenorientierten Programme im digitalen Zeitalter für die Rundfunkanstalten eine Existenzbedrohung. Ohne das Programmbouquet könne der öffentlich-rechtliche Rundfunk in der digitalen Medienordnung langfristig keine Wettbewerbsfähigkeit mehr am Medienmarkt bewahren.[465] Obwohl die Übertragungskapazität der digitalen Angebote von ARD und ZDF nach der Bestimmung des § 19 Abs. 4 RStV auf den Umfang von drei analogen Fernsehkanälen beschränkt sei, bedeute dies jedoch nur eine technische Maßgröße. Diese Anzahl könnte sich mit Weiterentwicklung der Technik in Zukunft vervielfachen.[466]

b) Die Finanzierungsgarantie der digitalen Programmangebote

Wenn der öffentlich-rechtliche Rundfunk die digitalen Programme anbieten kann, taucht die weitere Frage auf, ob und inwieweit derartige Programme aus den Rundfunkgebühren finanziert werden dürfen. In der rundfunkrechtlichen Literatur wird die Ansicht vertreten, dass die Gebührenfinanzierung auf solche Programme beschränkt sei, die in den Bereich der Grundversorgung fallen.[467] Die Veranstaltung aller weiteren über die Grundversorgung hinausgehenden

---

[464] Holznagel/Vesting, Sparten- und Zielgruppenprogramme, S, 64.
[465] Hartstein/Ring/Kreile/Dörr/Stettner, RStV Komm. Bd. I B 5 § 19, Rn. 24.
[466] Hartstein/Ring/Kreile/Dörr/Stettner, RStV Komm. Bd. I B 5 § 19, Rn. 27.

Programme setze den Einsatz finanzieller Mittel voraus, die aus dem allgemeinen Haushalt gedeckt werden müssten.[468] Dieser Ansicht kann jedoch nicht gefolgt werden. Es steht dem öffentlich-rechtlichen Rundfunk nach der von der Rechtsprechung des BVerfG hergeleiteten Bestands- und Entwicklungsgarantie in seiner zukünftigen Entwicklung offen, neue Übertragungstechniken und Dienste anzuwenden, um seine Grundversorgungsaufgabe erfüllen zu können. Obwohl nach Auffassung des BVerfG der Gesetzgeber nicht verpflichtet ist, jede Programmentscheidung des öffentlich-rechtlichen Rundfunks finanziell zu honorieren, sind nur diejenigen Programme zu finanzieren, die nicht nur der klassische Funktion entsprechen, sondern auch erforderlich sind.[469] Der öffentlich-rechtliche Rundfunk solle aber auch für zukünftige digitale Programme über ausreichende Finanzmittel verfügen. Wie bisher bereits ausgeführt, ist es die Aufgabe des öffentlich-rechtlichen Rundfunks in der dualen Rundfunkordnung, die Gesamtheit der Bevölkerung mit Programmen zu versorgen und so die Meinungsvielfalt im Rundfunk sicherzustellen. Die Grundversorgungsaufgabe kann nicht nur mit Vollprogrammen erfüllt werden. Bei einer Veränderung der Medienlandschaft, insbesondere durch die Digitalisierung der Medienangebote, erscheint es notwendig, dass der öffentlich-rechtliche Rundfunk darauf reagiert und gegebenfalls Sparten- und Zielgruppenprogramme bzw. ein Programmbouquet bereitstellt.[470] Um die neue Programmformen anbieten zu können, sollen den Rundfunkanstalten die entsprechenden finanziellen Mittel zur Verfügung stehen. Die Konkretisierung dieser Finanzierungsgarantie ist Sache des Gesetzgebers. Der Finanzbedarf des öffentlich-rechtlichen Rundfunks wird dann durch die KEF kontrolliert.

---

[467] Bleckmann, Öffentlich-rechtliche Spartenprogramme, S. 83.
[468] Ricker, AfP 1998, S. 437/440.
[469] BVerfGE 90, 60/94.

Darüber hinaus sind die Finanzierungsquellen des öffentlich-rechtlichen Rundfunks, wie oben dargelegt, nicht auf Rundfunkgebühren und Werbeeinnahmen beschränkt. Eine Diversifizierung der Finanzquellen ist im Prinzip verfassungsgemäß, solange die Gebührenfinanzierung die vorrangige Finanzquelle bleibt. In Zukunft kann der Gesetzgeber daher für die digitalen Programme der Rundfunkanstalten im Rahmen der Sicherung der Funktionsfähigkeit des Rundfunks andere neue Finanzierungsquelle erschließen.[471]

2. Rundfunkgebühren für Internet-Rundfunk?

a) Der Brennpunkt der gebührenrechtlichen Diskussion

Anschließend stellt sich bei der rundfunkrechtlichen Diskussion noch die Frage, ob der Internet- und Handy-Rundfunk von der Gebührenpflichtigkeit freigestellt werden könnte. Mit dem am 1. 1. 2001 in Kraft getretenen Fünften Rundfunkänderungsstaatsvertrag wird ein in der Neufassung des § 5a RGebStV eingefügtes Moratorium für die Gebührenpflicht des Internet-Rundfunks (Internet-Radio und Internet-TV) bis zum 31.12.2004 verlängert.[472] Damit ist der Rechtsstreit über die Gebührenpflichtigkeit des Internet-Rundfunks gesetzlich *vorläufig* gelöst. Allerdings hat nun nach der Versteigerung der UMTS-Lizenzen die Diskussion über die Gebührenpflicht für den Handy-Rundfunk begonnen.[473] Mit dieser technischen Entwicklung kommt es nun zu der Kontroverse, ob Internet-PCs und Handys der dritten

---

[470] Holznagel/Vesting, Sparten- und Zielgruppenprogramme, S, 78 f.
[471] Hoffmann-Riem, Pay-TV, S. 97 f.
[472] Dazu siehe MP Dokumentation 2001, S. 40.
[473] Tschentscher, AfP 2001, S. 93 ff.

Generation (3G-Handys) gebührenrechtlich gleicherweise wie der klassische Rundfunk (Fernseher und Radios) behandelt werden sollten.

Nach der Bestimmung des § 2 Abs. 2 RGebStV kommt es für die Gebührenpflicht nur darauf an, ob ein Rundfunkgerät zum Empfang bereit gehalten wird. Es ist nicht relevant, ob die Geräte zum Rundfunkempfang tatsächlich gebraucht werden. Dieser Tatbestand ist entwicklungsoffen, damit auch alle neuartigen, zum Rundfunkempfang geeigneten technischen Einrichtungen umfasst werden können.[474] In konventionellen Rundfunkbereichen ist die Verfassungsmäßigkeit der Gebührenfinanzierung des öffentlich-rechtlichen Rundfunks vom BVerfG mehrmals bestätigt worden.[475] Diese ist auch im Schrifttum, wie in Kapitel A bereits gezeigt, bisher überwiegend bejaht worden. Umstritten ist hierbei, ob dann jeder geschäftlich genutzte rundfunkempfangstaugliche Computer gebührenpflichtig ist. Alle Zeichen deuten darauf hin, dass die Verbreitungswege durch Internet-PCs gegenüber klassischen Ausstrahlungsformen zukünftig in großem Maße an Bedeutung gewinnen werden. Daher werden die Rundfunkanstalten auf die Gebühreneinnahmen aus Internet-Rundfunk wohl nicht verzichten können. Jedoch wird eine derartige *Internetgebühr*, die eine weitere Belastung für die Wirtschaft schafft, von zahlreichen Unternehmensverbänden und auch im Schrifttum heftig kritisiert. Für einzelne Rundfunkempfänger ist diese Internetgebühr ausgenommen. Wenn ein Fernsehgerät bei der GEZ angemeldet ist, kann er sich für seinen Internet-PC auf die sogenannte Zweitgeräteregelung wie beim Autoradio beziehen.[476] Zunächst einmal ist das Gebührenmoratorium verlängert. Der Streit ist aufgeschoben, nicht beigelegt.

---

[474] Tschentscher, AfP 2001, S. 93/94.
[475] BVerfGE 87, 181/197 ff.; 90, 60/ 87 ff.; Kammerbeschluß vom 6. 9. 1999 – 1 BvR 1013/99, JZ 2000, S. 565 f.

Derselbe Streit wird mit der technischen Entwicklung in Zukunft bei 3G-Handys akut. Vor diesem Hintergrund ist es notwendig, die Verfassungsmäßigkeit einer Gebühr bei Internet-PCs zu überprüfen.

b) Die Überprüfung der Verfassungsmäßigkeit einer Gebühr für Internet-Rundfunk

aa) Internet-Rundfunk als „Rundfunk" gemäß § 2 Abs. 1 RStV ?

Die Gebührenpflichtigkeit setzt Internet-Rundfunk als Rundfunk im Sinne der Rundfunkstaatsverträge voraus. Weil das Grundgesetz für den Rundfunkbegriff in Art. 5 Abs. 1 S. 2 GG keine Definition vorgibt, wird in der Regel die Begriffsbestimmung des § 2 Abs. 1 verwendet. Dementsprechend ist Rundfunk „die für die Allgemeinheit bestimmte Veranstaltung und Verbreitung von Darbietungen aller Art in Wort, in Ton und in Bild unter Benutzung elektromagnetischer Schwingungen ohne Verbindungsleitung oder längs oder mittels eines Leiters." In dieser Definition wird allerdings keine abschließende Bestimmung getroffen, da sich der Rundfunkbegriff nach Ansicht des BVerfG dynamisch und an seinem normativen Funktionszweck orientiert interpretieren läßt.[477] Diese Vorgabe umfasst grundsätzlich drei Hauptelemente des Rundfunkbegriffs, die Veranstaltung für die Allgemeinheit, die Darbietung aller Art und die rundfunkspezifische Verbreitung.[478]

Zuerst ist der Rundfunk nach dem Merkmal der Allgemeinheit anders als die Individualkommunikation nicht die Verbreitung an einen bestimmten

---

[476] Dörr/Zorn, NJW 2001, S. 2837/2849.
[477] BVerfGE 83, 238/299.; Ricker, NJW 1997, S. 3199/3200.
[478] Hoffmann-Riem, AfP 1996, S. 9/10 ff.; Ricker, NJW 1997, S. 3199/3200.

Rezipienten, sondern an eine unbestimmte und beliebige Vielzahl der Empfänger.[479] Bei den Internet-PCs speist der Rundfunkanbieter die Programme auf den jeweiligen Server ein, der Empfänger kann die Inhalte aus Web-Sites abrufen. Der Unterschied zum klassischen Rundfunk liegt darin, dass der Empfänger durch die Vielzahl von Alternativen nicht gezwungen ist, den gesamten Programminhalt zu übernehmen. Inhaltlich bieten Internet-PCs stärkere Wahlfreiheit als der konventionelle Rundfunk. Der Empfänger kann selbst entscheiden, welche Informationsinhalte er sich herunterlädt und kann sogar selbst zum aktiven Kommunikator werden. Daher handelt es sich nicht mehr um *Massen-*, sondern um *Individualkommunikation.* Wegen dieser praktischen Nutzungsweise der Internet-PCs scheint es deshalb, dass es an der Allgemeinheit des Adressantenkreises bei der Anbietung der Internet-Rundfunk fehlt.[480]

Danach ist der Tatbestand „Darbietungen aller Art" ein weiteres Kriterium des Rundfunkbegriffs. Das BVerfG hat seit dem ersten Rundfunkurteil das Merkmal weit verstanden.[481] Rundfunk sind demzufolge solche Kommunikationsangebote, die zur öffentlichen Meinungsbildung bestimmt oder zumindest geeignet sind.[482] Ein Beitrag zur öffentlichen Meinungsbildung könne nicht nur auf politische oder sonstige informierenden Sendungen beschränkt werden. Die öffentliche Aufgabe des Rundfunks könne auch durch die Darbietungen aller Veranstaltungen erfüllt werden, darunter fallen die kulturellen, bildenden oder unterhaltsamen Programme.[483] Der Grund dafür liegt darin, dass die umfassende Darbietung die Meinungsbildung

---

[479] Hoffmann-Riem, AfP 1996, S. 9/10; Ricker, NJW 1997, S. 3199/3200.
[480] Ricker, NJW 1997, S. 3199/3200; Tschentscher, AfP 2001, S. 93/94.
[481] BVerfGE 12, 205/260 f.; 31, 314/325 f.
[482] Hoffmann-Riem, AfP 1996, S. 9/11.
[483] BVerfGE 31, 314/325 f.; 342.

effektuiert. Inhaltlich lässt sich damit von den Rundfunkveranstaltern nicht nur konventionelle Rundfunkprogramme verbreiten, sondern auch Internet-Rundfunkprogramme anbieten.

Schließlich spricht die oben erwähnte Definition von „rundfunkspezifischer Verbreitung" von Rundfunk. Daraus folgt, dass die Rundfunkregulierung herkömmlich an die Verbreitung anknüpft. Die Veranstaltung wäre nur ein unerheblicher Vorgang bei der Meinungsbildung, wenn sie nicht *„rund"*-gefunkt wird. Die traditionelle Verbreitung findet also in einem größeren Umfeld über elektromagnetische Wellen ohne Verbindungsleitung oder längs oder mittels eines Leiters statt. Es wird nicht durch eine Übertragung zu einer einzelnen Empfangsstation angeboten. Zwar erfolgt die Verbreitung der Rundfunkprogramme aus dem Internet längs oder mittels eines elektronischen Leiters oder in Zukunft auch ohne Verbindungsleitung, doch scheint keine Aussage über den erforderlichen massenmedialen Zusammenhang möglich zu sein.[484] Nach Auffassung des BVerfG ist der Staat verpflichtet, vor der Gefahr einer Konzentration von Meinungsmacht und den einseitigen Einflüssen auf die Meinungsbildung bei dem Massenmedium zu schützen.[485] Daher bedarf es eines überall aufgrund seiner direkten Empfangs- und Zugriffsmöglichkeit präsenten Massenmediums. [486] Der Rezipient ist dabei der Programmentscheidung des Senders unterworfen. Die vielfältigen Inhalte werden dem Rezipienten in einer Form angeboten, die seine Auswahlentscheidung nur auf das *„ Ein- und Ausschalten"* beschränkt.[487] Demgegenüber besitzt der Internet-Nutzer bei dem Programmempfang eine fast unbegrenzte Auswahlmöglichkeit. Die Verbreitung erfolgt dann aufgrund

---

[484] Ricker, NJW 1997, S. 3199/3200.
[485] BVerfGE 57, 295/318 f.; 73, 118/157.
[486] Ricker, NJW 1997, S. 3199/3200.

einer gezielten computergesteuerten Alternative der Web-Site. Die in den Server eingespeisten Programminhalte können nicht als rundfunkmäßige Verbreitung angesehen werden. Der Internet-Nutzer ist nicht nur ein bloß *passiver* Empfänger, er kann sogar mit eigenen Inhalten als Kommunikator auftreten. Diese *Interaktivität* des Internet-PCs ist keine konventionelle Verbreitungsform der Rundfunkprogramme.

Aus der Überprüfung des Internet-Rundfunk nach dem Maßstabe des Rundfunkbegriffs im § 2 Abs. 1 RStV folgt, dass der Abruf von Programminhalten durch Internet-PCs nicht unter diesen Tatbestand fällt. Die Nutzung der Internet-PCs ist kein Rundfunkempfang, sondern nur eine durch individuelle Alternative geprägte Kommunikation. Die Länder Baden-Württemberg, Bayern, Hessen, Sachsen und Thüringen haben deshalb auch bei der Protokollerklärung zum Vierten Rundfunkänderungsstaatsvertrag die Auffassung vertreten, dass die Internet-PCs keine Rundfunkempfangsgeräte seien.[488]

bb) Verhältnismäßigkeit der Gebührenpflicht für Internet-PCs

Falls man den Internet-Rundfunk dem Rundfunkbegriff im § 2 Abs. 1 RStV zurechnen wollte, müsste die Verhältnismäßigkeit als Prüfungsmaßstab der Gebührenpflicht zu berücksichtigen. Der nachfolgende Abschnitt wird auf diese Frage eingehen.

---

[487] BVerfGE 74, 297/352; Ricker, NJW 1997, S. 3199/3200.

aaa) Geeignetheit der Gebührenpflicht für Internet-PCs

Entsprechend den drei Stufen der Verhältnismäßigkeit ist zunächst nach der Geeignetheit zu fragen. Hier steht die Frage im Vordergrund, ob die Identität von Pflichten und Begünstigungen bei der geschäftlichen Nutzung der Internet-PCs noch erhalten bleibt. Der Zweck der Rundfunkgebühr besteht in der angemessenen Finanzierung des öffentlich-rechtlichen Rundfunks durch Heranziehung der Empfänger, um die Grundversorgungsaufgabe der Rundfunkanstalten zu erfüllen. Ein öffentlich-rechtliches Nutzungsverhältnis durch das Bereithalten des Empfangsgeräts besteht zwischen dem Rundfunkteilnehmer und den Rundfunkanstalten. Nach der Rechtsprechung der Verwaltungsgerichte gehören auch solche Einrichtungen zu den Rundfunkempfangsgeräten, welche die Rundfunkwellen empfangen können, obwohl ihr Hauptzweck ein anderer ist, z.B. die Funkpeilgeräte.[489] Auf den ersten Blick werden die Internet-PCs auch dazu zählen. Jedoch gehören die Internet-PCs nicht zur Grundversorgung. Zwar ist die Übertragungsform bei der Grundversorgung dynamisch zu verstehen, die sich also auch auf neue Medien erstreckt, wenn sie die traditionellen Übertragungsformen ergänzen oder verdrängen.[490] Aus funktionellen Gesichtspunkten sind die Internet-PCs ebenfalls nicht als Empfangsinstrumente, sondern als individuelle universelle Telekommunikationsplattformen entwickelt worden. Sie werden keinesfalls in erster Linie für Rundfunkempfang angeschafft. Umgekehrt stehen die telekommunikativen Anwendungen wie WWW, E-Mail, Datenverkehr oder andere E-Commerce-Arten bei ihrer Nutzung im Vordergrund. Die individuellen Kommunikationsmöglichkeiten durch Internet-PCs haben

---

[488] Hartstein/Ring/Kreile/Dörr/Stettner, RStV Komm. Bd. I A 1.9.2, S. 1.
[489] OVG Hamburg, DöV 1985, 1027- Funkpeilgeräte in Flugzeugen; Ernst, NJW 1997, S. 3006.

bereits in großem Ausmaße vor Einführung des Internet-Rundfunks bestanden. Tatsächlich handelt es sich bei dem Internet-Rundfunk um das Problem der Parallelausstrahlungen. Der Internet-Rundfunk betrifft weder eine programminhaltliche Erweiterung noch eine Verdrängung der anderen Übertragungstechnik. Daraus folgt, dass die Einspeisung der Rundfunkprogramme ins Internet nicht von der Gewährleistung der Grundversorgung umfasst wird.[491]

Die Grundversorgung ist Grundlage und Rechtfertigung der Gebührenfinanzierung. Diese Aufgabe bedingt aber nur, dass die Rundfunkanstalten ihre Programme ins Internet einspeisen können, nicht umgekehrt, dass der Internet-Nutzer daher auch Gebühren bezahlen muss.[492] Dies betrifft den Sonderfall, bei dem der Rundfunk die für individualkommunikative Dienste benutzte Telekommunikationsgeräte zur Übertragung seiner Programme verwendet. Der Rundfunksender drängt sich dem Internet-Nutzer in dieser Lage auf. Ebensowenig käme er auf die Idee, eine Gebührenpflicht für Telefone zu statuieren, vor allem für die 3G-Handys. Daher ist die Gebührenpflicht für Internet-PCs ganz ungeeignet.

bbb) Erforderlichkeit einer Gebührenpflicht für Internet-PCs

Zweifel bestehen auch an der Erforderlichkeit der Gebührenpflicht für die Internet-PCs. Nach der Bestimmung des § 3 RFinStV wird der Finanzbedarf des öffentlich-rechtlichen Rundfunks durch die KEF in regelmäßigen Zeitabständen auf die notwendige Weiterentwicklung überprüft. Den

---

[490] BVerfGE 83, 238/299.
[491] Ernst, NJW 1997, S. 3006; Tschentscher, AfP 2001, S. 93/94.
[492] Ernst, NJW 1997, S. 3006.

öffentlich-rechtlichen Rundfunkanstalten steht nach Angabe der Gebühreneinzugszentrale (GEZ) jährlich mehr als 113,424 Milliarden DM zur Verfügung. [493] Es ist nicht erforderlich, eine Erweiterung der Berechnungsgrundlage zur Finanzierung zu schaffen. Darüber hinaus hat das BVerfG immer wieder darauf hingewiesen, dass der öffentlich-rechtliche Rundfunk mit Gebührenfinanzierung in die Lage versetzt werden soll, die ihm zugewiesene Grundversorgung zu erfüllen, sowie Bestand und Entwicklung zu gewährleisten.[494] Der Umfang der finanziellen Gewährleistungspflicht des Staats für die Rundfunkanstalten werde von ihrer *Funktion* umgrenzt.[495] Demgemäss müsse stets überprüft werden, ob die Gebührenfinanzierung der Rundfunkanstalten nicht nur die Erfüllung des rechtlichen Rundfunkauftrags dient, sondern ob auch die Funktionswahrnehmung der Rundfunkanstalten tatsächlich erforderlich sei. Der Gesetzgeber sei nicht verpflichtet, jede Programmentscheidung, die die Rundfunkanstalten in Wahrnehmung ihrer Programmfreiheit treffen, finanziell zu honorieren.[496]

Wie oben gezeigt, sind die im Internet angeboten Inhalte der Rundfunkanstalten gar kein Rundfunk. Diese Inhalte können nur als eine Art „invitatio ad offerendum"[497] des Kommunikators gegenüber dem Rezipienten angesehen werden. Die Forderung nach weiteren Gebühren zur Finanzierung der Tätigkeiten, die nicht Rundfunk darstellen, verstößt also gegen das Erforderlichkeitskriterium.

---

[493] Dazu Geschäftsbericht 1999 der GEZ, S. 29 ff., im http://www.gez.de
[494] BVerfGE 73, 118/158; 74, 297/324 f.; 83, 238/298; 87, 181/199 f.; 90, 60/99.
[495] BVerfGE 87, 181/200.
[496] BVerfGE 87, 181/201.
[497] Ricker, NJW 1997, S. 3199/3204.

ccc) Unverhältnismäßigkeit der Gebührenpflicht für Internet-PCs

Wenn man die Internetgebühr als eine Zweckförderung noch annehmen wollte, müsste auch die Frage überlegt werden, ob diese Gebührenpflicht über die Grenze der Verhältnismäßigkeit im engeren Sinne hinausgeht. Dabei soll eine Abwägung der entgegenstehenden Interessen der Finanzgewährleistung der Rundfunkanstalten und der Entwicklung neuer Kommunikationstechniken gemacht werden. Die Umrisse einer funktionsgerechten Finanzierung der Rundfunkanstalten in Erfüllung ihrer Grundversorgungsaufgabe sind bereits aufgezeigt worden. Der wichtige Zweck der Gebührenfinanzierung ist, die Informations- und Meinungsvielfalt zu garantieren. Die Internet-PCs sind nach allgemeiner Ansicht als individuelle Kommunikationsgeräte anzusehen. Wenn sich die Gebührenpflicht wegen zusätzlicher Empfangsfunktion auf die Internet-PCs erstreckt, könnte sich diese Pflicht in Zukunft grenzlos auf die ganze Gruppe von Telekommunikationsgeräten ausdehnen. Offenbar ist, dass die Nutzung neuer Kommunikationstechnik durch diese Belastung der Gebührpflicht erheblich beschränkt wird. Die Gebührenpflicht der Internet-PCs wird dazu führen, dass die Entwicklung der neuen Kommunikationsformen sowie Informations- und Meinungsvielfalt dadurch nicht gefördert, sondern gefährdet werden. Diese Unverhältnismäßigkeit könnte auch nicht mit einem Rabattmodell[498] beseitigt werden.[499]

---

[498] Dazu siehe Ricker, NJW 1997, S. 3199.

IV. Fazit

Es lässt sich zusammenfassend feststellen, dass der Begriff der Grundversorgung gegenständlich sowie zeitlich offen und dynamisch allein an die Funktion des Rundfunks gebunden ist. Um die Funktionstüchtigkeit des öffentlich-rechtlichen Rundfunks zu gewährleisten, hat das BVerfG eine Bestands- und Entwicklungsgarantie aus der Rundfunkfreiheit in Art. 5 Abs. 1 S. 2 GG abgeleitet, die technische, organisatorische, personelle und finanzielle Vorbedingungen zur Erfüllung des Rundfunkauftrags umfasst. Die Bestands- und Entwicklungsgarantie ist zugleich Finanzierungsgarantie.

Die Finanzierung ist die Erfüllungsvoraussetzung der Grundversorgungsaufgabe. Allerdings ist sie nicht eine beliebige, unbegrenzte politische Entscheidung; Legitimation und Grenze liegen bei der Funktionswahrnehmung zur ständigen Erfüllung der gesetzlichen Aufgaben. Die öffentlich-rechtlichen Rundfunkanstalten bestimmen die Art und in gewissem Maß auch den Umfang ihrer Aufgabenerfüllung selbst und haben dabei Anspruch auf finanzielle Mittel, soweit sie sich im Rahmen des zur Wahrung ihrer Funktion Erforderlichen halten. Die Finanzquellen des öffentlich-rechtlichen Rundfunks sind nicht auf Rundfunkgebühren und Werbeeinnahmen beschränkt. Eine Diversifizierung der Finanzquellen ist im Prinzip verfassungsgemäß, wenn die Gebührenfinanzierung die vorrangige Finanzierungsquelle bleibt. Die bestehende Finanzierungsgarantie des öffentlich-rechtlichen Rundfunks ist darauf aufgelegt, neuen medientechnischen Herausforderungen zu begegnen. Durch die Umsetzung des Vierten Rundfunkänderungsstaatsvertrags kann der öffentlich-rechtliche

---

499 Tschentscher, AfP 2001, S. 93/96.

Rundfunk digitale Programme veranstalten und verbreiten. Die Grundversorgungsaufgabe kann nicht nur mit Vollprogrammen erfüllt werden. Bei einer Veränderung der Medienlandschaft, insbesondere durch die Digitalisierung der Medienangebote, ist es notwendig, dass der öffentlich-rechtliche Rundfunk darauf reagiert und gegebenfalls neue Sparten- und Zielgruppenprogrammen bzw. ein Programmbouquet bereitstellt. Um die neue Programmform anbieten zu können, sollen den Rundfunkanstalten die entsprechenden finanziellen Mittel zur Verfügung stehen. Darüber hinaus ist es bedeutsam, dass zwar die Rundfunkgebühr für klassische Rundfunkempfangsgeräte als verfassungsmäßig gewürdigt wird, ihre zukünftige Erstreckung auf Internet-PCs wäre aber verfassungsrechtlich zweifelhaft. Zum einen stellt der Internet-PC kein Rundfunkempfangsgerät dar, zum anderen verstößt die Gebührenpflicht der Internet-PCs auch gegen die Verhältnismäßigkeit, wenn man die Internetgebühr als eine Zweckförderung ansehen will.

Teil 2: Die Grundversorgungsaufgabe als Rechtfertigungsgrundlage der Gebührenfinanzierung des öffentlich-rechtlichen Rundfunks im Europarecht

A. Public Service als Rechtfertigung der Rundfunkgebühr nach dem EG-Beihilferecht

I. Die Konflikte um Gebührenfinanzierungen des öffentlich-rechtlichen Rundfunks auf europäischer Ebene

Außer der Überprüfung der Gebührenfinanzierung des öffentlich-rechtlichen Rundfunks nach deutschem Rundfunkrecht müsste die Gebührenfinanzierung weiterhin einer gemeinschaftsrechtlichen Überprüfung unterzogen werden. Weil die grenzüberschreitende Rundfunktätigkeit des öffentlich-rechtlichen Rundfunks eine Dienstleistung im Sinne von Art. 49 EGV darstellt, fällt sie damit grundsätzlich unter das EG-Beihilfenregime.[1] In jüngster Zeit ist die Frage im Schrifttum strittig erörtert worden, ob die Rundfunkgebühr gegen die Beihilfevorschriften des EG-Vertrages verstößt. Der Verband Privater Rundfunkveranstalter (VPRT) und mehrere private Sender aus Spanien, Portugal, Frankreich und Italien haben bei der EG-Kommission gegen die Finanzierungssysteme ihrer öffentlich-rechtlichen Konkurrenten Beschwerde erhoben und diesen vorgeworfen, dass die öffentlich-rechtlichen Rundfunksender durch die staatliche Finanzierung mittels Gebührenerhebung, direkt gewährter Fördermittel oder periodischer Zuschüsse in unangemessener Weise bevorzugt werden.[2] Dabei wurde insbesondere die Gebührenfinanzierung der beiden von ARD und ZDF gemeinsam

---

[1] Oppermann, Rundfunkgebühren, S. 30 f.

[2] Kommission, KOM (1996) 160 endg., Teil I- S.20.

veranstalteten, über Satellit ausgestrahlten Spartenkanäle „Kinderkanal“ und „Phoenix“ angeführt. Zwar wies die Kommission die bezügliche Beschwerde mehrerer privater Rundfunkveranstalter ab, ging jedoch in der Beurteilung davon aus, dass es sich bei den deutschen Rundfunkgebühren für die beiden genannten Kanäle tatbestandlich um eine Beihilfe im Sinne des Art. 87 Abs. 1 EGV handle, die nur wegen der Ausnahmevorschrift des Art. 87 Abs. 2 EGV zulässig sei.[3]

Angesichts der Herausforderung durch private Rundfunksender haben sich die Mitgliedstaaten bei den Beratungen über den Amsterdamer Vertrag mit der Frage beschäftigt, ob eine klare Stellungsnahme abgegeben werden solle, dass die Gebührenfinanzierung oder andere öffentliche Finanzierungen des öffentlich-rechtlichen Rundfunks mit dem Gemeinschaftsrecht vereinbar seien. In dem Protokoll zum Amsterdamer Vertrag, das „Protokoll über den öffentlich-rechtlichen Rundfunk in den Mitgliedstaaten“ heißt, wurden die Befugnis der Mitgliedstaaten zur Ausgestaltung des öffentlich-rechtlichen Auftrags der Rundfunkanstalten und ihre diesbezügliche Finanzierung anerkannt. Dabei wird die demokratische, gesellschaftlichintegrative und kulturelle Funktion des öffentlich-rechtlichen Rundfunks gewürdigt. Dementsprechend schreibt dieses Protokoll deutlich vor, dass es Sache der Mitgliedstaaten ist, Auftrag, Finanzierung und Organisation des öffentlich-rechtlichen Rundfunks jeweils selbst zu gestalten. Insbesondere ist die Befugnis der Mitgliedstaaten von den Bestimmungen des EG-Vertrags nicht berührt, den öffentlich-rechtlichen Rundfunk zu finanzieren.

---

[3] Die Pressemitteilung IP/99/der Kommission vom 24. 2. 1999; Bartosch, EuZW 1999, S. 176 ff; Dörr, K&R 2001, S. 233/234.

Daher wird in der folgenden Untersuchung auf die Frage eingegangen, ob die deutsche Gebührenfinanzierung des öffentlich-rechtlichen Rundfunks den Tatbestand einer staatlichen Beihilfe im Sinne des Art. 87 Ab. 1 EGV erfüllt. Wenn diese Frage bejaht würde, stellte sich im Anschluss hieran das Problem, ob die Ausnahmevorschrift des Beihilferechts für diese deutsche Rundfunkgebühr gilt und ob die Grundversorgungsaufgabe des öffentlich-rechtlichen Rundfunks eine Rechtfertigung dieser Gebührenfinanzierung im Europarecht sein kann. Schließlich ist zu diskutieren, inwieweit sich die Rechtslage durch „das Protokoll über den öffentlich-rechtlichen Rundfunk in den Mitgliedstaaten" des Amsterdamer Vertrages geändert hat, weil es in diesem Protokoll die grundlegende Aussage zur Vereinbarkeit der Rundfunkfinanzierung mit dem EG-Beihilferecht gibt.

II. Die Überprüfung der Rundfunkgebühr gemäß Art. 87 Abs. 1 EGV

1. Das Verbot staatlicher Beihilfen mit Genehmigungsvorbehalt

Nach Bestimmung des Art. 3 Abs. 1 lit. g EG umfasst die Tätigkeit der Gemeinschaft die Herstellung eines Systems, das den Wettbewerb innerhalb des Binnenmarkts vor Verfälschungen schützt. Die Wettbewerbsordnung zwischen den Unternehmen wird mit den Art. 87 bis Art. 89 EG gewahrt. Die europäische Wettbewerbspolitik im weiteren Sinne umfasst nicht nur die Bekämpfung wettbewerbsverfälschender Kartelle und wirtschaftlicher Machtkonzentrationen, sondern auch die Vorkehrungen, durch die wettbewerbsverzerrende Beihilfen (Subvention) der öffentlichen Hand an einheimische Unternehmen vermieden oder mindestens kontrolliert werden, welche den zwischenstaatlichen Handel im Gemeinsamen Markt beeinträchtigen.[4] Zu diesem Zweck gibt Art. 87 Abs. 1 EGV ein allgemeines Beihilfeverbot vor:

„Soweit in diesem Vertrag nichts anderes bestimmt ist, sind staatliche oder aus staatlichen Mitteln gewährte Beihilfen gleich welcher Art, die durch die Begünstigung bestimmter Unternehmen oder Produktionszweige den Wettbewerb verfälschen oder zu verfälschen drohen, mit dem Gemeinsamen Markt unvereinbar, soweit sie den Handel zwischen den Mitgliedstaaten beeinträchtigen."

Nach dieser Norm sind mitgliedstaatliche Beihilfen untersagt, die den Wettbewerb verfälschen oder zu verfälschen drohen und den Handel zwischen den Mitgliedstaaten *spürbar* beeinträchtigen. Diese Norm ist nicht nur eine Äußerung der objektiv-rechtlichen Grundentscheidung für eine Wettbewerbsordnung, sondern auch Ausdruck einer Individualfreiheit. [5] Jedoch zielt die europäische Beihilfekontrolle nicht auf ein totales Beihilfeverbot, vielmehr auf eine abwägende Überprüfung durch die gemeinschaftliche Aufsicht mitgliedstaatlich geplanter Beihilfenprojekte nach Vorgaben der Art. 87 und 88 EGV. Die EG-Beihilfenkontrolle stellt damit ein *präventives Verbot mit Genehmigungsvorbehalt* [6] oder *ein Verbot mit Erlaubnisvorbehalt*[7] dar. Im Hinblick auf das Ziel der Gemeinschaft, den Wettbewerb innerhalb des Binnenmarktes vor Verfälschungen zu schützen, ist eine wirksame und nicht zu enge Auslegung des Tatbestandsmerkmals der Beihilfe geboten.[8] Gleichzeitig sollen aber die allgemeinen Ziele der EG beachtet werden, dass die Gemeinschaft gleichrangig mit den wettbewerblichen Vertragszielen zu Beiträgen zugunsten einer qualitativ

[4] Oppermann, Europarecht, S. 424 ff.
[5] Haverkate, Subventionsrecht, in: Schmidt (Hrsg.) Öffentliches Wirtschaftsrecht, S. 331/376.
[6] Koenig/Kühling, NJW 2000, S. 1065.
[7] Mederer, in: Groeben/Thiesing/Ehlermann (Hrsg.), EU-/EGV Komm., Art. 92, Rn. 3; Staebe, Rechtsschutz, S. 42 f.
[8] EuGHE 1974, 709/718 f., RS 173/73; 1988, 2855 ff., Rs. 57/86;

hochstehenden, allgemeinen und beruflichen Bildung sowie zur Entfaltung des Kulturlebens in den Mitgliedstaaten verpflichtet ist (Art. 3 lit. q EGV). Die Gemeinschaft muss auch den kulturellen Aspekten bei allen Tätigkeiten Rechnung tragen, insbesondere zur Wahrung und Förderung der Vielfalt ihrer Kulturen (Art. 151 Abs. 4 EGV).

2. Die beihilferechtliche Überprüfung der deutschen Rundfunkgebühren gemäß Art. 87 Abs. 1 EG

Der Beihilfebegriff ist dabei aber nicht im Vertrag definiert. Er ist durch die Rechtsprechungen des EuGH und die Entscheidungen der Kommission konkretisiert. Eine umfassende und einheitliche Definition des Beihilfebegriffs ist bisher noch nicht unternommen worden, wahrscheinlich, um die immer wieder im Fluß befindliche Entwicklung der Tatbestände nicht vorschnell zu präjudizieren.[9] Daher umfasst der Beihilfebegriff alle Subventionen im klassischen Sinne sowie Verminderungen von Belastungen, wenn sie in Art und Wirkung einer Subvention entsprechen.[10] Dies bedeutet, dass der Beihilfebegriff nicht nur positive Leistungen umfasst, sondern alle Maßnahmen, die ein Unternehmen direkt oder auch indirekt entlasten.[11] Er soll weder nach der Rechtsform, noch gemäß der Zielsetzung der Maßnahme entschieden werden.[12] Um die Frage zu klären, ob die deutsche Rundfunkgebühr eine staatliche oder aus staatlichen Mitteln gewährte Beihilfe ist, muss zunächst festgestellt werden, ob die deutsche Rundfunkgebühr den Tatbestand staatlicher Beihilfe im Sinne des Art. 87 Abs. 1 EGV erfüllt. Es wird auf die nachfolgenden Ausführungen verwiesen.

Oppermann, Rundfunkgebühren, S. 33.
[9] Oppermann, Rundfunkgebühren, S. 34.
[10] Dörr, K&R 2001, S. 233/235.
[11] EuGHE, 1994, 877 ff., Rs. C 387/392.

a) Die Rundfunkgebühr als „Begünstigung“ der Rundfunkanstalten

aa) Der Empfang wirtschaftlicher Vorteile als Voraussetzung

Nach dem Wortlaut des Art. 87 Abs. 1 EGV setzt eine Beihilfe die *Begünstigung* bestimmter Unternehmen oder Produktionszweige voraus. Im Falle offensichtlich interventionistischer Maßnahmen ist die Begünstigung normalerweise leicht festzustellen. Im Übrigen lässt sich die Art der Maßnahmen im Einzelfall, durch die wirtschaftliche Vorteile vermittelt werden, sehr schwer eingrenzen.[13] Der EuGH hat daher bereits angesprochen, dass dieses Tatbestandsmerkmal weit ausgelegt werden soll.[14] Damit umfassen Beihilfen die nicht nur zweckgebundenen finanziellen Zuwendungen des Staates, wie Subventionen im engeren Sinne, sondern alle Arten direkter oder indirekter wirtschaftlicher Förderung, beispielweise durch Beteiligungsmodelle, die Übernahme von Einstandpflichten, umlagenfinanzierte Sonderzuweisungen oder die sachwidrige Ausnutzung gesetzlicher Ermessensspielräume zugunsten bestimmter Unternehmen.[15] Damit ist sicherzustellen, dass die Mitgliedstaaten nicht durch die Art der Ausgestaltung ihrer Fördermaßnahmen Art. 87 Abs. 1 EGV umgehen können.[16]

Außerdem soll weder die Rechtsform, noch die Zielsetzung der Maßnahme bei der Ermittlung eines Begünstigungscharakters isoliert betrachtet werden. Dazu hat der EuGH ein Kriterium der *objektiven Wirkung* aufgestellt. Demzufolge braucht die entsprechende Fördermaßnahme nicht als eine bezweckte

---

[12] Holznagel/Vesting, Sparten- und Zielgruppenprogramme, S. 85.
[13] Rodi, Die Subventionsrechtsordnung, S. 154 f.
[14] EuGHE 1988, 2855 ff. - Rs. 57/58; Oppermann, Europarecht, § 15, S. 431, Rn. 1110.
[15] Oppermann, Europarecht, § 15, S. 431, Rn. 1110; Koenig/Kühling, NJW 2000, S. 1066 f.
[16] Koenig/Kühling, NJW 2000, S. 1066/1067.

vorteilhafte Auswirkung qualifiziert werden.[17] Erheblich ist die objektiv begünstigende Wirkung einer solchen Begünstigung, die die Marktposition des Empfänger stärkt.[18] So kann auch eine Maßnahme, die allgemeine konjunktur- oder steuerpolitische Ziele verfolgt, eine Beihilfe darstellen.

bb) Die Berechnung angemessener Gegenleistung

Hierbei erhebt sich aber die Frage, auf welche Weise sich eine begünstigende Wirkung bestimmter Maßnahmen feststellen und messen lässt. Dazu hat der EuGH ein Überprüfungskriterium der *angemessenen Gegenleistungen* aufgestellt. Es liegt keine Begünstigung vor, wenn die Vorteilsgewährung oder Nachteilsverminderung nur einen Ausgleich für erlittene Nachteile darstellt.[19] Demgemäß liegt eine Begünstigung nicht vor, wenn die Zuwendung nur die Gegenleistung für eine von ihrem Empfänger erbrachte Leistung ist. Nach welchen Kriterien ist die Angemessenheit der Gegenleistung nun aber zu bestimmen? Es gibt zwei gegensätzliche Theorien:

Nach der Theorie der Unentgeltlichkeit würde eine fehlende Gegenleistung allein mit dem Merkmal des *„unentgeltlichen Vorteils“* festgestellt. Danach läge die Unentgeltlichkeit nicht nur in dem Überschuss vor, der nicht von einer Gegenleistung gedeckt werden könnte, sondern auch im Fall einer Teilunentgeltlichkeit.[20] Im sogenannten Altöl-Fall hat der EuGH staatliche Zuschüsse an Altöl-abholende oder -beseitigende Unternehmen als *Gegenleistungen* für Verpflichtungen im öffentlichen Interesse qualifiziert. Angesichts der umweltgerechten Entsorgung der Altöle hat der Gerichtshof

---

[17] Oppermann, Rundfunkgebühren, S. 34.
[18] EuGHE Italien/Kommission, Slg. 1974, 709/718 f.; Slg. 1987, 901/923 f., Deufil.
[19] Rodi, Die Subventionsrechtsordnung, S. 155.
[20] v. Wallenberg, in: Grabitz/Hilf (Hrsg.) EU Komm., Art. 92, Rn. 2; Oppermann,

darum den Beihilfecharakter der Zuwendungen verneint.[21] Die Kommission hat diese Auffassung übernommen und immer wieder hervorgehoben, dass eine Beihilfe im Sinne des Art. 87 Abs. 1 EGV dann nicht vorliegt, wenn die in Frage stehenden Zahlungen eine angemessene Vergütung für erbrachte öffentliche Dienstverpflichtungen darstellen.[22] Das gilt vor allem für auferlegte öffentliche Verpflichtungen, welche nur durch die Zuwendungen durchgeführt werden können. Dagegen kann eine Beihilfe erst entstehen, soweit eine Überkompensation durch die Zuwendungen in dem Sinne erfolgt, dass dem Empfänger nach Erfüllung der auferlegten öffentlichen Verpflichtung noch ein Vorteil zukommt, der seine allgemeine Lage verbessert. Dementsprechend spricht die Kommission davon, dass erst Zuwendungen, welche die Erfüllung der öffentlichen Dienstverpflichtung *mehr als ausgleichen* und damit *überkompensieren*, eine Beihilfe darstellen.[23] Daher kann eine Maßnahme dann nicht mehr als Begünstigung angesehen werden, wenn sie lediglich eine geeignete Gegenleistung für Betätigungen des Empfängers darstellt, die wegen der Zuwendungen erbracht werden.

Nach der Theorie der marktrelativen Günstigkeit hingegen könnten nur solche Gegenleistungen den Begünstigungscharakter ausschließen, die *marktgerecht* in dem Sinne seien, dass die Angemessenheit der Gegenleistung finanziell auf dem freien Markt aufgrund von wirtschaftlichen Vergleichsdaten nachrechenbar sei.[24] Mit einem Worte, ist die Begünstigungswirkung einer Maßnahme grundsätzlich unter „*normalen Marktbedingungen*" zu beurteilen.

Rundfunkgebühren, S. 35; Greissinger, Vorgaben des EG-Vertrages, S. 157.

[21] EuGHE 1985, 531/550, Rs. 240/283, „Altöl".

[22] Der 23. Wettbewerbsbericht der Kommission, 1994, Rn. 389 oder Funk-Korrespodenz Nr. 43/28. 10. 1994, S. 9.

[23] Arbeitsunterlage der Generaldirektion IV, 1995, S. 6; siehe Oppermann, Rundfunkgebühren, S. 36.

[24] Oppermann, Rundfunkgebühren, S. 35; Müller-Graff, ZHR 1988, S. 403/418; Selmer/Gersdorf, Die Finanzierung des Rundfunks, S. 25 ff.

Entsprechend werden die Fälle, in denen sich ein etablierter Marktpreis für die angebotene Leistung befindet, einfach bewertet. Wenn dieser bezahlt bzw. vereinnahmt wird, besteht keine Begünstigungswirkung.[25] „Zudem hat der EuGH in dem Urteil „SFEI" die Auffassung vertreten, dass „eine logistische und kommerzielle Unterstützung, die ein öffentliches Unternehmen seinen privatrechtlichen Tochtergesellschaften, die eine dem freien Wettbewerb offenstehende Tätigkeit ausüben, gewährt, eine staatliche Beihilfe (...) darstellen kann, wenn die als Gegenleistung erhaltene Vergütung niedriger als die Vergütung ist, die unter normalen Marktbedingungen gefordert worden wäre."[26] Angesichts des „SFEI" Urteil hat das EuG auch in seinem Urteil „Ufex/Kommission"[27] die gleiche Ansicht ausgesprochen. Danach sei die beihilferechtliche Prüfung nicht ausreichend, wenn die Kommission lediglich daraufhin geprüft habe, ob die Tochtergesellschaft der staatlichen Muttergesellschaft alle dieser zur Erbringung der Leistungen entstandenen Kosten ersetzt hatte, weil die staatliche Muttergesellschaft auf einem anderen Markt eine Monopolstellung innehabe und daher nicht auszuschließen sei, dass sie diese Leistungen aufgrund von Quersubventionen günstiger zur Verfügung stellen könne als ein anderes Unternehmen.[28] Die Marktüblichkeit einer angemessenen Gegenleistung ist allerdings nicht leicht festzustellen. Um dieses Problem zu lösen, haben der EuGH und die Kommission das Prinzip *„private-investor-test"*[29] entwickelt. Dies hat festzustellen, ob ein privates Unternehmen eine solche Kapitalzuweisung ebenso tätigen würde.[30] Wie sich

---

[25] Koenig/Kühling, NJW 2000, S. 1066/1067.
[26] EuGHE 1996, Rs. C-39/94, SFEI u.a., Slg. 1996, I-3547; dazu siehe EWS 1996, S. 355 ff.
[27] EuG 2000, Rs. T-613/97, Ufex u.a./Kommission, Rn. 70-77; Hakenberg/Erlbacher, EWS 2001, S. 208/212.
[28] Hakenberg/Erlbacher, EWS 2001, S. 208/212.
[29] Martin-Ehlers, EWS 1999, S. 244 ff.
[30] EuGHE, Slg. 1999, I-3913 Rn. 22 ff.-DMT; EuG, Slg. 1999, II-17 Rn. 104; Dörr, K&R, 2001, S. 233/235.

ein marktwirtschaftlich handelnder Privatinvestor unter den konkreten Umständen verhalten hätte, ist als Vergleichsmaßstab heranzuziehen. Wenn die Maßnahme unter solchen Umständen erfolgt, die für einen privaten Investor unter Marktbedingungen nicht annehmbar wäre, dann liegt eine Begünstigung vor. Ob die Investition von einem privaten Investor getätigt würde, ist aufgrund des prognostischen Elements, das jeder Investition eigen ist, zu entscheiden.[31] Dabei unterscheiden Kommission[32] und EuGH[33] zwischen einer kurzfristig und einer langfristig orientierten Investition. Das EuG hat damit im Urteil „Neue Maxhütte Stahlwerke GmbH“[34] aufgewiesen, dass nur im Fall einer als langfristig angelegten Beteiligungskonstruktion die Kapital einbringende öffentliche Hand einer privaten Unternehmensgruppe gleichgestellt werde. Demgemäß könnten über kurzfristige Ziele hinaus gleichermaßen globale und sektorale strukturpolitische Intentionen überlegt werden, so dass längerfristige Rentabilitätsaussichten bei der Überprüfung der Angemessenheit der Gegenleistung einbezogen werden könnten.[35]

cc) Die Rundfunkgebühr als angemessene Gegenleistung für die Erfüllung der Grundversorgungsaufgabe

aaa) Die Einwände im Schrifttum

Die Vertreter der privaten Rundfunkveranstalter berufen sich immer auf die Theorie der marktrelativen Günstigkeit und argumentieren, dass die

[31] Koenig/Kühling, NJW 2000, S. 1066/1067.
[32] Die Entscheidung der Kommission 95/422/EGKS, Neue Maxhütte Stahlwerke GmbH, vom 4.4. 1995, ABlEG 1995 Nr. L 253, S. 22/25 f.
[33] EuGHE, Slg. 1991, I-1433/1459 f. - ENL-Lanerossi ; Slg. 1991, I-1603/1625 f.- Alfa Romeo.
[34] EuG, ZIP 1999, 153/161 ff.
[35] Koenig/Kühling, NJW 2000, S. 1066/1067; Martin-Ehlers, EWS 1999, S. 244/246.

Verbesserung der Kostenlage oder die fehlende Gegenleistung oder Unentgeltlichkeit nicht geeignete Überprüfungskriterien seien, um eine Begünstigung festzulegen.[36] Die beihilferechtlich relevante Begünstigung würde nur auf dem Wege einer marktbezogenen Bewertung bestimmt. Es müsste sich um eine Begünstigung handeln, der keine marktgerechte Gegenleistung des Begünstigten korrespondiere. Hoheitliche Maßnahmen seien auch dann als begünstigend im Sinne des Art. 87 Abs. 1 EGV zu qualifizieren, wenn ihre vorteilsvermittelnden Effekte für den Nutznießer zum Maßnahmezeitpunkt am Markt nicht oder nur zu ungünstigeren Konditionen erlangbar gewesen wären.[37] Darüber hinaus würde die Begünstigung unabhängig von der Art der Maßnahme und ihrer verfolgten politischen Zielsetzungen nur nach ihrer Wirkung beurteilt. Für die Beurteilung des Begünstigungscharakters einer Beihilfe sei die Intention für ihre Gewährung unbedeutend.[38]

Der deutsche öffentlich-rechtliche und private Rundfunk stünden in einem Konkurrenzverhältnis um die Gunst der Zuschauer. Die Zuwendung der Rundfunkgebühren als Zuführung der finanziellen Mittel stelle eine Vorteils-gewährung für die öffentlich-rechtlichen Rundfunkveranstalter dar. Die Gebührenfinanzierung gewährleiste ein umfassendes und ausgewogenes Leistungsangebot, das nach dem Marktgesetz keinen Bestand haben könnte.[39] Nach mancher Argumentationen würde die Verpflichtung der Rundfunkanstalten zur Grundversorgung der Bevölkerung zwar als Gegenleistung qualifiziert, jedoch sei entscheidend für Art. 87 Abs. 1 EGV

---

[36] Selmer/Gersdorf, Die Finanzierung des Rundfunks, S. 25 ff; Greissinger, Vorgaben des EG-Vertrags, S. 161 ff.

[37] Selmer/Gersdorf, Die Finanzierung des Rundfunks, S. 25 ff.

[38] Bleckmann, Öffentlich-rechtliche Spartenprogramme, S. 116; Koenig/Kühling/Ritter, EG-Beihilfenrecht, S. 42.

[39] Selmer/Gersdorf, Die Finanzierung des Rundfunks, S. 26.

nicht die Gegenleistung als solche, sondern ihr nichtmarktgerechter Wesenszug. Eine begünstigende Wirkung sei offenbar bei den die Gebühren empfangenden Rundfunkanstalten.[40] Diese Ansicht werde ebenfalls von der Entscheidung vom 24. Februar 1999 über die Finanzierung der öffentlich-rechtlichen Spartenkanäle „Kinderkanal" und „Phoenix" von der Kommission bestätigt. Die Kommission würdigt den Programmauftrag des öffentlich-rechtlichen Rundfunks nur aufgrund der Ausnahmeregelung des Art. 86 Abs. 2 EGV.[41]

Ferner führen die Rundfunkgebührenkritiker an, dass bei der Auslegung des Gemeinschaftsrechts nicht das nationale Recht entscheidend ist, vielmehr sollen europaweit einheitliche Maßstäbe benutzt werden.[42] Der EuGH habe auch mehrmals betont, dass die nationale Ausgestaltung der Leistungsverteilung irrelevant sei, und die Beihilfevorschriften seien auch dann anwendbar, wenn es sich um eine mittelbare Begünstigung handle.[43] Das dem EGV beigefügte Protokoll über den öffentlich-rechtlichen Rundfunk erstrecke sich zwar auf die Problematik der Finanzierung des öffentlich-rechtlichen Rundfunks, es habe aber keinen eigenständigen Regelungsgehalt, sondern sei als Auslegungsregel der betroffenen vertraglichen Bestimmungen anzusehen. Die Finanzierungsbefugnis der Mitgliedstaaten würde damit nicht von den Schranken des EGV befreit. Ansonsten käme den Mitgliedstaaten die Möglichkeit zu, einem Unternehmen beliebige öffentliche Verpflichtungen aufzutragen, um dann dafür einen Nachteilsausgleich als Gegenleistung gewährleisten zu können. Damit könnten

---

[40] Selmer/Gersdorf, Die Finanzierung des Rundfunks, S. 26; Bleckmann, Öffentlich-rechtliche Spartenprogramme, S. 116.
[41] Die Pressemitteilung der Kommission IP/99/132; Frey, ZUM 1999, S. 528/533.
[42] Greissinger, Vorgaben des EG-Vertrags, S. 165.
[43] EuGHE 1985, Rs. 290/83, Kommission/Frankreich, Slg. 1985, 439/449; 1988, Rs. 67, 68 und 70/85, Van der Kooy/Kommission, Slg. 1988, 219/272; 1988, Rs. 57/86, Griechenland/ Kommission, Slg. 1988, 2855/2872.

die Mitgliedstaaten ihre Notifizierungspflicht gemäß Art. 88 Abs. 3 EGV unterlaufen und infolgedessen die Beihilferegeln umgehen.[44] Der zweite Teil der Protokollerklärung stelle auch klar, dass die Festlegung des öffentlich-rechtlichen Auftrags nicht die Handels- und Wettbewerbsbedingungen in einem Ausmaß beeinträchtigen dürfe, das dem gemeinsamen Interesse zuwiderlaufe. Daher sei eine Interessenabwägung zwischen dem Wettbewerbschutz nach dem Gemeinschaftsrecht und den Zielen der mitgliedstaatlichen Regelung nötig. Es sei unmöglich, eine derartige Interessenabwägung im Tatbestand objektiv zu bestimmen. Deswegen komme der Kommission ein Prüfungsrecht zu, welches zu einer Interessenabwägung im Rahmen einer Rechtfertigung oder Ausnahmeregelung führe. Deswegen müsste es sich bei Überprüfung der Rundfunkgebühren um eine tatbestandliche Beihilfe im Sinne des Europäischen Rechts handeln. Die Rundfunkgebühren könnten nicht automatisch als Gegenleistung für die Erbringung des öffentlich-rechtlichen Auftrags angesehen werden.[45]

bbb) Der Entgeltcharakter der Rundfunkgebühren

Die obige Argumentation ist aber zweifelhaft. Obwohl eine staatliche Maßnahme als Begünstigung angesehen wird, wenn das Unternehmen eine Leistung ohne angemessene Gegenleistung erlangt, kann die Frage des Gleichgewichts zwischen Leistung und Gegenleistung nicht lediglich aufgrund der wirtschaftlichen Vergleichsdaten, die sich nur wegen der vorhanden Strukturen des freien Marktes ergeben, beantwortet werden. Nach Auffassung des EuGH können auch die Verpflichtungen zur Erfüllung von im öffentlichen Interesse liegenden Aufgaben in die Beurteilung des Beihilfecharakters

[44] Engel, Europarechtliche Grenzen, S. 22; vgl. auch Bartosch, EuZW 1999, S. 176/177.
[45] Greissinger, Vorgaben des EG-Vertrags, S. 163 f.

einbezogen werden.[46] Die Rundfunkgebühr ist, wie in Teil I dargelegt, als Abgabe *sui generis* mit beitragsartigen Elementen auf die Funktionen des öffentlich-rechtlichen Rundfunks, vor allem auf die Erfüllung der Grundversorgungsaufgabe, ausgerichtet.[47] Sie ist als das Entgelt für die Dienstleistung im Sinne des Art. 50 EGV anzusehen, welche der öffentliche Rundfunk als öffentliche Dienstleistung dem Empfänger erbringt.[48] Das BVerfG hat den öffentlich-rechtlichen Rundfunkanstalten eine Bestands- und Entwicklungsgarantie zugesprochen und diese als eine Finanzierungsgarantie ausgelegt. Dementsprechend kommt den Rundfunkanstalten ein Recht zu, die zur Erfüllung ihrer Funktion erforderlichen Mittel zu erhalten.[49] Der Entgeltcharakter der deutschen Rundfunkgebühren zur Finanzierung der Gesamtveranstaltung Rundfunk, vor allem für die Aufgaben des öffentlich-rechtlichen Rundfunks, steht auf diese Weise nach Gemeinschafts- und deutschem Recht außer Frage.[50]

ccc) Die Angemessenheit der Rundfunkgebühren

Im Schrifttum wird ferner die Ansicht vertreten, dass die Rundfunkgebühren in ihrer aktueller Höhe nicht mehr eine adäquate Kompensation für die öffentlichen Dienstleistungen darstellten, sondern den öffentlich-rechtlichen Rundfunkanstalten zu einem überkompensierenden Teil für eine Lastenminderung zur Verfügung gestellt würden. Jedoch ist auch dieses Argument bedenklich. Wie die Ausführungen in Teil I zeigen, dürfen die

---

[46] EuGHE 1985, Rs. 240/83, Procureur de la République/ADBHU, Slg. 1985, 531/550.
[47] Grupp, Grundfragen des Rundfunkgebührenrechts, S. 42; Oppermann/Kilian, Rechtsgrundsätze der Finanzierung , S. 89 f; Hartstein/Ring/Kreile/Dörr/Stettner, RStV Komm. C-0.3 § 12, Rn. 9; Selmer/Gersdorf, DVBl. 1992, 79 ff.; Otten, ZUM 1997, S. 790/793 f.; Dörr, K&R, 2001, S. 233/235.
[48] Oppermann, Rundfunkgebühren, S. 37.
[49] BVerfGE 90, 60/91.
[50] Oppermann, Rundfunkgebühren, S. 37.

Rundfunkgebühren nicht in beliebiger Höhe erhoben werden. Die Höhe des Finanzbedarfs des öffentlich-rechtlichen Rundfunks wird nach § 13 RStV von der unabhängigen Kommission „KEF" so festgesetzt, dass unter Berücksichtigung der Grundsätze von Wirtschaftlichkeit und Sparsamkeit einschließlich der Rationalisierungs- und Kooperationsmöglichkeiten die gesetzlichen Aufgaben des öffentlich-rechtlichen Rundfunks kostendeckend erfüllt werden können. Offensichtlich prüft und ermittelt die KEF den Finanzbedarf unter dem Gesichtspunkt, dass er sich im Rahmen des öffentlichen Rundfunkauftrages hält. Dieses vom BVerfG geforderte Verfahren hat keinen anderen Zweck, als eine angemessene Gebührenhöhe zu bestimmen. Ein überkompensatorischer Effekt wäre bereits danach unzulässig. § 11 RStV beschränkt die Finanzausstattung des öffentlich-rechtlichen Rundfunks daher ausschließlich auf verfassungsmäßige und gesetzliche Aufgaben, insbesondere Grundversorgungsaufgaben, so dass dem deutschen öffentlich-rechtlichen Rundfunk Gebühren nur für *öffentliche Dienstverpflichtungen* zufließen dürfen.[51] Diese Vorschrift schreibt zwar auch für die öffentlich-rechtlichen Rundfunkanstalten eine Bestands- und Entwicklungsgarantie vor, die zugleich als eine Finanzgarantie ausgelegt ist, aber es setzt voraus, dass diese zur Erfüllung ihrer Funktion *erforderlich* ist. Dabei ist der Kompensationsgedanke maßgeblich. Außerdem sind die Rundfunkgebühren nach § 12 RStV die vorrangige Finanzierungsquelle; die vollständige Finanzausstattung des öffentlich-rechtlichen Rundfunks besteht aber nicht nur aus Gebühren, sondern auch aus anderen zusätzlichen Finanzierungsarten, vor allem aus Werbeeinnahmen. Diese Bestimmung steht im Einklang mit den Vorgaben der Rechtsprechung des BVerfG. Das Verfassungsgericht hat immer wieder die Rundfunkgebühr direktiv mit der Erfüllung der Grundversorgungsaufgabe des öffentlich-rechtlichen Rundfunks verknüpft. Die Rundfunkanstalten müssen

[51] Oppermann, Rundfunkgebühren, S. 37.

demnach die ihnen übertragenen besonderen Aufgaben, ihre „essentiellen Funktionen" zur Sicherung der Meinungsvielfalt und die Gewährleistung der Grundversorgung, wirklich erfüllen. Hieraus ergibt sich offensichtlich auch eine Grenze gegenüber einem *überkompensierenden* Charakter der Rundfunkgebühren.

Im Schrifttum wird auch die Ansicht vertreten, dass die Rundfunkgebühren gelegentlich einen *überkompensierenden* Charakter angenommen hätten, weil im Sinne der Markttheorien massenattraktive Unterhaltungssendungen nicht zum öffentlichen Rundfunkauftrag gehören und dafür aufgewendete Gebühren nicht mehr den Charakter eines angemessenen Entgelts für eine öffentliche Rundfunkleistung besitzen können.[52] Dieser Standpunkt beruht auf einer zu engen Sicht des öffentlichen Rundfunkauftrags nach deutschem Verfassungs- und Rechtsverständnis. Das BVerfG hat mehrmals klargestellt, dass die Rundfunkgebühr keine Gegenleistung für einzelne, bestimmte Sendungen, sondern für die Gesamtveranstaltung sei.[53] Die Programminhalte der Grundversorgungsaufgabe umfassen nicht nur meinungsvielfältige Information und künstlerische Veranstaltungen, sondern auch unterhaltende Elemente.[54] Daher ist es mit der deutschen Verfassungs- und Gesetzeslage unvereinbar, wenn das Unterhaltungsprogramm aus der Grundversorgungsaufgabe des öffentlich-rechtlichen Rundfunks ausgeschlossen würde.

dd) Eigene Ansicht

Im Ergebnis ist festgelegt, dass die deutsche Rundfunkgebühren keine Begünstigungen der Rundfunkanstalten im Sinne von Art. 87 Abs. 1 EGV sind.

---

[52] Selmer/Gersdorf, Die Finanzierung des Rundfunks, S. 24 ff.
[53] BVerfGE 31, 314/330; Eberle, AfP 1995, S. 559 ff.

Diese Gebühren sind nur ein angemessenes Entgelt für die öffentlichen Rundfunkaufträge, welche die Anstalten den Rundfunkteilnehmern anbieten. Deswegen fehlt bei den deutschen Rundfunkgebühren an einem wesentlichen Element des Beihilfebegriffs im Sinne von Art. 87 Abs. 1 EGV.

b) Freiwilligkeit der Rundfunkgebühren

Neben der Begünstigung wird das Merkmal der Freiwilligkeit nach einem Teil der Literatur ebenfalls als Überprüfungskriterium staatlicher Beihilfen herangezogen. Dementsprechend müsste die Begünstigung *freiwillige* Eigenschaft enthalten.[55] Dieses Merkmal lässt sich nicht ausdrücklich im Wortlaut des Art. 87 Abs. 1 EGV feststellen. In der Literatur wird die Gegenauffassung vertreten, dass diesem Merkmal keine eigenständige Bedeutung im Rahmen des Art. 87 Abs. 1 EGV zukomme.[56] Jedoch wird es von der Rechtsprechung des EuGH angenommen.[57] Er geht davon aus, dass die staatlichen Stellen grundsätzlich über eine Dispositionsbefugnis verfügen, ob sie die Beihilfe begründen und gewähren wollen oder nicht. Im Fall der Unfreiwilligkeit liegt grundsätzlich keine Beihilfe vor. [58] Die Freiwilligkeit ist eng mit der Angemessenheit der Gegenleistung verbunden, da eine Gegenleistung auch aufgrund einer staatlichen Rechtspflicht hervorgerufen werden kann.[59] Daher wird dieses Merkmal im Schrifttum teilweise unter der Terminologie der „Einseitigkeit" erörtert.[60]

---

[54] Oppermann, Rundfunkgebühren, S. 39.

[55] Oppermann, Rundfunkgebühren, S. 43; Müller-Graff, ZHR 1988, S. 403/423; Selmer/Gersdorf, Die Finanzierung des Rundfunks, S. 28; Engel, Europarechtliche Grenzen, S. 27; Greissinger, Vorgaben des EG-Vertrags, S. 158, 172.

[56] Damm, Gebührenprivileg und Beihilferecht, S. 85 f.

[57] EuGHE Rs. 106-120/87, Asteris/Griechenland u. EWG, Slg. 1988, 5515, Rn. 23.

[58] Bär-Bouyssière, in: Schwarze (Hrsg.), EU Komm., Art. 87 EGV, Rn. 27.

[59] Greissinger, Vorgaben des EG-Vertrags, S. 158.

[60] Wenig, in: Groeben/Thiesing/Ehlermann (Hrsg.), EU-/EGV Komm., Bd. II, Art. 87,

Die Unterstützer des privaten Rundfunks bejahen den Beihilfecharakter der Rundfunkgebühren ebenfalls mit der Begründung, dass die Gewährung der Rundfunkgebühren auf einer freiwilligen Entscheidung der öffentlichen Hand beruhe. Die Wettbewerbsvorschriften des EGV schützen den Wettbewerb innerhalb des Binnenmarktes vor Verfälschungen. Dieser Zweck könne nur dadurch verwirklicht werden, dass eine Beurteilung der Rechtslage nach gemeinschaftlichen Maßstäben einheitlich, ohne Rücksicht auf nationale Kriterien erfolge. Ansonsten könnten die Mitgliedstaaten durch gezielte Ausgestaltung des nationalen Rechts die Beihilferegeln umgehen. Aus diesem Grund kann nicht allein das nationale Recht als Überprüfungsmaßstab der Beihilfe angewendet werden. Nach gemeinschaftlichen Vorschriften bestünde aber keine Bestimmung, die den Mitgliedstaaten vorschreibe, den öffentlich-rechtlichen Rundfunk in einer bestimmten Art und Weise zu finanzieren. Die Finanzierungsform und -höhe würden von Mitgliedstaaten selbst freiwillig entschieden. Daher erfolgt die Gewährung der Rundfunkgebühren auf freiwilliger Grundlage.[61]

Die obige Argumentation ist zweifelhaft. Die Bestimmung des Art. 87 Abs.1 EGV setzt voraus, dass die Beihilfe von staatlicher Seite freiwillig gewährt worden ist. Nach Art. 5 GG, der von Art. 10 EMRK i.V.m Art. 6 Abs. 2 EUV gemeinschaftsrechtlich bestätigt worden ist, ist die Unabhängigkeit des öffentlich-rechtlichen Rundfunks vom Einfluss des Staates ein relevantes Element der deutschen Rundfunkordnung. Das BVerfG hat auch die besondere Bedeutung der Rundfunkfreiheit für die plurale Demokratie mehrfach betont. Der Bestand eines öffentlich-rechtlichen Rundfunks sei um einer meinungsvielfältigen Grundversorgung willen, aber auch als

Rn. 5; Greissinger, Vorgaben des EG-Vertrags, S. 158.

[61] Engel, Europarechtliche Grenzen, S. 22; Bartosch, EuZW 1999, S. 176/177;

Bestandsvoraussetzung der privaten Rundfunkveranstalter in Deutschland verfassungsmäßig geboten. Im Rundfunkgebühr-Urteil vom 22.02.1994 hat das Verfassungsgericht erklärt, dass auch und gerade die Art der Finanzierung des öffentlich-rechtlichen Rundfunks ihn wirksam vor politischer Einflussnahme auf das Programm mittels Entscheidungen über die Finanzausstattung schützen müsse. Im Hinblick darauf bedarf es eines funktionsgerechten Finanzierungssystems, das seine Unabhängigkeit gegenüber dem Staat gewährleiste. Dementsprechend stellt die Gebührenfinanzierung die geeignetste Finanzierungsart für den öffentlich-rechtlichen Rundfunk dar. Wie in Teil I dargelegt, werden die Rundfunkgebühren im Hinblick auf den Grundsatz der *Staatsfreiheit* erhoben, und ihre Höhe wird dem Finanzbedarf des öffentlich-rechtlichen Rundfunks angepasst, der in einem staatsfernen Verfahren durch die unabhängige Kommission (KEF) fachlich kontrolliert wird. Damit hat der Gesetzgeber im Prinzip keine Freiheit in der Frage des *Ob und Wie* der öffentlichen Rundfunkfinanzierung.[62] Der Finanzbedarf der Rundfunkanstalten wird sich dadurch innerhalb der Grundversorgungsaufgabe halten. Es fehlt damit an einer Freiheit der staatlichen Disposition bei der Begründung und Gewährung der Finanzierungsquelle. Aus diesem Grunde ist die Freiwilligkeit der Rundfunkgebühren zu verneinen.[63]

c) Der Streit über die staatliche Zurechenbarkeit der Rundfunkgebühren

Weiterhin muss die Frage erörtert werden, ob die deutschen Rundfunkgebühren „staatlich oder aus staatlichen Mitteln" gewährte Beihilfen sind, weil die staatliche Zurechenbarkeit neben der Begünstigung ein

---

Greissinger, Vorgaben des EG-Vertrags, S. 171f.

62 Oppermann, Rundfunkgebühren, S. 44.

63 BVerfGE 90, 60/90; Oppermann/Kilian, Rechtsgrundsätze der Finanzierung, S. 105 ff.; Oppermann, Rundfunkgebühren, S. 43 f.

wesentliches Element des Beihilfebegriffs ist. Durch dieses Tatbestandsmerkmal der staatlichen Zurechenbarkeit werden nicht nur die Beihilfen der Mitgliedstaaten selbst ergriffen, sondern auch Beihilfen, die vom Staat beauftragte öffentliche oder private Einrichtungen bzw. Gebietskörperschaften gewähren.[64] Nach Auffassung des EuGH dient dieser Unterschied dazu, in den Beihilfebegriff die unmittelbar vom Staat selbst gewährten Vorteile sowie diejenigen, die über eine vom Staat benannte oder errichtete öffentliche bzw. private Einrichtung gewährt werden, einzuschließen.[65] Damit würde die Gefahr verhindert, dass die Mitgliedstaaten durch andere Unterstützungsmodelle die Anwendung des Art. 87 Abs. 1 EGV umgehen könnten.[66] Demgemäß hat der EuGH in den Fällen, in denen die Mitgliedstaaten Fonds errichtet hatten, die nach nationalen Regelungen parafiskalische Abgaben erheben durften und diese zur Unterstützung bestimmter Unternehmen oder Produktionszweige angewendet hatten, jeweils die Vergabe dieser Mittel als Beihilfe qualifiziert.[67] Im Fall der deutschen Rundfunkgebühren wird die Rechtslage als sehr kompliziert beurteilt. Die Gebührenerhebung gehört in die Regelungskompetenz der Länder, die nach den Leitsätzen der europäischen Kommission als staatliche Stellen wie der Bund anzusehen sind. Daher ist die Zurechenbarkeit der Rundfunkgebühren in der Literatur ausgenommen worden. Im Folgenden werden die beiden konträren Meinungen ausgeführt.

---

[64] Koenig/Kühling, NJW 2000, S. 1065/1067; Oppermann, Europarecht, S. 432, Rn. 1112.
[65] EuGHE, Slg. 1998, I-2629/2641- Viscido m. w.; Nowak, EuZW 2001, S. 293/294.
[66] Koenig/Kühling, NJW 2000, S. 1065/1068.
[67] EuGHE, Rs. C-173/73, Italien/Kommission, Slg. 1974, 709/719 f. Rn. 33/35;

aa) Die These: Die Rundfunkgebühr als aus staatlichen Mitteln gewährte Beihilfe

Zunächst wird die Ansicht vorgebracht, dass die deutsche Gebührenfinanzierung eine aus staatlichen Mitteln, nämlich im Wege parafiskalischer Umverteilung gewährte staatliche Beihilfe sei.[68] Nach ständiger Rechtsprechung des EuGH könnten die auf Grundlage einer staatlichen Regelung erhobenen parafiskalischen Abgaben, die der Unterstützung bestimmter Industriezweige dienten,[69] oder Finanzmittel, die nicht vom Staat auf seinen verschiedenen Ebenen gewährt würden, sondern die auf Zwangsbeiträgen oder zweckgebundenen Abgaben sonstiger öffentlicher Einrichtungen beruhten, wobei der Verteilungsprozess staatlich reglementiert sei,[70] als aus staatlichen Mitteln gewährte Beihilfen qualifiziert werden. Dementsprechend fordert der Gerichtshof nicht, dass die Begünstigung unmittelbar aus Mitteln des Staatshaushalts erfolgt. Entscheidend ist auch nicht, dass die Mittel zum Vermögen des Staates oder dem Vermögen Privater gehören. Vielmehr spielt die staatliche Einflussmöglichkeit dabei eine relevante Rolle. Wenn der Staat die Anwendung und die Vergabe der Mittel in bedeutendem Maße beeinflussen kann, sind diese Mittel auch ihm zuzurechnen.[71]

Von *Selmer/Gersdorf* wird die Auffassung vertreten, dass eine staatliche Beihilfe bestehe, wenn die zu verteilenden Finanzmittel nicht freiwillig erbracht werde, sondern auf Zwangsbeiträgen oder anderen zweckgebundenen

---

Koenig/Kühling/Ritter, EG-Beihilfenrecht, S. 72.

68 Selmer/Gersdorf, Die Finanzierung des Rundfunks, S. 25 ff.; 91 f.

69 EuGHE, Slg. 1987, 4393/4418 - Frankreich/Kommission.

70 EuGHE 1982, 3583 ff., Rs. 213-215/81; 1987, 4013 ff., Rs. 248/84.

71 Mederer, in: Groeben/Thiesing/Ehlermann (Hrsg.), EU-/EGV Komm., Art. 92, Rn. 15; Koenig/Kühling, NJW 2000, S. 1065/1068.

Abgaben beruhe. Die der Erhebung parafiskalischer Abgaben zugrundeliegende Ermächtigungsnorm begründe die beihilferechtlich wichtige staatliche Zurechenbarkeit. Die parafiskalische Umverteilung über Ausgleichs- und Unterstützungskassen sei der Umverteilung über den Haushalt gleichgesetzt. Nach diesem Kriterium seien die deutschen Rundfunkgebühren offenbar eine aus „staatlichen Mitteln" gewährte Beihilfe, weil sie als Zwangsbeitrag, die nach Bestimmung des § 12 Abs. 2 RFStV unabhängig von der tatsächlichen Nutzung der öffentlich-rechtlichen Rundfunkprogramme gezahlt wird, durch staatsorganisatorische Maßnahmen erhoben würde. Diese Gebührenfinanzierung basiere also nicht auf freiwilligen Leistungen, sondern erfolge durch gesetzlich gestaltete, zwangsweise Heranziehung der Rundfunkempfänger. [72] Das bislang durch die Parlamente der einzelnen Länder ermächtigte Erhebungsverfahren ändere nichts an dem staatlich veranlaßten Zwangscharakter der Rundfunkgebühren.[73]

Auch *Degenhart* gibt eine ähnliche Stellungnahme ab. Er hat mit der Entscheidung des EuGH argumentiert, dass eine Beihilfe „aus staatlichen Mitteln" auch anzunehmen sei, wenn die Abgaben durch Private aufgebracht würden, nämlich, wenn der Private staatlich verpflichtet würde, die Mittel zu entrichten.[74] Obwohl die deutsche Gebührenfinanzierung nicht unmittelbar aus dem Staatshaushalt stammt, sondern durch die Gebühreneinzugszentrale (GEZ) von Rundfunkteilnehmern eingezogen und an die Rundfunkanstalten umverteilt wird, ist aber nicht auszuschließen, dass es sich um eine aus staatlichen Mitteln gewährte Beihilfe handle. Die Staatlichkeit sollte nach dem

---

[72] Selmer/Gersdorf, Die Finanzierung des Rundfunks, S. 30 f.
[73] Selmer/Gersdorf, Die Finanzierung des Rundfunks, S. 32.
[74] Degenhart, ZUM 2001, S. 357/370; EuGHE 1977, 595/612 f.; Otten, ZUM 1997, S. 790/796.

Sinn und *Zweck* der Leistung weit ausgelegt werden. [75] Die Verfahrensgestaltung sei daher nicht erheblich angesichts der Zielsetzung des Art. 87 EGV, die staatliche Zurechenbarkeit der Finanzmittel festzulegen.[76] Zwar ist das Erhebungsverfahren der Rundfunkgebühren *staatsfern* ausgestaltet, das verändere aber nichts an ihrer hoheitlichen, beitragsähnlichen Eigenschaft. Die rechtliche Stellung der für die Verwaltung der Beihilfe zuständigen Behörde oder Einrichtung spiele bei der Überprüfung einer staatlichen Vorteilsgewährung keine Rolle.[77]

Darüber hinaus hat *Frey* ebenfalls nach der Entscheidung der Kommission vom 24.2.1999 zu den Spartenkanälen „Phoenix/Kinderkanal" argumentiert, dass die Gebührenfinanzierung des öffentlich-rechtlichen Rundfunks als staatliche Beihilfe im Sinne des Art. 87 Abs. 1 EGV anzunehmen sei. Mit den Rundfunkgebühren seien ARD und ZDF, die die Spartenprogramme gemeinsam senden, gegenüber ihren privaten Konkurrenten begünstigt. Bei dieser Entscheidung habe die Kommission den „Marktpreis" als Prüfungskriterium angewandt, so dass alle interessierten Unternehmen die Chance haben sollten, die Höhe der Gegenleistung zu geben, die sie für die im Auftrag des Mitgliedstaats zu erbringende Dienstleistung fordern würden, und dass das mit der Dienstleistung betraute Unternehmen nach objektiven, angemessenen Kriterien ausgewählt werden müsste. Im Fall der deutschen Rundfunkordnung bestünde aber kein solches öffentliches, nicht-diskriminierendes und objektives Verfahren. Der im öffentlichen Interesse liegende Auftrag sei nicht durch ein solches Verfahren vergeben worden, bei dem ein Marktpreis für die Erfüllung der Aufgaben und Auflagen

---

[75] Otten, ZUM 1997, S. 790/796.
[76] Otten, ZUM 1997, S. 790/796.
[77] Degenhart, ZUM 2001, S. 357/370.

festgelegt würde.[78] Damit werde deutlich, dass die deutsche Rundfunkgebühr eine staatlich veranlasste Beihilfe im Sinne des Art. 87 Abs. 1 EGV darstelle. Ihre Zulässigkeit könne nur durch eine umfassende Überprüfung gemäß dem Art. 86 Abs. 2 EGV entschieden werden. [79]

Schließlich hat *Greissinger* auch dahingehend Stellung bezogen. Die gesamte Systematik der deutschen Gebührenfinanzierung des öffentlich-rechtlich Rundfunks sei aus europäischer Perspektive zu betrachten und aufgrund der Ansicht des EuGH zu beurteilen. [80] Bei den öffentlich-rechtlichen Rundfunkanstalten handle es sich nicht um private Einrichtungen; ihre Ausgestaltung oder Existenz beruhe zumindest auf der Entscheidung des Gesetzgebers. Dadurch seien sie der staatlichen Seite auf jeden Fall „in gewisser Weise" zurechenbar. Obwohl die Rundfunkgebühren nicht von einer staatlichen Stelle erhoben, sondern von der GEZ eingezogen und verwaltet würden, könnte die GEZ ohne die gesetzliche Ermächtigung von Ländern aber gar nicht tätig werden. Die Gebührenfestsetzung fände damit zwar in einem staatsfernen, aber nicht in einem staatenlosen Verfahren statt. Der EuGH hat darauf hingewiesen, dass die nationale Ausgestaltung der Leistungsverteilung unerheblich sei, und die Beihilfevorschriften auch dann anzuwenden seien, wenn es sich um eine mittelbare Begünstigung handle. Die Auswirkung der Rundfunkgebühren, sei es aus den Staatshaushalt oder über Zwangsbeiträge aus der privaten Kasse, seien gleich. [81] Das Protokoll über den öffentlich-rechtlichen Rundfunk entscheide nur allgemein über die Finanzierungsbefugnis der Mitgliedstaaten. Es handle sich aber nicht darum, ob die Rundfunkanstalten unmittelbar aus dem Staatshaushalt oder aus anderen

---

[78] Die Pressemitteilung der Kommission, Rapid - IP/99/132.
[79] Frey, ZUM 1999, S. 528/533.
[80] Greissinger, Vorgaben des EG-Vertrags, S. 189.
[81] Greissinger, Vorgaben des EG-Vertrags, S. 179 ff.

besonderen Abgaben wie der deutschen Rundfunkgebühr finanziert würden. Die Finanzierungsart würde dabei nicht näher definiert. Daraus könnten keine anderweitigen Schlüsse für die staatliche Zurechnung gezogen werden.[82] Zusammengefaßt könne festgehalten werden, dass die Rundfunkgebühr den Charakter einer staatlichen Zurechenbarkeit aufweise.

bb) Die Gegenthese: Die Rundfunkgebühr nicht staatlich zurechenbar

Gegen diese Ansicht werden viele unterschiedliche Argumentationen angeführt. Zunächst geht *Oppermann* darauf ein, dass die Rundfunkgebühr weder eine unmittelbare Leistung des staatlichen Haushalts an die Rundfunkanstalten (staatliche Beihilfen) sei, noch eine solche, auf mittelbarem Wege über die Einschaltung einer öffentlichen oder privaten Einrichtung an die Rundfunkanstalten zugeflossene Mittel (also eine aus staatlichen Mitteln gewährte Beihilfe). Die Rundfunkgebühren seien eine Bürgerabgabe, bei der das Geld direkt vom Rundfunkteilnehmer zur Verfügung gestellt werde.[83] Ferner argumentierte er mit der staatsfernen Eigenschaft des Erhebungsverfahren der Rundfunkgebühren. Nach Ansicht des BVerfG müsste der öffentlich-rechtliche Rundfunk durch das verfassungsrechtliche Gebot der Staatsfreiheit verfasst werden. Die Finanzierung der Rundfunkanstalten sei damit auch *staatsfern* ausgestaltet. Die Höhe des Finanzbedarfs der Rundfunkanstalten werde durch eine weisungsfreie Kommission, der KEF, geprüft und ermittelt. Die Rundfunkgebühren würden zugleich durch die staatsferne GEZ eingezogen. Dabei mangele es an einer Freiheit der staatlichen Disposition bei der Erhebung dieser Gebühren.[84] Aufgrund dieses Sachverhalts wird einer nur am Rande staatlicher Einflussnahme

[82] Greissinger, Vorgaben des EG-Vertrags, S. 188 f.
[83] Oppermann, Rundfunkgebühren, S. 46.

unterliegenden Gebührenfestsetzung die von Art. 87 Abs. 1 EGV geforderte staatliche Zurechenbarkeit der Mittelerhebung abgesprochen.[85]

Dörr verneint, ausgehend von den Spezifika der österreichischen Rundfunkordnung und des deutschen staatsfernen Gebührenfestsetzungsverfahren, die staatliche Zurechenbarkeit der Rundfunkgebühren.[86] Er ging davon aus, dass der EuGH zwar eine Beihilfe aus staatlichen Mitteln bejaht habe, wenn die Abgaben durch Private zwangsweise aufgebracht werden müssten, aber es sei noch unklar, ob eine staatliche Zurechnung entfalle, soweit die Höhe der Rundfunkgebühren von einer weisungsfreien Kommission festgesetzt werde. Darüber habe der EuGH noch nicht entschieden. Nach Ansicht von *Dörr* ist der staatliche Einfluss auf die Vergabe der Mittel das entscheidende Prüfungskriterium für diese Frage. Die Festsetzungsverfahren der deutschen Rundfunkgebühren nach § 13 RStV und §§ 1-7 RFinStV knüpfe an dem von den Rundfunkanstalten angemeldeten und im Einzelnen dargelegten Finanzbedarf an. Die Höhe dieses Finanzbedarfs werde anschließend von der unabhängigen Kommission, KEF, überprüft. Auf dieser Grundlage gestalte die Kommission einen konkreten Gebührenvorschlag für die jeweilige vierjährige Gebührenperiode. An diesen Vorschlag seien die Länder nach Vorgaben des BVerfG grundsätzlich gebunden. Sie dürften allein in begründeten Ausnahmefällen, vor allem angesichts einer unangemessenen Belastung der Rundfunkteilnehmer, abweichen. Unter diesen Umständen habe

[84] BVerfGE 90, 60 ff.; Oppermann, Rundfunkgebühren, S. 44 ff.

[85] Oppermann, Rundfunkgebühren, S. 46, dazu siehe auch Eberle, AfP 1993, S. 422 ff. und Hoffmann-Riem, Öffentliches Wirtschaftsrecht, in: Schmidt (Hrsg.), Öffentliches Wirtschaftsrecht, Besonderer Teil 1, 1995, S. 601 f., Damm, Gebührenprivileg und Beihilferecht, S. 112.

[86] Dörr/Cloß, ZUM 1996, S. 105/115 ff.; Dörr, K&R 2001, S. 233/235 ff.

der Staat keinen Einfluss auf die Höhe der Gebühren. Daraus folge, dass die Rundfunkgebühr nicht aus „staatlichen Mitteln" gewährt werde.[87]

Anschließend haben *Koenig/Kühling* gestützt auf das jüngsten Urteil des EuGH im Fall PreussenElektra die staatliche Zurechenbarkeit der deutschen Rundfunkgebühren ebenfalls verneint. In diesem Fall hat der EuGH darauf hingewiesen, dass „die in dieser Bestimmung (d.h. Art. 87 Abs. 1 EGV) vorgenommene Unterscheidung zwischen staatlichen und aus staatlichen Mitteln gewährten Beihilfe nämlich nicht bedeutet, dass alle von einem Staat gewährten Vorteile unabhängig davon Beihilfen darstellen, ob sie aus staatlichen Mitteln finanziert werden, sondern dient nur dazu, in den Beihilfebegriff die unmittelbar vom Staat gewährten Vorteile sowie diejenigen, die über eine vom Staat benannte oder errichtete öffentliche oder private Einrichtung gewährt werden, einzubeziehen." „Der Umstand, dass die Abnahmepflicht auf einem Gesetz beruht und bestimmten Unternehmen unbestreitbare Vorteile gewährt, kann damit der Regelung nicht den Charakter einer staatlichen Beihilfe im Sinne von Art. 92 Abs. 1 EGV (jetzt Art. 87 EGV) verleihen."[88] Im Hinblick auf diese Ansicht argumentierten *Koenig/Kühling* ferner, dass der EuGH offensichtlich die vermittelnde Auffassung abgelehnt hätte, dass allein die staatliche Steuerung des Mittelflusses durch gesetzliche Bestimmungen zur Bejahung der staatlichen Zurechenbarkeit der Mittel genüge, ohne dass diese zuerst in einen öffentlichen Haushalt gelangt sein müssten. Die von der Kommission in den Fälle „Phoenix/Kinderkanal" und „BBC News 24" vertretene Ansicht, nach der nur die auf Rundfunkstaatsverträge beruhende Gebührenpflicht und die zwangsweise Heranziehung der Rundfunkteilnehmer bereits die Qualifikation der

---

[87] Dörr/Cloß, ZUM 1996, S. 105/116; Dörr, K&R 2001, S. 233/234 f.

[88] EuGHE, Rs. C-378/98, PreussenElektra, Rn. 58, 61, in: The European Legal Forum

Rundfunkgebühren als staatliche Mittel bedingten, werde durch das Urteil zurückgewiesen.[89] Demgemäß spiele die Quelle für die Begünstigung aus staatlichen Mitteln keine Rolle. Entscheidend sei nur, dass sie aus einem öffentlichen Haushalt kämen. Hierbei umfasse der Begriff des öffentlichen Haushalts nicht nur den Haushalt des Staates und der gliedstaatlichen Gebietskörperschaften, sondern auch die Haushalte staatlich eingesetzter öffentlicher oder privater Einrichtungen.[90] Daher vertraten *Koenig/Kühling* die Ansicht, dass die Mittel zur Rundfunkfinanzierung die als Sonderlast in Form der Rundfunkgebühr von Privaten eingezogen würden, nicht allein deshalb als staatliche Mittel zu qualifizieren seien. Hierbei sei es erforderlich, dass die Mittel Teil eines öffentlichen Haushalts würden oder werden sollten. Nach ihrer Auffassung würde weder ein staatlicher Haushalt noch der einer zwischengeschalteten, staatlich eingesetzten Einrichtung bei der Einziehung der Rundfunkgebühren belastet. Die GEZ sei gemäß § 2 der Verwaltungsvereinbarung „Gebühreneinzugszentrale" nur als gemeinsames Rechenzentrum und dabei als Bestandteil der Rundfunkanstalten tätig. Sie sei keine eigenständige Einrichtung. Überdies sei die KEF zwar ein unabhängiges Sachverständigengremium, sie ermittele sie aber lediglich die Höhe der Rundfunkgebühren anhand des jeweiligen Finanzbedarfs der Rundfunkanstalten. Mit der Verwaltung der Mittel sei sie nicht betraut. Deshalb komme sie nicht als diejenige vom Staat kontrollierte Einrichtung in Betracht, die Geldmittel verwalte und deren Haushalt belaste. Die Rundfunkgebühren seien unmittelbar von den Gebührenverpflichtigten in die Haushalte der Rundfunkanstalten geflossen, ohne dass diese Mittel in einen Haushalt gelangten oder gelangen müssten und somit einer hoheitlichen Kontrolle unterlägen. Folglich sei festzustellen, dass keine Belastung des

---

2000, S. 322.

[89] Koenig/Kühling, ZUM 2001, S. 537/542.

Haushaltes einer staatlich eingesetzten Einrichtung erfolge und damit das Merkmal der staatlichen Zurechenbarkeit ausscheide. [91]

Schließlich hat sich *Eberle* gegen die staatliche Zurechenbarkeit der Rundfunkgebühren ausgesprochen. Hinsichtlich des Tatbestandsmerkmals „aus staatlichen Mitteln" kritisierte er ebenfalls unter Berufung auf die PreussenElektra-Entscheidung des EuGH[92] die überweite Begriffsauslegung der Kommission. Es handele sich bei der Rundfunkgebühr nach den von dem EuGH aufgestellten Maßstäben nicht um staatliche Mittel. Die Rundfunkgebühr sei aus diesem Grund keine Beihilfe und entzöge sich dementsprechend der Anwendung der beihilferechtlichen Bestimmung des EGV.[93] Wenn die Rundfunkgebühren als unzulässige Beihilfe anzusehen seien, müssten wohl die Bundesländer in Deutschland alle notwendigen Maßnahmen ergreifen, um die Beihilfe von dem Empfänger, also allen Rundfunkanstalten, zurückzufordern. Das würde zu kuriosen Folgen führen. Obwohl die Länder gar keine finanziellen Leistungen erbracht hätten, müsste die Rückzahlung aber an diese erfolgen. Wenn das Geld an die Gebührenzahler zurückfließen müsse, die beihilfeswidrig Leistungen erbracht hätten, wäre dieser aber in den Genuss von Dienstleistungen von allgemeinem wirtschaftlichen Interesse gekommen. Unter diesem Gesichtspunkt sei klargestellt, dass das beihilferechtliche System nur auf staatliche Leistungen, nicht aber auf von Privaten aufgebrachte Mittel zugeschnitten sei.[94] *Eberle* argumentiert weiter, dass die Kommission zwar noch nicht entschieden habe, ob sie die Auffassung des EuGH in der PreussenElektra-Entscheidung auf die deutsche

---

[90] Koenig/Kühling, ZUM 2001, S. 537/543.
[91] Koenig/Kühling, ZUM 2001, S. 537/544 ff.
[92] EuGHE vom 13. 03. 2001, Rs. C-379/98, PreussenElektra, Rn. 58 ff; dazu siehe EuZW 2001, S. 242 ff.
[93] Eberle, AfP 2001, S. 477/480.
[94] Eberle, AfP 2001, S. 477/480.

Gebührenfinanzierung des öffentlich-rechtlichen Rundfunks anwenden werde, jedoch habe die Kommission am 17.10.2001 der Mitteilung über die Anwendung der Vorschriften über staatliche Beihilfen auf den öffentlich-rechtlichen Rundfunk nicht entgegenstanden. Sie stelle ausdrücklich einen Unterschied zwischen der Finanzierung aus dem Staatshaushalt und der Finanzierung „über eine vom Eigentümer des Fernsehgeräts zu entrichtende Gebühren" dar. [95] Daher sei festzuhalten, dass die deutschen Rundfunkgebühren nicht aus staatlichen Mitteln finanziert würden.

cc) Stellungnahme

Meiner Ansicht nach ist die deutsche Rundfunkgebühr nicht staatlich zurechenbar. Zunächst ist die Rundfunkgebühr, wie oben ausgeführt, weder eine unmittelbare noch eine mittelbare Leistung aus dem Staatshaushalt. Außerdem wird das Festsetzungsverfahren der Rundfunkgebühren im Deutschland nach dem verfassungsrechtlichen Gebot der Staatsfreiheit ausgestaltet. Die KEF ermittelt nur die Höhe der Gebühren aufgrund des jeweiligen Finanzbedarfs der Rundfunkanstalten, mit der Verwaltung der Mittel ist dieses Sachverständigengremium nicht betraut. Zudem ist die Gebühreneinzugszentrale nur ein gemeinsames Rechenzentrum und als Bestandteil der Rundfunkanstalten tätig. Sie ist keine eigenständige Einrichtung. Dadurch wird die Einflußnahme vom Staat bei der Entrichtung der Rundfunkgebühren möglichst ausgeschlossen.

Im Schrifttum stellt die Gegenauffassung darauf ab, dass das mitgliedstaatliche Recht bei der Auslegung des Europäischen Rechts keine relevante Rolle spiele, es müssten europaweit einheitliche Maßstäbe angewandt werden. Das

---

[95] Eberle, AfP 2001, S. 477/480., dazu siehe auch Bartosch, NVwZ 2001, S. 643/644 f.

Staatsfernegebot könne daher in der europäischen Dimension keine Beachtung finden.[96] Jedoch ist diese Ansicht mit dem europäischen Beihilferecht unvereinbar. In dem Protokoll über den öffentlich-rechtlichen Rundfunk in den Mitgliedstaaten[97] wurde klargestellt, dass die Bestimmungen dieses Vertrags nicht die Befugnis der Mitgliedstaaten berühren, den öffentlich-rechtlichen Rundfunk unter bestimmten Voraussetzungen zu finanzieren. Daraus folgt eindeutig, dass das nationale Recht als ein entscheidender Maßstab für die Beurteilung der Frage, ob die Rundfunkgebühr dem Staat zugerechnet werden kann, beachtet werden soll. Darüber hinaus hat der EuGH im oben erwähnten Urteil PreussenElektra eine enge Auslegung des Tatbestandsmerkmal der staatlichen Zurechenbarkeit ausgesprochen, nach der nur Maßnahmen in den Anwendungsbereich des Art. 87 Abs. 1 EGV fielen, die zu einer aktuellen oder potenziellen Mittelbelastung öffentlicher Haushalte führten.[98] Damit wird jeglicher durch staatliche Regulierung im weitesten Sinne erlangte geldwerte Vorteil von dem Tatbestandsmerkmal „staatlich oder aus staatlichen Mitteln" ausgenommen.[99] Aus diesem Grunde bleibt festzuhalten, dass es bei den deutschen Rundfunkgebühren an der staatlichen Zurechenbarkeit fehlt.

d) Öffentlich-rechtliche Rundfunkanstalten als Unternehmen

Der Beihilfenbegriff des Art. 87 Abs. 1 EGV verlangt desweiteren, dass Empfänger einer Beihilfe *bestimmte Unternehmen oder Produktionszweige* sein müssen. Die Rundfunkanstalt stellt offensichtlich nicht einen Produktionszweig dar, weil dieser begriff sich auf einen umfassenden

---

96 Greissinger, Vorgaben des EG-Vertrags, S. 165, 189.
97 Hartstein/Ring/Kreile/Dörr/Stettner, RStV Komm. B 5 § 12, Rn. 52.
98 EuGHE vom 13. 03. 2001, Rs. C-379/98, PreussenElektra, Rn. 58 ff; dazu siehe EuZW 2001, S. 242 ff.
99 Koenig/Kühling/Ritter, EG-Beihilfenrecht, S. 74 f.

Wirtschaftszweig erstreckt.[100] Hierbei besteht nur die Frage, ob die öffentlich-rechtlichen Rundfunkanstalten als Unternehmen im Sinne der europäischen Wettbewerbsvorschriften gelten.

aa) Stellungnahme des EuGH

Nach Auffassung des EuGH ist der Begriff der „Unternehmen“ im Sinne des Art. 87 Abs. 1 EGV parallel zu Art. Art. 81 Abs. 1 EGV als eine einheitliche, einem selbstständigen Rechtssubjekt zugeordnete Zusammenfassung personeller, materieller und immaterieller Faktoren zu verstehen, die auf Dauer wirtschaftlich tätig werde.[101] Auf eine Gewinnerzielungsabsicht kommt es, wie die Kommission festgelegt hat, grundsätzlich nicht an, sofern eine Tätigkeit ausgeübt wird, für die es einen *Markt* gibt, in dem mehrere Teilnehmer zueinander in einem Wettbewerbsverhältnis stehen.[102]

Seit dem Urteil in der Rechtssache Sacchi sowie in ständiger Rechtsprechung hat der EuGH die Rundfunkanstalten als öffentliche Unternehmen im Sinne des Art. 87 Abs. 1 EGV qualifiziert, soweit die Erfüllung ihrer Aufgaben Tätigkeiten wirtschaftlicher Art mit sich bringt.[103] Die Tätigkeiten der öffentlich-rechtlichen Rundfunkanstalten erschöpfen sich nicht nur in der Wahrnehmung ihrer öffentlichen Aufgaben, sondern auch in der wirtschaftlichen Betätigung. Der öffentlich-rechtliche Rundfunk ist zwar nicht mit Gewinnerzielungsabsicht tätig, steht aber auch auf den

---

[100] Oppermann, Rundfunkgebühren, S. 50; Greissinger, Vorgaben des EG-Vertrags, S. 173 f.

[101] EuGHE, Slg. 1991, 1979/2016-Höfner und Elser, Slg. 1993, I-637/669-Poucet und Pistre, Slg. 1994, I-43/61-SAT Fluggesellschaft. Dazu siehe auch Koenig/Kühling, NJW 2000, S. 1065/1068.

[102] Die Entscheidung der Kommission 98/353/EG vom 16. 9. 1997, ABlEG 1998, Nr. L 159, S. 58/62.

[103] EuGHE, Rs. 155/73, Slg. 1974, 409/430- Sacchi.

Programmbeschaffungs- und Programmverwertungsmärkten als Nachfrager und Anbieter im Wettbewerb mit den privaten Veranstaltern.[104] Daher besteht kein Zweifel, dass der öffentlich-rechtliche Rundfunk unter den Unternehmensbegriff im Sinne des Art. 87 Abs. 1 EGV fällt.

bb) Die Selektivität der Rundfunkgebühren

Es werden nur die Beihilfen grundsätzlich verboten, die sich als Begünstigung bestimmter Unternehmen oder Produktionszweige darstellen. Dieses Bestimmtheit- bzw. Spezialitätskriterium ist das entscheidende Merkmal, um allgemeine Fördermaßnahmen zugunsten der gesamten Wirtschaft aus dem Anwendungsbereich des Beihilfenverbotes auszuschließen. Solche Maßnahmen geben regelmäßig keinen bestimmten Unternehmen oder Branchen den Vorrang. Ob eine Maßnahme dazu gehört, lässt sich nicht nach ihrer Formulierung, sondern aufgrund ihrer tatsächlichen (*selektiven*) Wirkung beurteilen.[105] Beispiele für allgemeine Fördermaßnahmen sind der Ausbau der Infrastruktur, die Schaffung von Berufsausbildung bzw. die Senkung oder Abschaffung der Unternehmenssteuern und Lohnzuschüsse. Wenn die mitgliedstaatliche Regelung nach oder in ihrer tatsächlichen Anwendung nicht alle Unternehmen oder Industriezweige umfasst, die sie grundsätzlich innerhalb des Vorschriftstatbestands erfassen könnte, ist eine Bestimmtheit anzunehmen.[106] In der Rechtssache über das irische Körperschaftsteuersystem hat die Kommission dargelegt, dass sie eine Vorzugsbehandlung des

---

104 Oppermann, Rundfunkgebühren, S. 51; Damm, Gebührenprivileg und Beihilferecht, S. 115 f.; Greissinger, Vorgaben des EG-Vertrags, S. 175.

105 Calliess/Ruffert (Hrsg.), EUV/EGV Komm., Art. 87, Rn. 9; Koenig/Kühling/Ritter, EG-Beihilfenrecht, S. 80.

106 Koenig/Kühling, NJW 2000, S. 1065/1068 f.

verarbeitenden Gewerbes gegenüber Dienstleistungsunternehmen nicht mehr als allgemeine Maßnahme begreift, sondern als *Betriebsbeihilfe* qualifiziert.[107]

Bei der deutschen Rundfunkgebührenregelung ist eine solche Bestimmtheit bzw. Spezialität gegeben, weil die Rundfunkgebühren gemäß § 9 RFinStV nur den in der ARD zusammengeschlossenen Landesrundfunkanstalten, dem ZDF und dem Deutschlandradio zufließen, während die privaten Rundfunkveranstalter aufgrund der Bestimmung des § 43 S. 2 RStV von diesem Aufkommen ausgeschlossen seien. Es ist ein selektives Element deutlich.[108]

e) Wettbewerbsverfälschung durch deutsche Rundfunkgebühren?

Das Beihilfenverbot im Sinne des Art. 87 Abs. 1 EGV betrifft nur solche Begünstigungen, die den Wettbewerb auf dem Markt verfälschen oder zu verfälschen drohen. Maßgeblich ist, ob die Beihilfe tatsächlich oder potenziell in ein bestehendes oder möglicherweise zur Entstehung kommendes Wettbewerbsverhältnis zwischen Unternehmen eingreift und damit den Ablauf der Wettbewerbssituation verändert.[109] Nach Ansicht des EuGH ist es ausreichend, wenn Unternehmen einen wirtschaftlichen Vorteil erhalten, den sie unter marktkonformen Voraussetzungen nicht erhielten und dadurch die Marktbedingungen der Wettbewerber verändert würden.[110] Daher ist es unnötig, dass das Wettbewerbsverhältnis und die Verfälschungswirkung

---

107 Die Entscheidung der Kommission, E 1/98 und E 2/98, ABlEG 1998, Nr. C 395, S. 14/15, 19/20; dazu siehe auch Koenig/Kühling, NJW 2000, S. 1065/1069.

108 Oppermann, Rundfunkgebühren, S. 51; Damm, Gebührenprivileg und Beihilferecht, S. 114.

109 Koenig/Kühling/Ritter, EG-Beihilfenrecht, S. 83.

110 EuGHE, Slg. 1980, 2671/2688, Rs. 730/79, Philip Morris; Koenig/Kühling/Ritter, EG-Beihilfenrecht, S. 83.

tatsächlich vorliegen, vielmehr ist die Möglichkeit in diesen zwei Elementen jeweils ausreichend.[111] Demgemäß wird dieser Tatbestand erfüllt, wenn die Beihilfe die Stellung des Begünstigten oder eines dritten Unternehmens auf einem bestimmten Markt zu Lasten ihrer (potentiellen) Konkurrenten verbessert.[112] Das bedeutet, dass eine Wettbewerbsverfälschung dann vorliegt, wenn die Fördermaßnahme *selektiv* ist.[113] Der EuGH prüft diese Problematik der Wettbewerbsverfälschung zwar regelmäßig in engem Zusammenhang mit dem Merkmal der zwischenstaatlichen Handelsbeeinträchtigung,[114] jedoch sollen die beiden Tatbestände der Übersichtlichkeit halber getrennt voneinander erörtert werden.

aa) Das Wettbewerbsverhältnis auf dem relevanten Markt

Für die Bestimmung einer Wettbewerbsverfälschung kommt es zunächst auf ein Wettbewerbsverhältnis zwischen mehreren Unternehmen auf einem relevanten Markt an.[115] Zur sachlichen und räumlichen Ermittlung dieses Wettbewerbsverhältnis bedarf es allerdings einer Definition des Marktes. Nach Bekanntmachung der Kommission über die Definition des relevanten Marktes im Sinne des Wettbewerbsrechts der Gemeinschaft[116] wird dieser Begriff sachlich und räumlich getrennt voneinander definiert. Danach umfasst der sachlich relevante Produktmarkt sämtliche Erzeugnisse und/oder Dienstleistungen, die von den Verbrauchern hinsichtlich ihrer Eigenschaften, Preise und ihres vorgesehenen Verwendungszwecks als austauschbar oder

---

[111] Koenig/Kühling, NJW 2000, S. 1065/1069.
[112] Calliess/Ruffert (Hrsg.), EUV/EGV Komm., Art. 87, Rn. 12.
[113] Koenig/Kühling, NJW 2000, S. 1065/1069.
[114] EuGHE, 1987, 4393 ff., Rs. 259/85.
[115] Mederer, in: Groeben/Thiesing/Ehlermann (Hrsg.), EU-/EGV Komm., Art. 92 Rn. 32; Oppermann, Rundfunkgebühren, S. 59
[116] ABlEG Nr. C 372 vom 9.12.1997, S. 5.

substituierbar angesehen werden. Dabei ist das Wettbewerbsverhältnis aus der Sicht der Nachfrager zu bestimmen.[117] Außerdem schließt der räumlich relevante Markt das Gebiet ein, in dem die beteiligten Unternehmen die relevanten Produkte oder Dienstleistungen anbieten, in dem die Wettbewerbsbedingungen hinreichend homogen sind und das sich von benachbarten Gebieten durch spürbar unterschiedliche Wettbewerbsbedingungen unterscheidet. Demgemäß ist es nicht notwendig, dass das Wettbewerbsverhältnis und damit die Verfälschungswirkung der Maßnahme einen wesentlichen Teil des Gemeinsamen Marktes betrifft. Ausreichend ist nur, dass die Wettbewerbsverfälschung entweder zwischen den Marktteilnehmern eines Mitgliedstaates oder zu den Wettbewerbern in anderen Mitgliedstaaten eintritt oder einzutreten droht.[118] Nach Stellungnahme der Kommission würde der für die Überprüfung einer Wettbewerbsfrage maßgebliche Markt durch eine Kombination des sachlich und des räumlich relevanten Marktes bestimmt. Es besteht kein Zweifel daran, dass der Rundfunk als Dienstleistung im Sinne des Art. 50 Abs. 1 EGV anzusehen ist. Ebenso ist anerkannt, dass zwischen dem öffentlich-rechtlichen und dem privaten Rundfunk in Deutschland ein heftiges Wettbewerbsverhältnis besteht. Im Folgenden wird dieses Wettbewerbsverhältnis grundsätzlich in Bezug auf drei relevante Märkte diskutiert.

aaa) Der Programm-Markt

Zunächst ist der Programm-Markt zu untersuchen. Bei dem Programm-Markt ist zwischen dem öffentlich-rechtlichen und dem privaten Rundfunk innerhalb Deutschlands ein publizistisches und in gewisser Weise auch wirtschaftlich

---

117 Koenig/Kühling/Ritter, EG-Beihilfenrecht, S. 84.
118 Mederer, in: Groeben/Thiesing/Ehlermann (Hrsg.), EU-/EGV Komm., Art. 92 Rn. 32.

relevantes Wettbewerbsverhältnis vorhanden.[119] Früher hat die Monopolkommission im deutschen Kartellrecht ein Wettbewerbsverhältnis zwischen beiderlei Rundfunk auf dem Programm-Markt verneint, weil dem privaten Rundfunk in Deutschland die Teilnahme an der Aufteilung der Rundfunkgebühren nach § 43 RStV verwehrt wird.[120] Ein sachlich relevanter Markt, bei dem es ein Wettbewerbsverhältnis um Rundfunkgebühren gibt, schließt sich danach allerdings aus. Das bedeutet jedoch nicht, dass die Programmtätigkeit der Rundfunkanstalten keine wettbewerbliche Relevanz enthält. Im Hinblick auf den publizistischen Wettbewerb bemühen sich beide Rundfunksender, eine hohe Zuschaueranzahl, auch im Bereich der massenattraktiven Unterhaltungsprogramme, anzuziehen. Ein Unterschied liegt darin, dass die privaten Rundfunkbetreiber dadurch einen wirtschaftliche Zweck verfolgen, die öffentlich-rechtlichen Rundfunkanstalten vielmehr den verfassungsrechtlichen Auftrag erfüllen.[121] Jedoch kann sich der öffentlich-rechtliche Rundfunk in begrenztem Ausmaß mit Werbeeinnahmen finanzieren. Der Programmsmarkt steht immer in engem Zusammenhang mit dem Werbemarkt. Je attraktiver das Programmangebot, desto höher ist die Einschaltquote, und desto mehr Werbeeinkünfte können eingenommen werden. In ökonomischer Hinsicht besteht ein Konkurrenzverhältnis zwischen dem zur gleichen Zeit ausgestrahlten, mit Werbung unterstützten Programm des öffentlich-rechtlichen und des privaten Rundfunks. Daher stellt der Programm-Markt einen relevanten Markt im Sinne des Art. 87 Abs. 1 EGV dar.[122]

---

[119] Oppermann, Rundfunkgebühren, S. 59.

[120] Monopolkommission, Sechstes Hauptgutachten, Tz. 584; Selmer/Gerdorf, Die Finanzierung des Rundfunks, S. 45 f; Greissinger, Vorgaben des EG-Vertrags, S. 192.

[121] Hoffmann-Riem, Regulierung der dualen Rundfunkordnung, S. 278 f.

[122] Greissinger, Vorgaben des EG-Vertrags, S. 192.

bbb) Der Werbemarkt

Darüber hinaus wird der Werbesektor als relevanter Markt angesehen. Der Wettbewerb auf dem Werbemarkt spielt sich im Prinzip zwischen dem deutschen öffentlich-rechtlichen Rundfunk und den in Deutschland tätigen privaten Sendern ab. Innergemeinschaftlich ist das Wettbewerbsverhältnis geringer.[123] Weil die öffentlich-rechtlichen Rundfunkanstalten den strengen Werbebeschränkungen aufgrund der Erfüllung der im Rundfunkstaatsvertrag vorgegebenen öffentlichen Aufgaben unterliegen, ist nur ein Teil des Werbemarktes beiderseits eröffnet. Das Wettbewerbsverhältnis auf diesem Markt ist *hinkend*.[124] Somit kann ein relevanter Markt nur dann bestehen, wenn die Werbung angesichts der Sendezeiten und der Programme rechtlich zulässig ist.

ccc) Der Programmbeschaffungs- und -verwertungsmarkt

Schließlich existieren ebenfalls Konkurrenzbeziehungen in den Bereichen des Programmbeschaffungsmarktes und des Programmverwertungsmarktes. Auf dem Programmbeschaffungsmarkt besteht ein ähnliches Konkurrenzverhältnis wie das auf dem Programm-Markt zwischen öffentlich-rechtlichem und privatem Rundfunk. Die öffentlich-rechtlichen Rundfunkanstalten sind ebenfalls Nachfrager einer Vielzahl von Zulieferleistungen, die für Produktion und Veranstaltung der Programme erforderlich sind. Dazu gehören der Ankauf von Senderechten, technischen Anlagen und die Einstellung des redaktionellen oder technischen Personals. Diese Parameter sind entscheidend für Qualität und Attraktivtät der verbreiteten Programme. In diesem Bereich besteht ein

[123] Oppermann, Rundfunkgebühren, S. 61.
[124] Oppermann, Rundfunkgebühren, S. 60.

wirtschaftlich relevantes Wettbewerbsverhältnis zwischen öffentlichem und privatem Rundfunk.[125]

Außerdem existiert eine Konkurrenzbeziehung von öffentlich-rechtlichen und privaten Rundfunk auf dem Gebiet der Programmverwertung. Die von Rundfunkanbietern hergestellten oder erworbenen Programme können als Vermögenswerte bewertet werden. Dann stehen sich die öffentlich-rechtlichen und privaten Rundfunksender als Wettbewerber gegenüber, teilweise auch innerhalb des jeweiligen Systems.[126]

bb) Die Spürbarkeit der Verfälschung

Bei der Würdigung der Wettbewerbsfrage im deutschen Rundfunkbereich kommt es ferner auf den Begriff der Verfälschung an. Unter diesem Begriff ist jede dem Staat zurechenbare Maßnahme zu verstehen, die die Marktbedingungen für die Konkurrenten verändert. Im Prinzip wird die Marktposition der begünstigten Unternehmen durch die Beihilfe verbessert. Im Hinblick auf das zusätzliche Merkmal der Selektivität liegt eine relevante Beihilfe dann nicht vor, wenn alle in Konkurrenz stehende Unternehmen an der begünstigenden Maßnahme teilnehmen können.[127] Die Kommission hat früher die Ansicht vertreten, dass jede staatliche Beihilfe *per se* eine wettbewerbsverfälschende Wirkung enthält. Dieser Auffassung wird aber von dem EuGH in seiner Rechtsprechung verneint. [128] Daher hat die Kommission

---

[125] Selmer/Gerdorf, Die Finanzierung des Rundfunks, S. 47.

[126] Grundmann, Die öffentlich-rechtlichen Rundfunkanstalten im Wettbewerb, 1990, S.116 ff.; Selmer/Gerdorf, Die Finanzierung des Rundfunks, S. 48.

[127] Mederer, in: Groeben/Thiesing/Ehlermann (Hrsg.), EU-/EGV Komm., Art. 92 Rn. 33.

[128] EuGHE Rs. 296/82 und 318/82, Leeuwarder Papierwarenfabriek BV, Slg, 1985, 809/824, Rn. 12.

in ihren Beihilfenentscheidungen stets zu erläutern, inwieweit die Maßnahme *tatsächlich* die Konkurrenzlage beeinträchtigt oder dazu geeignet ist.[129]

Noch unklar ist, ob eine *bestimmte Intensität* der Wettbewerbsverfälschung im Rahmen der Prüfung des Art. 87 Abs. 1 EGV verlangt wird, wie die in Entscheidung des EuGH bei Würdigung des Art. 81 EGV angesichts der Spürbarkeit der Wettbewerbsbeschränkung gefordert ist. Nach überwiegender Auffassung ist dies bei Betrachtung der funktionalen Unterschiede zwischen beiden Bestimmungen nicht nötig. Das Beihilfenverbot des Art. 87 Abs. 1 EGV betrifft im Gegensatz zu Art. 87 EGV nur mitgliedstaatliche wettbewerbverfälschende Maßnahmen, an welche in der Regel strengere Maßstäbe als an Private anzulegen sind.[130] Die Absätze 2 und 3 des Art. 87 EGV umfassen zugleich weitreichende Ausnahmen, nach denen jede Wettbewerbsverfälschung unabhängig vom Grad ihrer Spürbarkeit relevant ist. Unter Berücksichtigung dessen ist festzuhalten, dass die Spürbarkeit einer Wettbewerbsverfälschung davon unabhängig ist, ob tatsächlich ein spürbares Ergebnis eintritt, sondern es ist ausreichend, dass eine solche eventuell auftritt.[131] Über die Frage der Spürbarkeit hat der EuGH noch keine endgültige Entscheidung getroffen. Die Kommission hat hingegen im Jahr 2001 mit der Verordnung für De-minimis-Beihilfen einen Schwellenwert festgelegt. Diese Verordnung gilt für Beihilfen an Unternehmen in allen Wirtschaftsbereichen. Danach besteht keine Spürbarkeit einer Wettbewerbverfälschung, wenn die Beihilfen einen Gesamtbetrag von 100 000 Euro innerhalb von drei Jahren nicht übersteigen.[132]

---

[129] Mederer, in: Groeben/Thiesing/Ehlermann (Hrsg.), EU-/EGV Komm., Art. 92 Rn. 33.

[130] Mederer, in: Groeben/Thiesing/Ehlermann (Hrsg.), EU-/EGV Komm., Art. 92 Rn. 35; Koenig/Kühling/Ritter, EG-Beihilfenrecht, S. 84.

[131] Mederer, in: Groeben/Thiesing/Ehlermann (Hrsg.), EU-/EGV, Art. 92 Rn. 35.

cc) Wettbewerbsverfälschung durch deutsche Rundfunkgebühren

Nach dieser Ausführung bleibt die Frage zu stellen, ob die deutschen Rundfunkgebühren eine Beihilfe darstellen, die das Wettbewerbsverhältnis der Rundfunkanstalten mit den privaten Veranstaltern verfälschen oder zu verfälschen drohen. Im Schrifttum wird teilweise die Auffassung vertreten, die deutsche Gebührenfinanzierung der Rundfunkanstalten führe zu einer solchen Verfälschungswirkung des Wettbewerbs, weil die Rundfunkgebühren als eine künstliche Beeinträchtigung verstanden werden, die die Bedingungen des Rundfunkmarktes wegen dieser finanziellen Zuwendung zugunsten der Rundfunkanstalten und zu Lasten privater Veranstalter gestalten.[133] Dadurch erlangten die deutschen öffentlich-rechtlichen Rundfunkanstalten einen *unverdienten* Kostenvorteil, der die Position bestimmter Unternehmen gegenüber ihren Mitbewerbern verstärkt.[134] Wenn die Rundfunkgebühren außerhalb der Anwendung des Art. 87 Abs. 1 EGV stünden, würde es zu einer vollständigen Freistellung der Rundfunkgebühren von den Bestimmungen des EG-Vertrags führen.[135] Dieser Auffassung kann jedoch angesichts der folgenden Begründung nicht zugestimmt werden.

aaa) Die Rundfunkanstalten als Teil der Daseinsvorsorge

In der Literatur findet sich die Meinung, dass eine solche künstliche Beeinträchtigung bzw. ein unverdienter Kostenvorteil nicht bereits in der

---

132 ABlEG 2001 L 10/30 vom 13.1.2001.

133 Selmer/Gerdorf, Die Finanzierung des Rundfunks, S. 49; Damm, Gebührenprivileg und Beihilferecht, S. 124; Greissinger, Vorgaben des EG-Vertrags, S. 195 f.; Bleckmann, Öffentlich-rechtliche Spartenprogramme, S. 119; Rawlinson, in: Lenz (Hrsg.), EGV Komm., Art. 92 Rn. 10.

134 EuGHE 1990 T-959 ff. - Rs. C 142/87; Rawlinson, in: Lenz (Hrsg.), EGV Komm., Art. 92 Rn. 10.

135 Greissinger, Vorgaben des EG-Vertrags, S. 198.

finanziellen Zuwendung öffentlicher Mittel als solche erblickt werden könne. Es bedürfe sorgfältiger Überprüfung, ob die betreffende finanzielle Maßnahme wirklich zu einer unverdienten Beeinträchtigung der Wettbewerbssituation bestimmter Marktteilnehmer führt.[136] Im Hinblick auf die Erfüllung der Grundversorgungsaufgabe, die dem werbefinanzierten privaten Rundfunk nicht zukommt, würden die deutschen öffentlich-rechtlichen Rundfunkanstalten in ihrer Konkurrenzfähigkeit im Verhältnis zum privaten Rundfunk benachteiligt.[137] Nach Auffassung des BVerfG war der Aufbau von privatem Rundfunk in Deutschland verfassungsrechtlich nur dann möglich, wenn die öffentlich-rechtlichen Rundfunkanstalten die Erfüllung des vom Grundgesetz her gebotenen öffentlichen Rundfunkauftrags gewährleisteten.[138] Die verfassungsrechtliche Legitimation und Existenzberechtigung des privaten Rundfunks hängt vom Vorhandensein des öffentlich-rechtlichen Rundfunks ab, der die mediale Daseinsvorsorge der Bevölkerung dauerhaft garantiert. Die Rundfunkgebühren stellen nur eine angemessene Gegenleistung für die Leistung der öffentlichen Rundfunkaufgaben dar. Dadurch könnten die Rundfunkanstalten ihre Marktposition nicht stärken, vielmehr müssten die meisten Anstalten tatsächlich wegen der gesetzlichen Beschränkung der Gebührenhöhe mit Haushaltsdefiziten kämpfen.[139]

Diese Argumentation wird auch in der Praxis vom EuGH anerkannt. In dem sogenannten Altöl-Urteil hatte der Gerichtshof über die Zulässigkeit der finanziellen Zuschüssen, die den Unternehmen für Abholung und Beseitigung von Altöl zur Verfügung gestellt wurden, zu befinden. Er entschied, dass diese Leistung auf jeden Fall nur als Preis oder Gegenleistung für die von den

---

[136] Oppermann, Rundfunkgebühren, S. 64.
[137] Oppermann, Rundfunkgebühren, S. 65.
[138] BVerfGE 73, 118/157.
[139] Oppermann, Rundfunkgebühren, S. 67.

Unternehmen aus Gründen des Umweltschutzes erforderlichen Leistungen verstanden werden dürfte. Damit könnten dieartige Zuschüssen nicht als Beihilfe im Sinne des Art. 87 ff. EGV qualifiziert.[140] Weiterhin hat der EuGH in dem Ferring SA/ACOSS-Urteil[141] eine ähnliche Ansicht gezeigt, dass „die bei den Pharmaherstellern erhobene Direktverkaufsabgabe den tatsächlich den Großhändlern für die Erfüllung ihrer gemeinwirtschaftlichen Pflichten entstandenen zusätzlichen Kosten entspricht, die Tatsache, dass die Großhändler dieser Abgabe nicht unterliegen, als Gegenleistung für die erbrachten Leistungen und somit als Maßnahme betrachtet werden, die keine staatliche Beihilfe im Sinne von Art. 92 (jetzt Art. 87) des Vertrages darstellt."[142] Dementsprechend ist die staatliche finanzielle Zuwendung nicht als Beihilfe im Sinne des Art. 87 Abs. 1 EGV anzusehen, wenn die Unternehmen dadurch nur in die Lage versetzt werden, ihre vom Gesetzgeber auferlegten öffentlichen Aufgaben zu erfüllen. Die Gebührenfinanzierung der deutschen Rundfunkanstalten entspricht gerade diesem Fall. Aus diesem Grund ist es nicht möglich, dass eine Wettbewerbsverfälschung im Rundfunk-Markt durch die deutschen Rundfunkgebühren entsteht.

bbb) Die Rundfunkgebühren als nachteilsausgleichende Maßnahmen

Darüber hinaus sollen die Rundfunkgebühren in dem hinkenden Wettbewerb zwischen den Rundfunksendern als nachteilsausgleichende Maßnahmen angesehen werden. Wie im ersten Teil mehrfach dargestellt, werden die Rundfunktätigkeiten der öffentlich-rechtlichen Rundfunkanstalten aufgrund der ihnen obliegenden Grundversorgungsaufgabe gesetzlich streng beschränkt.

---

140 EuGHE, Rs. 240/83, ADBHU, Slg. 1985, 538/543, 546 ff. Holznagel/Vestig, Sparten- und Zielgruppenprogramme, S. 89.

141 EuGHE vom 22. 11. 2001, Rs. C-53/00, EWS 2001, S. 583 ff.

142 EuGHE vom 22. 11. 2001, Rs. C-53/00, EWS 2001, S. 583/586.

Um derartige Nachteile auszugleichen, verlangt das BVerfG vom Gesetzgeber, eine funktionsgerechte Finanzierung für den öffentlich-rechtlichen Rundfunk zu schaffen, die die Rundfunkanstalten in die Lage setzt, die ihnen zukommende Funktion, insbesondere die Grundversorgungsaufgabe im dualen System zu erfüllen. Die dem öffentlich-rechtlichen Rundfunk gemäße Art der Finanzierung ist die Gebührenfinanzierung.[143] Zwar hat das Verfassungsgericht ebenfalls die Bestands- und Entwicklungsgarantie für den öffentlich-rechtlichen Rundfunk entwickelt, die inzwischen in § 11 RStV verankert ist, die Rundfunkgebühr muss jedoch im Hinblick auf das Sozialstaatsprinzip der Verfassung für den Bürger in begrenzter Höhe zumutbar bleiben.[144] Auf dieser Grundlage stellt die deutsche Rundfunkgebühr ihrem Wesen nach nur das angemessene Entgelt für die Leistung der den Anstalten obliegenden öffentlichen Rundfunkdienste sowie für sonstige öffentliche Rundfunkaufgaben dar.[145] Ein ähnliche Stellungnahme hat auch das Gericht erster Instanz festgestellt. In der Rechtssache T-106/95 hat das Gericht die Frage geprüft, ob die Steuervorteile, die der französischen Post für die Versorgung ländlicher Gebiete zukamen, mit den Bestimmungen des europäischen Beihilferechtes vereinbar seien. In diesem Fall hat die Kommission bereits das Vorliegen staatlicher Beihilfen verneint. Das EuG stellte zugleich fest, dass solche Steuervorteile dann nicht von Art. 87 Abs. 1 EGV verboten würden, wenn diese staatliche Zahlung nur „die Mehrkosten ausgleichen soll, die dem mit einer Dienstleistung von allgemeinem wirtschaftlichen Interesse betrauten Unternehmen durch die Erfüllung der ihm übertragenen besonderen Aufgaben entstehen," und wenn die Gewährleistung der öffentlichen Aufgaben erforderlich sei, „um diesem Unternehmen die Erfüllung seiner Verpflichtungen als öffentlicher Dienstleistungserbringer

---

[143] BVerfGE 73, 118/158; 83, 238/297; 87, 181/199; 90, 60/90.
[144] BVerfGE 90, 60/102 f.

unter wirtschaftlich tragbaren Bedingungen zu ermöglichen."[146] Aus diesem Grund kann von einer Verfälschung des Wettbewerb durch die Rundfunkgebühren nicht gesprochen werden.

ccc) Einwände im Schrifttum

Gegen diese Annahme, die deutschen Rundfunkgebühren seien nicht wettbewerbsverfälschend, sind im Schrifttum verschiedene Einwände erhoben worden. Es wird davon ausgegangen, dass die Rundfunkgebühren als wettbewerbsverfälschende Beihilfe im Sinne des Art. 87 Abs. 1 EGV zu qualifizieren seien, da sie geeignet seien, die Wettbewerbsposition der Rundfunkanstalten zu verstärken,[147] sowie dass der wettbewerbsverfälschende Charakter der Rundfunkgebühren nicht dadurch zu verneinen seien, dass private Rundfunkveranstalter nicht den Werbeeinschränkungen des § 15 Abs. 1 RStV unterlägen. Ferner argumentiert die Gegenansicht damit, dass sich Art. 87 EGV im Gegensatz zu Art. 81 EGV auf jede Wettbewerbsverfälschung beziehe und daher dieser Begriff weiter ausgelegt werden solle. Zudem gebe es in den Absätzen 2 und 3 des Art. 87 EGV enge und enumerative Ausnahmeregelungen, bei denen mitgliedstaatliche Besonderheiten berücksichtigt werden können. Die Verfälschungswirkung der Rundfunkgebühren könne nicht allein aufgrund der Erfüllung der nationalen öffentlichen Aufgabe ausgeschlossen werden. Deshalb führten die Rundfunkgebühren zu einer künstlichen Beeinflussung der Wettbewerbsbedingungen und dadurch zu einer Wettbewerbsverfälschung zugunsten der öffentlich-rechtlichen Rundfunkanstalten.

---

145 Oppermann, Rundfunkgebühren, S. 66f.

146 EuG, Slg. II-1997, 229; dazu auch vgl. Holznagel/Vestig, Sparten- und Zielgruppenprogramme, S. 89.

147 Selmer/Gerdorf, Die Finanzierung des Rundfunks, S. 49; Damm, Gebührenprivileg und

Offensichtlich können diese Einwände aus folgenden Gründen nicht überzeugen. Zunächst besteht zweifellos keine ausdrückliche Rundfunkkompetenz für die Gemeinschaft. Es ist die Befugnis der Mitgliedstaaten, die Ausgestaltung und den Auftragsumfang der öffentlichen Rundfunkanstalten sowie die entsprechende Finanzierung zu bestimmen. Dies ist bereits durch das Amsterdamer Protokoll über die Rundfunkfinanzierung bestätigt worden. Darauf wird im nächsten Abschnitt weiter eingegangen. Überdies muss man berücksichtigen, dass die private Rundfunkanstalten wegen der mit der Gebührenbestimmung untrennbar verbundenen gesetzlichen Werbebeschränkungen der öffentlichen Rundfunkanstalten tatsächlich begünstigt sind. In einer Langzeitstudie über die Trends in der Nutzung und Bewertung der Medien von 1970 bis 2000 ergab sich, dass es zwar durchschnittlich 38 frei empfangbare Programme auf dem deutschen Programm-Markt gibt, jedoch entfallen ungefähr drei Viertel der Fernsehnutzung (73 %) in der Regel auf sechs Programmangebote: ARD, ZDF, die Dritten Programme der ARD, RTL, SAT.1 und ProSieben.[148] Bei der Statistik über den Fernsehwerbemarkt 2000 ergab sich, dass die privaten Rundfunksender größere Werbemarktanteile besetzen. Dabei hatte der Marktführer RTL Werbeeinnahmen in Höhe von 2,632 Mrd. DM bezogen, ProSieben erwarb 1,726 Mrd. DM und SAT.1 profitierte von 1,921 Mrd. DM. Gleichzeitig hatten ARD 377 Mio. DM Werbeeinkünfte, und das ZDF 349,7 Mio. DM. Diese Statistiken beweisen, dass die Gebührenfinanzierung keine Wettbewerbsverzerrung zugunsten des öffentlich-rechtlichen Rundfunks auf dem Programm- oder Werbemarkt bewirkt. Auf dem Programmbeschaffungsmarkt, vor allem dem Sportrechte-Markt oder dem Markt für Spielfilme sind die Rundfunkanstalten kaum mehr wettbewerbsfähig.

Beihilferecht, S. 123 ff.; Greissinger, Vorgaben des EG-Vertrags, S. 198.

[148] v. Eimeren/Ridder, MP 2001, S. 538/544.

Insgesamt besteht kein Zweifel, dass es keine Wettbewerbsverfälschung durch die Rundfunkgebühr gibt.

f) Beeinträchtigung des Handels zwischen den Mitgliedstaaten

aa) Die zwischenstaatliche Wirkung der Wettbewerbsverfälschung

Das letzte Merkmal des Art. 87 Abs. 1 EGV besagt, dass die wettbewerbsverfälschenden Beihilfen den Handel zwischen den Mitgliedstaaten beeinträchtigen müssen. Das Beihilfenverbot im Sinne des Art. 87 Abs. 1 EGV bezieht sich nur auf solche Begünstigungen, die auf den Handel zwischen den Mitgliedstaaten und somit auf die Wirtschaft eines anderen Mitgliedstaates wirken. Die Auswirkungen auf den zwischenstaatlichen Handel können nur dann ausgeschlossen werden, wenn sie sich auf *rein* lokale Wirtschaftstätigkeiten erstrecken. In der jüngeren Rechtsprechung des EuGH und EuG wurde wieder betont, dass es nicht erforderlich sei, dass die begünstigten Unternehmen im Export tätig seien, es könne sich auch allein um lokal tätige Unternehmen handeln, sofern feststehe, dass die nationale Erzeugung einen Wettbewerbsvorteil gegenüber ausländischen Konkurrenten erhalte, die ihre Erzeugnisse auf den betroffenen Markt ausführen wollten.[149] Im Hinblick auf die beabsichtigte Abschaffung der wirtschaftlichen Binnengrenzen der Gemeinschaft wird die zwischenstaatliche Wirkung des wettbewerbsverfälschen Handels nur ausnahmsweise verneint.[150]

---

[149] EuGHE, 17. 6. 1999, Rs. C-75/97, Maribel bis/ter, Slg. 1999, I-3671= EWS 1999, S. 311; EuG, 13. 6. 2000, Rs. T-204/97 und T-270/97, EPAC/Kommission, Slg. 2000, II-2267, Rn. 65 ff.; Hakenberg/Erlbacher, EWS 2001, S. 208/212.

[150] Koenig/Kühling/Ritter, EG-Beihilfenrecht, S. 84.

Der Begriff des Handels im Sinne des Art. 87 Abs. 1 EGV umfasst nicht nur Waren im engeren Sinne, sondern auch den Austausch von Dienstleistungen.[151] In der gemeinschaftlichen Rundfunkordnung finden vielfältige Handelsbeziehungen zwischen einer großen Zahl öffentlicher und privater Rundfunksender in nahezu allen Mitgliedstaaten statt. Dabei müssen sich diese Beziehungen nach den verschiedenen Märkten unterscheiden lassen. Auf dem Programm-Markt im Sinne des Programmangebots der Veranstalter an das Publikum gibt es grundsätzlich keinen Handelsverkehr zwischen den Rundfunkteilnehmern. Allerdings existiert Konkurrenz um den Zuschauer zwischen ausländischen und nationalen Rundfunksendern durch den Fortschritt der Übertragungstechnik, beispielweise durch Kabel oder per Satellit.[152] Im Gegensatz dazu bestehen viele zwischenstaatlichen Handelsbeziehungen auf dem Werbemarkt. Innerhalb des gemeinschaftlichen Binnenmarktes werden zahlreiche Waren oder Dienstleistungen europaweit vertrieben. Dies bedarf dann grenzüberschreitender Werbestrategien für diese Produkte. Auf dieser Grundlage treten die übernationalen Handelsverhältnisse zwischen den Werbekunden und den Rundfunksendern in jedem Mitgliedstaat auf, sofern diese Werbesendungen nicht verboten sind. Auf dem Programmbeschaffungs- und -verwertungsmarkt gibt es einen zwischenstaatlichen Handel bestimmter Programme und Rechte zwischen den Rundfunksendern wie Sportrechte, Spielfilme, Serien und Nachrichten.[153] Festzuhalten ist, dass sich der Handelsverkehr für Rundfunkprodukte oder andere Dienstleistung nicht nur auf den deutschen Markt, sondern auch auf den europäischen Binnenmarkt erstreckt.

---

[151] EuGHE, 1981, 2021/2032, Rs. 172/80; Oppermann, Rundfunkgebühren, S. 68.
[152] Greissinger, Vorgaben des EG-Vertrags, S. 204.

bb) Keine Beeinträchtigungswirkung der Rundfunkgebühren

Anschließend erstreckt sich der Begriff der Beeinträchtigung nach allgemeiner Meinung nicht nur auf künstliche Einfuhrerschwerungen oder Ausfuhrerleichterungen, sondern auch auf künstliche Ausfuhrerschwerungen oder Einfuhrerleichterungen.[154] Regelmäßig könnte jede positive oder negative Einwirkung auf den Wirtschaftsverkehr binnen des Gemeinschaftsmarktes als Beeinträchtigung angesehen werden. Wenn jegliche Beihilfe die Finanzkraft eines Unternehmens und damit seine Wettbewerbsstellung verstärkt, liegt wohl eine Handelsbeeinträchtigung vor.[155] Hierbei stellt sich aber die Frage, ob eine solche Beeinträchtigung wie Wettbewerbsverfälschung eine *spürbare* Intensität enthalten muss. In der Praxis hat der EuGH zu dieser Frage bislang keine eindeutige Stellung genommen. Im Schrifttum wird das Spürbarkeitserfordernis teilweise verneint, weil die nur schwach wirkenden Beeinträchtigungen im Hinblick auf den nicht künstlich beeinträchtigten innergemeinschaftlichen Handelsverkehrs für den Gemeinschaftsmarkt, sowie um staatliche Umgehungsversuche und unnötige Abgrenzungsprobleme zu vermeiden, nicht ausgenommen werden solle.[156] Es wird aber auch die Auffassung vertreten, dass die weite Auslegung des Handelsbegriffes und die zunehmende Verflechtung der Märkte zu einer unangemessenen Ausweitung der gemeinschaftlichen Beihilfeaufsicht führe. Daher sollten die Beihilfen, die nach der De-minimis-Verordnung der Kommission über dem Schwellenwert liegen, allein dann verboten werden, wenn die dadurch einwirkende Handelsbeeinträchtigung auch spürbar sei.[157]

---

[153] Oppermann, Rundfunkgebühren, S. 69f.
[154] Mederer, in: Groeben/Thiesing/Ehlermann (Hrsg.), EU-/EGV Komm., Art. 92, Rn. 38.
[155] Die Entscheidung der Kommission, ABlEG, 1989 Nr. L 106, S. 34.
[156] Müller-Graff, ZHR 1988, S. 403/434.
[157] Mederer, in: Groeben/Thiesing/Ehlermann (Hrsg.), EU-/EGV Komm., Art. 92, Rn. 39; Koenig/Kühling/Ritter, EG-Beihilfenrecht, S. 88 f.

Im Hinblick auf die Gebührenfinanzierung kann ebensowenig von einer Handelsbeeinträchtigung im Sinne des Art. 87 Abs. 1 EGV wie von einer Wettbewerbsverfälschung gesprochen werden. Deutlich ist, dass die deutschen Rundfunkgebühren nur den Ausgleich der Wettbewerbsnachteile der öffentlich-rechtlichen Rundfunkanstalten angesichts der Grundversorgungsaufgabe ermöglichen. Sowohl nach den leitenden Prinzipien des deutschen Gebührenrechts als auch aufgrund der fachgemäßen Kontrolle der Gebührenerhebung ist auszuschließen, dass ein überkompensatorischer Effekt bei der Gebührenfinanzierung eintreten kann.[158] Wie oben dargelegt, stehen das Merkmal der Handelsbeeinträchtigung und die Wettbewerbsverfälschung miteinander in engem Zusammenhang. Die Künstlichkeit der Beeinträchtigung spielt wie bei der Wettbewerbsverfälschung eine wesentliche Rolle. In der Literatur finden sich zwar die Auffassungen, dass angesichts eines umfassenden Wettbewerbsschutzes im Sinne des Art. 3 g EGV die Beihilfen, die gesetzliche Anforderungen oder Einschränkungen ausgleichen, nicht von Anfang an aus der Anwendung des Art. 87 Abs. 1 EGV ausgeschlossen werden könnten. Über ihre Zulässigkeit müsse auf der Legitimationsebene befunden werden. Für den Bereich der zwischenstaatlichen Handelsbeeinträchtigung gelte das gleich. Durch das Gebührenprivileg lasse sich die Wettbewerbsfähigkeit der öffentlich-rechtlichen Rundfunkanstalten auf den oben erwähnten rundfunkbezogenen Märkten gegenüber nationalen oder ausländischen Rundfunksendern, denen keine entsprechenden Mittel zur Verfügung stehen, stärken. Dadurch werde der gemeinsame Handelsverkehr im gemeinschaftlichen Binnenmarkt beeinträchtigt.[159] Hierbei ist aber nochmals darauf hinzuweisen, dass dieser Ansicht aufgrund des Mißverständnisses des Wesens der Rundfunkgebühren nicht gefolgt werden kann. Die

---

[158] Oppermann, Rundfunkgebühren, S. 70 f.

[159] Selmer/Gerdorf, Die Finanzierung des Rundfunks, S. 52 f; Damm, Gebührenprivileg

Gebührenfinanzierung, wie oben ausgeführt, enthält keine Wettbewerbsverfälschung, sie kann auch nicht zu einer Beeinträchtigung des zwischenstaatlichen Handels führen.

3. Zwischenergebnis

Aus der obige Überprüfung nach der Bestimmung des Art. 87 Abs. 1 EGV folgt das Ergebnis, dass die deutschen Rundfunkgebühren nicht in den Anwendungsbereich dieser Vorschrift fallen. Die Rundfunkgebühren sind keine Begünstigung der Rundfunkanstalten im Sinne von Art. 87 Abs. 1 EGV. Sie sind nur ein angemessenes Entgelt für den öffentlichen Rundfunkauftrag, vor allem die Grundversorgungsaufgabe, welche verfassungsrechtlich nur den Rundfunkanstalten zukommen kann. Daher mangelt es an einem wesentlichen Element des Beihilfebegriffs im Sinne von Art. 87 Abs. 1 EGV. Ferner muss auch die staatliche Zurechenbarkeit der deutschen Gebührenfinanzierung verneint werden, weil dabei weder ein staatlicher Haushalt, noch eine zwischengeschaltete, staatlich eingesetzte Einrichtung belastet wird. Zudem ist nach dem PreussenElektra Urteil des EuGH klargestellt, dass dem EG-Beihilfentatbestand eine engere Grenze gesetzt werden muss. Darüber hinaus sind die deutschen öffentlich-rechtlichen Rundfunk zwar als öffentliche Unternehmen anzusehen, aber ihre Gebührenfinanzierung führt weder zu einer Wettbewerbsverfälschung auf den rundfunkbezogenen Märkten, noch zu einer Beeinträchtigungswirkung beim zwischenstaatlichen Handelsverkehr. Festzuhalten bleibt, dass die Gebührenfinanzierung der deutschen öffentlich-rechtlichen Rundfunkanstalten keine Beihilfe im Sinne des Art. 87 Abs. 1 EGV darstellt.

---

und Beihilferecht, S. 129 f.; Greissinger, Vorgaben des EG-Vertrags, S. 206.

III. Die Klärung der Beihilfeproblematik der Rundfunkgebühren durch das Protokoll über den öffentlich-rechtlichen Rundfunk

Auf die deutschen Rundfunkgebühren wurde im Gemeinschaftsrecht ferner durch das „Protokoll über den öffentlich-rechtlichen Rundfunk in den Mitgliedstaaten“ eingegangen, das mit dem Inkrafttreten des Vertrags von Amsterdam volle Rechtskraft erlangte und einen Teil dieses Vertrages bildet. Das Protokoll ist für den Bestand und die Entwicklung des öffentlich-rechtlichen Rundfunks sehr bedeutsam, weil es darauf zielt, die Rolle des öffentlich-rechtlichen Rundfunks in den Mitgliedstaaten zu klären und die gewohnte Finanzierungsart gemeinschaftsrechtlich abzusichern. Die *Public-Service-Idee* des Rundfunks für die Öffentlichkeit wird im Gemeinschaftsrecht ausdrücklich bestätigt. Das Protokoll lautet:

„DIE HOHEN VERTRAGSPARTEIEN-
IN DER ERWÄGUNG, dass der öffentlich-rechtliche Rundfunk in den Mitgliedstaaten unmittelbar mit den demokratischen, sozialen und kulturellen Bedürfnissen jeder Gesellschaft sowie mit dem Erfordernis verknüpft ist, den Pluralismus in den Medien zu wahren -
SIND über folgende auslegende Bestimmung ÜBEREINGEKOMMEN, die dem Vertrag zur Gründung der Europäischen Gemeinschaft beigefügt ist:
Die Bestimmungen des Vertrags zur Gründung der Europäischen Gemeinschaft berühren nicht die Befugnis der Mitgliedstaaten, den öffentlich-rechtlichen Rundfunk zu finanzieren, sofern die Finanzierung der Rundfunkanstalten dem öffentlich-rechtlichen Auftrag, wie er von den Mitgliedstaaten den Anstalten übertragen, festgelegt und ausgestaltet wird, dient und die Handels- und Wettbewerbsbedingungen in der Gemeinschaft nicht in einem Ausmaß beeinträchtigt, das dem gemeinsamen Interesse zuwiderläuft, wobei den Erfordernissen der Erfüllung des öffentlich-rechtlichen Auftrags Rechnung zu tragen ist.“[160]

---

[160] Protokoll über den öffentlich-rechtlichen Rundfunk in den Mitgliedstaaten, ABlEG 1997 C

1. Das Amsterdamer Protokoll als ein rechtsverbindlicher Teil des Vertrages

Der Anlass für das Protokoll ist offenbar. Es handelt sich um die Frage, ob die Beihilfevorschriften im EGV auf die Finanzierung der öffentlich-rechtlichen Rundfunkanstalten durch Gebühren oder andere staatliche Zuwendungen anwendbar sind. [161] Diese Frage hat die Kommission im Rahmen der Beihilfenaufsicht geprüft. Es ist bisher in der Praxis und im Schrifttum noch strittig, ob und in welchem Umfang die Finanzierung des öffentlich-rechtlichen Rundfunks mit den Beihilfevorschriften vereinbar ist. Allerdings stellt dieses Protokoll einen wichtigen Fortschritt zur Feststellung der demokratischen, sozialen und kulturellen Funktionen der Rundfunkanstalten im Gemeinschaftsrecht dar.[162] Im Hinblick darauf stellt dieses Protokoll dann klar, dass es Sache der Mitgliedstaaten ist, Auftrag und Finanzierung des öffentlich-rechtlichen Rundfunks jeweils selbst zu bestimmen. Wie bereits aufgeführt, ist dieses Protokoll keine bloße Absichtserklärung, sondern ein rechtsverbindlicher Bestandteil des Vertrages, da gemäß Art. 311 EGV Protokolle integraler Bestandteil des EG-Vertrages sind.[163] Sie nehmen den gleichen rechtlichen Rang wie der EG-Vertrag selbst ein und sind hinsichtlich ihrer Anwendung, Auslegung und Änderung wie der EG-Vertrag zu behandeln.[164] Verstöße gegen Protokolle sind auch Vertragsverletzungen im Sinne von Art. 226 ff EGV. Nach Art. 234 Abs. 1 lit. a EGV obliegt dem EuGH ihre Auslegung. Änderungen der Protokolle sind lediglich als Vertragsänderungen im Sinne von Art. 48 EUV durchführbar, soweit sie selbst

---

340/109.

[161] Glotz/Groebel/Mestmäcker, in: Hamm (Hrsg.) Fernsehen auf dem Prüfstand, S. 99.
[162] Schmittmann/de Vries, AfP 1997, S. 690.
[163] Schmalenbach, in: Calliess/Ruffert (Hrsg.), EUV/EGV Komm., Art. 311, Rn. 2.
[164] Vedder, in: Grabitz/Hilf (Hrsg.) , EUV/EGV Komm. Art. 239, Rn. 5.

keine speziellen Regelungen enthalten.[165]

2. Das Amsterdamer Protokoll als Auslegungsbestimmung

Im Schrifttum wird teilweise die Auffassung vertreten, dass das Protokoll über den öffentlich-rechtlichen Rundfunk eine neue Legal- bzw. Bereichsausnahme des EG-Vertrages schafft, weil dieses Protokoll deutlich vorschreibt, dass die Bestimmungen des EG-Vertrages die Befugnis der Mitgliedstaaten „nicht berühren", den öffentlich-rechtlichen Rundfunk zu finanzieren. Demgemäß sei die Finanzierung des öffentlich-rechtlichen Rundfunks grundsätzlich von den Vorschriften des EG-Vertrages, insbesondere von beihilferechtlichen Regeln befreit, wenn die im dritten Absatz der Übereinkunft vorgegeben Voraus-setzungen erfüllt seien.[166] Die Mitgliedstaaten dürften damit eine selbstständige Legal- oder Bereichsausnahme für die Finanzierung des öffentlich-rechtlichen Rundfunks ausgestalten.

Nach überwiegender Meinung stellt dieses Protokoll aufgrund seines Wortlautes jedoch lediglich eine Auslegungsbestimmung dar. Zunächst handelt es sich nach der Formulierung dieses Protokolls nur um eine Auslegungsbestimmung, die im Zusammenhang mit den übrigen Vertragsnormen steht, die ausgelegt werden sollen.[167] Diese Formulierung kann nicht zufällig sein. Dies zeigt ein Vergleich mit anderen im Rahmen des Amsterdamer Vertrages niedergelegten Protokollen, in denen üblicherweise nur eine Bestimmung getroffen, der Zusatz „auslegend" aber nicht hinzufügt

---

[165] Klein, in: Hailbronner/Klein/Magiera/Müller-Graff, EUV/EGV HKomm., Art. 239, Rn. 2.
[166] Zeller, Die EBU, S. 234 ff.; Eberle, AfP 2001, S. 477.
[167] Glotz/Groebel/Mestmäcker, in: Hamm (Hrsg.) Fernsehen auf dem Prüfstand, S. 99 f.

wurden.[168] Darüber hinaus ist zu beachten, dass eine Ausnahme von den Vertragsvorschriften nach dem Protokoll ausgeschlossen wird, wenn die Handels- und Wettbewerbsbedingungen in der Gemeinschaft in einem Maß beeinträchtigt werden, das dem Interesse der Gemeinschaft zuwiderläuft. Das bedeutet, dass das vorhandene System begrenzter Ausnahmeregeln im EGV nicht durch diese speziellen Übereinkünfte verändert werden soll. Dieses Protokoll ist daher nur als ein sehr begrenzter Eingriff in die Rechtsordnung des EGV beabsichtigt.[169] Es modifiziert zwar nicht das Primärrecht selbst, sondern hat einen klarstellenden Charakter, ist dabei wegen der aufgeführten Auslegungsgrundsätze für die Mitgliedstaaten angesichts der Finanzierung des öffentlich-rechtlichen Rundfunks aber rechtlich verbindlich.[170]

3. Die Anwendung des Amsterdamer Protokolls über den öffentlich-rechtlichen Rundfunk

a) Die Bestimmungskompetenz der Mitgliedstaaten über den Auftragsbereich des öffentlich-rechtlichen Rundfunks

Hierbei ist jedoch fraglich, ob und inwieweit dieses Protokoll zu Veränderung angesichts der beihilferechtlichen Überprüfung der deutschen Gebührenfinanzierung des öffentlich-rechtlichen Rundfunks führen kann. Wie bereits klargestellt, verdeutlicht und bestätigt dieses Protokoll das bereits aus Art. 151 EGV herzuleitende Ergebnis, dass es Sache der Mitgliedstaaten ist, dem öffentlich-rechtlichen Rundfunk einen bestimmten Aufgabenkreis oder Funktionsbereich zu übertragen, diesen festzulegen und auszugestalten.

---

168 Zeller, Die EBU, S. 233; Holznagel/Vesting, Sparten- und Zielgruppenprogramme, S. 98 ff.; Dörr, K&R 2001, S. 233/234; Greissinger, Vorgaben des EG-Vertrags, S. 206.
169 Glotz/Groebel/Mestmäcker, in: Hamm (Hrsg.) Fernsehen auf dem Prüfstand, S. 90.
170 Holznagel/Vesting, Sparten- und Zielgruppenprogramme, S. 101.

Dementsprechend wird zwar anerkannt, dass die Mitgliedstaaten den Inhalt des öffentlich-rechtlichen Auftrags festlegen. Jedoch setzt dieser Auftrag eine umfassende Aufgabenzuweisung voraus, die den demokratischen, sozialen und kulturellen Bedürfnissen jeder Gesellschaft und dem Medienpluralismus dient.[171] Im Hinblick auf diese Aufgabenzuweisung im öffentlichen Interesse kann der öffentlich-rechtliche Auftrag so verstanden werden, dass er sich nicht nur auf den Programmauftrag erstreckt. Aus diesem Tatbestandsmerkmal ergibt sich aber zugleich eine wesentliche Grenze. Die Aufgaben, die sich nicht auf die oben dargestellten öffentlichen Interessen beziehen, können nicht als Inhalt des Auftrags angesehen werden. Diesbezüglich haben der Rat und die im Rat vereinigten Vertreter der Regierungen der Mitgliedstaaten mit ihrer Entschließung vom 25.1.1999 verdeutlicht, dass dem öffentlich-rechtlichen Rundfunk für Demokratie und Pluralismus entscheidende Bedeutung zukommt. Danach sei der Zugang einer breiten Öffentlichkeit zu verschiedenen Kanälen und Diensten frei von jeglicher Diskriminierung und auf der Grundlage der Chancengleichheit eine Vorbedingung für die Erfüllung der besonderen Verpflichtung des öffentlich-rechtlichen Rundfunks. Der öffentlich-rechtliche Rundfunk müsse den technologischen Fortschritt ausnutzen, der Öffentlichkeit die Vorteile der neuen audiovisuellen Dienste und Informationsdienste sowie der neuen Technologien nahe zu bringen und seine Tätigkeiten im digitalen Zeitalter weiterzuentwickeln und zu diversifizieren.[172] Daher ist bemerkenswert, dass der Auftragsumfang des öffentlich-rechtlichen Rundfunks nicht auf einen bestimmten Zeitpunkt beschränkt wird. Dieser Auftrag soll *dynamisch* und *entwicklungsoffen* ausgelegt werden.[173] Auf diese Frage hat die Kommission auch ihre Stellungnahme in der Mitteilung über die Anwendung

---

171 Zeller, Die EBU, S. 218 ff.

172 ABlEG 1999, C 30/1; dazu siehe auch Frey, ZUM 1999, S. 528/529; Eberle, AfP 2001, S. 477/478

173 Holznagel/Vesting, Sparten- und Zielgruppenprogramme, S. 102.

der Vorschriften über staatliche Beihilfen auf den öffentlich-rechtlichen Rundfunk bezogen. Demgemäß muss der öffentlich-rechtliche Auftrag einer Rundfunkanstalt von den Mitgliedstaaten *amtlich definiert* werden. Im Hinblick auf den besonderen Charakter der Rundfunkbranche und angesichts der Auslegungsbestimmungen des Amsterdamer Protokolls kann eine Definition breit gefasst werden, die dem Ziel entspräche, die demokratischen, sozialen und kulturellen Bedürfnisse der Gesellschaft zu decken und den Pluralismus zu wahren, einschließlich kultureller und sprachlicher Vielfalt. Auch könnte dieser Auftrag Dienste umfassen, die keine „Programme" im traditionellen Sinne sind, sofern diese den oben erwähnten Bedürfnissen dienen. Außerdem sollte dieser Auftrag der Rundfunkanstalt *förmlich* übertragen werden.[174] Bei der Anwendung des Amsterdamer Protokolls auf den deutschen öffentlich-rechtlichen Rundfunk ergeben sich allerdings keine beihilferechtlichen Probleme. In Deutschland wird die Grundversorgungsaufgabe des öffentlich-rechtlichen Rundfunks, vor allem sein Programmauftrag, wie in Teil I ausgeführt, durch den Rundfunkstaatsvertrag oder das Landesmediengesetz festgestellt. Dem öffentlich-rechtlichen Rundfunk kommt auch förmlich nach § 11 Abs. 1 RStV diese verfassungsmäßigen und gesetzlichen Aufgaben zu.

b) Die Finanzierung des öffentlich-rechtlichen Rundfunks als Befugnis der Mitgliedstaaten

Zudem betrifft dieses Protokoll auch die Befugnis der Mitgliedstaaten, den öffentlich-rechtlichen Rundfunk zu finanzieren. Daraus ergeben sich zwei wesentliche Beschränkungen: zunächst die Zweckbindung der Finanzierung des öffentlich-rechtlichen Rundfunks. Die Finanzierung muss dem

---

[174] ABlEG 2001, C 320/04 ff.; Eberle, AfP 2001, S. 477/478.

öffentlich-rechtlichen Auftrag der Rundfunkanstalten, der von den Mitgliedstaaten selbst festgelegt wird, dienen. Im deutschen Rundfunkstaatsvertrag wird eine ähnliche Beschränkung postuliert. Über den Finanzierungsmodus ist aber im Amsterdamer Protokoll nicht entschieden worden. Der Mitgliedstaat kann jeglichen angemessenen Modus etablieren. Dieser Standpunkt wird in der oben erwähnten Mitteilung der Kommission über die Anwendung der Vorschriften über staatliche Beihilfen auf den öffentlich-rechtlichen Rundfunk bestätigt. Danach sei die Wahl des Finanzierungssystems ebenfalls Sache eines jeden einzelnen Mitgliedstaates und grundsätzlich spräche nichts gegen die Wahl einer Mischfinanzierung anstelle einer Finanzierung allein mit öffentlichen Mitteln, solange der Wettbewerb auf den sachlich relevanten Märkten nicht in einem Ausmaß beeinträchtigt werde, das den Gemeinschaftsinteressen zuwiderlaufe.[175] Aus diesem Grund kann die Finanzierung des öffentlich-rechtlichen Rundfunks den Mitgliedstaaten direkt zurechenbar sein.[176] Es ist daher unproblematisch, wenn der öffentlich-rechtliche Rundfunk sich unmittelbar aus dem Staathaushalt finanziert. Im Gegensatz dazu ist die deutsche Gebührenfinanzierung des öffentlich-rechtlichen Rundfunks ganz anders. Diese Finanzierungsart ist eine Bürgerabgabe, die nach § 12 Abs. 2 RStV vom Rundfunkempfänger für die Finanzierung des öffentlich-rechtlichen Rundfunks eingezogen wird.

Anschließend ergibt sich eine weitere Grenze aus der Beeinträchtigungsklausel. Nach dem Amsterdamer Protokoll ist die Finanzierung des öffentlich-rechtlichen Rundfunks nur dann zulässig, wenn sie die Handels- und Wettbewerbsbedingungen in der Gemeinschaft nicht in einem Ausmaß beeinträchtigt, das dem gemeinsamen Interesse zuwiderläuft, wobei den

---

[175] ABlEG 2001, C 320/04, S. 10, Rn. 46.
[176] Zeller, Die EBU, S. 239 f.

Erfordernissen der Erfüllung des öffentlich-rechtlichen Auftrags Rechnung zu tragen ist. Damit kann eine solche Finanzierung des öffentlich-rechtlichen Rundfunks als unvereinbar mit dem Beihilferecht beanstandet werden, die über den Bereich hinausgeht, der für die Erfüllung des öffentlich-rechtlichen Auftrages erforderlich ist.[177] Diese Klausel enthält eine gleiche Schranke wie die in Art. 87 Abs. 3 lit. d EGV. Im Hinblick auf den einheitlichen Wortlaut und auf die inhaltliche Nähe zwischen der Kulturförderung und der Finanzierung des öffentlich-rechtlichen Rundfunks soll diese Schranke wie in Art. 87 Abs. 3 lit. d EGV ausgelegt werden.[178] Auf die Auslegung dieser Tatbestände des Art. 87 Abs. 3 lit. d EGV wird im folgenden Kapitel eingegangen.

4. Zwischenergebnis

Das Amsterdamer Protokoll über den öffentlich-rechtlichen Rundfunk markiert einen wichtigen Schnitt in der Diskussion um die Anwendung des Beihilferechts auf die öffentliche Rundfunkfinanzierung. Es ist zwar nach überwiegender Ansicht eine Auslegungsbestimmung, hat aber eine rechtlich verbindliche Wirkung. Danach liegt es in der Befugnis der Mitgliedstaaten, für die Finanzierung des öffentlich-rechtlichen Rundfunks zu sorgen. Die Kompetenz zur Wahl des Finanzierungssystems steht den Mitgliedstaaten zu. Jedoch wird diese Finanzierung durch die Zweckbindung und die Beeinträchtigungsklausel beschränkt.

---

[177] Holznagel/Vesting, Sparten- und Zielgruppenprogramme, S. 102.

[178] Selmer/Gersdorf, Die Finanzierung des Rundfunks, S. 44, 47; Zeller, Die EBU, S. 243.

IV. Fazit

Die deutschen Rundfunkgebühren können tatbestandlich nicht als Beihilfen im Sinne des Art. 87 Abs. 1 EGV angesehen werden, weil diese Gebührenfinanzierung die öffentlich-rechtlichen Rundfunkanstalten nicht begünstigen, sondern lediglich als ein angemessenes Entgelt für den öffentlichen Rundfunkauftrag dienen. Die Rundfunkgebühr ist als ein Beitrag zur Erfüllung der Grundversorgungsaufgabe der Rundfunkanstalten unmittelbar von allen Rundfunkteilnehmern zu leisten, nicht aus dem staatlichen Haushalt. Dabei fehlt es auch an der für Art. 87 Abs. 1 EGV besonders bedeutsamen parafiskalischen Umverteilung. Ein solcher Umverteilungseffekt ist gemäß den Grundsätzen der deutschen Gebührenfinanzierung nicht gegeben. Aufgrund der oben erwähnten Staatsfreiheit des öffentlich-rechtlichen Rundfunks wäre eine ersatzweise Finanzierung aus staatlichen Mitteln ausgeschlossen. Daneben wird die Gebührenfinanzierung der Rundfunkanstalten zugleich mit dem Kriterium der *Erforderlichkeit* begrenzt. Diese Finanzierung hält sich nur im Rahmen des Funktionsnotwendigen. Im Hinblick darauf hat das BVerfG betont, dass die dem öffentlich-rechtlichen Rundfunk gemäße Art der Finanzierung die Gebührenfinanzierung sei. Von Anfang an wird der Begünstigungscharakter der Rundfunkgebühren nach dem Rundfunkrecht ausgeschlossen.

Obwohl diese Ansicht im Schrifttum zum Teil in Zweifel gezogen worden ist, wird sie im Amsterdamer Protokoll über den öffentlich-rechtlichen Rundfunk wieder bestätigt und verdeutlicht. Dieses Protokoll ist zwar nach überwiegender Ansicht eine Auslegungsbestimmung, es enthält aber als solche eine rechtlich verbindliche Wirkung. Demgemäß sind es die Befugnisse der Mitgliedstaaten, für die Finanzierung des öffentlich-rechtlichen Rundfunks zu sorgen sowie ein Finanzierungssystem für den öffentlich-rechtlichen Rundfunk zu wählen, wenn der Wettbewerb auf dem Rundfunkbereich nicht in einem Ausmaß beeinträchtigt wird, das den Gemeinschaftsinteressen zuwiderläuft. Tatsächlich ist offenkundig, dass der öffentlich-rechtliche Rundfunk im Wettbewerb mit seinen privaten Konkurrenten tendenziell benachteiligt ist.

B. Die Grundversorgungsaufgabe als Rechtfertigungsgrundlage der Rundfunkgebühr nach den Ausnahmetatbeständen des Beihilfenverbotes

Falls die deutsche Gebührenfinanzierung des öffentlich-rechtlichen Rundfunks, wie die Unterstützer des privaten Rundfunks argumentieren, als wettbewerbsverfälschende Beihilfe qualifiziert würde, stellt sich anschließend die Frage, ob die deutschen Rundfunkgebühren mit den Ausnahmetatbeständen des Beihilfeverbots, vor allem mit dem Kulturvorbehalt im Sinne des Art. 87 Abs. 3 lit. d EGV oder mit der Freistellungsklausel des Art. 86 Abs. 2 EGV gerechtfertigt werden können, sofern sie die Handels- und Wettbewerbsbedingungen in der Gemeinschaft nicht in einem Ausmaß beeinträchtigen, das dem gemeinsamen Interesse zuwiderläuft. Im Folgenden werden diese Fragen untersucht.

I. Das Verhältnis zwischen Art. 87 Abs. 3 lit. d und Art. 86 Abs. 2 EGV

Vor der Überprüfung der Frage, ob die deutsche Gebührenfinanzierung des öffentlich-rechtlichen Rundfunks gemäß Art. 87 Abs. 3 lit. d EGV gerechtfertigt werden kann, ist klarzustellen, in welchem Verhältnis Art. 86 Abs. 2 EGV und Art. 87 Abs. 3 lit. d EGV stehen. Im Schrifttum ist das umstritten. Nach Auffassung von Selmer/Gersdorf haben beide Vorschriften das identische Regelungsziel eines Ausgleichs zwischen nationalen Interessen und den Belangen der Gemeinschaft angelegt ist.[1] Art. 87 Abs. 3 lit. d EGV sei als beihilferechtliche Spezialregel für den kulturellen Bereich anwendbar, die Art. 86 Abs. 2 EGV verdränge. Es besteht ein lex specialis/lex generalis Verhältnis zwischen den beiden Regelungen. Wegen der Kulturklausel des Art.

---

[1] Selmer/Gersdorf, Die Finanzierung des Rundfunks, S. 44.

87 Abs. 3 lit. d EGV bedürfe es für die Anwendung des Beihilferechts keiner Prüfung gemäß Art. 86 Abs.2 EGV mehr.[2]

Die Besonderheit der Kulturbeihilfevorschrift des Art. 87 Abs. 3 lit. d EGV wird von der überwiegenden Ansicht in der Literatur jedoch verneint. Nach dem Wortlaut des Art. 86 Abs. 2 EGV gebe es eine bedingungslose Legalausnahme vom allgemeinen Beihilfeverbot gibt. Wenn diese Ausnahme vorliege, seien die entsprechenden Vertragsvorschriften nicht mehr anwendbar. In solchen Fällen werde die Anwendung des Art. 87 Abs. 3 lit. d EGV von Anfang an ausgeschlossen. Der Kommission bliebe kein Ermessensspielraum. Im Gegensatz dazu schaffe Art. Art. 87 Abs. 3 lit. d EGV nur eine fakultative Ausnahme vom Beihilfeverbot. Im Rahmen der Kulturbeihilfevorschriften komme der Kommission ein Ermessen zu. Zwischen beiden Vorschriften sei eine ähnliche Formulierung vorhanden, die sich auch im Amsterdamer Protokoll über den öffentlich-rechtlichen Rundfunk findet. Auf keinen Fall darf der Handelsverkehr in einem Ausmaß beeinträchtigt werden, das dem Interesse der Gemeinschaft zuwiderläuft. Soweit der Wille des EG-Vertrags durch eine solche fakultative Ausnahme verdrängt werden könnte, würde es dem grundsätzlichen Sinn des Art. 86 Abs. 2 EGV zuwiderlaufen. Aus diesem Grund könne solch eine „weiche" Ausnahmeregelung die „strenge" Vorschrift des Art. 86 Abs. 2 EGV nicht ersetzen. Daher bestehe zwischen beiden Vorschriften kein Verhältnis einer lex specialis zu einer lex generalis, sondern nur die Divergenz der Anwendungsmodalitäten.[3] Dieser Ansicht schließe ich mich an.

---

[2] Selmer/Gerdorf, Die Finanzierung des Rundfunks, S. 43 ff.

[3] Dazu siehe Oppermann, Rundfunkgebühren, S. 53 f.; Damm, Gebührenprivileg und

II. Rundfunkgebühren als Kulturbeihilfe gemäß Art. 87 Abs. 3 lit. d EGV

1. Die Kulturbeihilfe als Freistellungsmöglichkeit

a) Kulturförderung als Gemeinschaftsziel

Art. 87 Abs. 3 lit. d EGV ist wie die kulturspezifischen Regelungen der Art. 3 Abs. 1 lit. q und Art. 151 EGV mit Inkrafttreten des Maastricht-Vertrags in den EGV eingefügt worden. Mit der Bestimmung des Art. 151 EGV wurde der audiovisuelle Bereich in die Kulturpolitik miteinbezogen. Diese Vorschriften bezwecken, nationale Gestaltungsmöglichkeiten in der Kultur zu erweitern und ein Stocken der mitgliedstaatlichen Kultur zu vermeiden. Bevor diese kulturbezogenen Regelungen hinzugefügt worden sind, konnten die Rechtfertigungsmöglichkeiten im Kulturbereich von Art. 87 Abs. 3 lit. b oder c (ex-Art. 92 Abs. 3 lit. b oder c) EGV gestützt werden.[4] Diese Rechtslage stellt deutlich dar, dass Kulturbeihilfen ebenfalls dem Beihilfenregime unterliegen.[5] Wie oben bereits erwähnt wurde, ist das Beihilfenregime der Art. 87 ff. EGV nicht als generelles Verbot staatlicher Fördermaßnahmen von Mitgliedstaaten angewandt worden. Nur solche staatlichen Beihilfen sind mit dem Gemeinsamen Markt unvereinbar, die tatbestandlich unter Art. 87 Abs. 1 EGV fallen. Die Absätze 2 und 3 des Art. 87 EGV eröffnen aber die Rechtfertigungsmöglichkeit, staatliche Beihilfen, z.B. im Bereich der Kultur, unter bestimmten Vorbedingungen als mit dem Gemeinsamen Markt vereinbar zu erklären. Bei Überprüfung der deutschen Gebührenfinanzierung des öffentlich-rechtlichen Rundfunks ist die Bestimmung des Art. 87 Abs. 3 lit. d EGV von großer Bedeutung. Dementsprechend können die Beihilfen zur

---

Beihilferecht, S. 144 f.; Greissinger, Vorgaben des EG-Vertrags, S. 209 f.

[4] Greissinger, Vorgaben des EG-Vertrags, S. 208.

Förderung der Kultur und der Erhaltung des kulturellen Erbes von der Kommission genehmigt werden, wenn sie die Handels- und Wettbewerbsbedingungen nicht in einem Maß beeinträchtigen, das dem gemeinsamen Interesse zuwiderläuft. Hierbei besitzt die Kommission einen erheblichen Ermessensspielraum.[6] Aufgabe der Kommission ist es, über die tatsächliche Anwendung dieser Klausel zu entscheiden, so wie dies auch für die übrigen Freistellungsmöglichkeiten nach Art. 87 Abs. 3 gilt. Nach Ansicht der Kommission muss diese Bestimmung restriktiv angewendet werden, weil sie eine Freistellung vom Verbot staatlicher Beihilfen zulässt. Der Begriff „Kultur“ in Art. 87 Abs. 3 lit. d soll eng ausgelegt werden.[7] Dem Kulturbegriff kommt daher entscheidende Bedeutung zu.

b) Die Befugnis zur Definition des Kulturbegriffes

Zunächst stellt sich das Problem, dass der Kulturbegriff des Art. 87 Abs. 3 lit.d nach gemeinschaftsrechtlichem oder mitgliedstaatsrechtlichem Verständnis zu bestimmen ist. Die Kommission hat in ihrer Entscheidung in der Rechtssache *Kinderkanal und Phoenix* darauf hingewiesen, dass dieser Kulturbegriff gemeinschaftsrechtlich zu bestimmen ist. Dieser Begriff solle auf die Bereiche beschränkt werden, die nach allgemeiner Auffassung der „Kultur“ zugeordnet werden können und hierüber nicht hinausgehen. Zudem müsste zwischen den bildungsmäßigen und demokratischen Bedürfnissen einer Gesellschaft in einem Mitgliedstaat und der Förderung der Kultur unterschieden werden.[8] Diese Stellungsnahme widerspricht aber der bisherigen Rechtsprechung des EuGH und den Gemeinschaftsgrundrechten. Im Art. 3 Abs. 1 lit. q und Art.

---

5 Ress, in: GS Grabitz, S. 595/602.

6 EuGHE, Slg. 1980, 2671/2690 f., Philip Morris; Slg. 1990, I-307/363, Boussac; Slg. 1991, I-1433/1479, ENI Lanerossi; Koenig/Kühling, NJW 2000, S. 1065/1071.

7 Die Mitteilung der Kommission, 2001/C 320/04, ABlEG, 2001, C 320/04, S. 8, Rn. 26.

151 EGV wurde die Kulturkompetenz der Mitgliedstaaten vom EG-Vertrag anerkannt. Dabei ist das Wort „europäische Kultur“ sorgfältig vermieden worden und nur von dem „gemeinsamen kulturellen Erbe“ die Rede.[9] Der EuGH hat auch hervorgehoben, dass Maßnahmen, die zum Schutz der Meinungsfreiheit der verschiedenen gesellschaftlichen, kulturellen, religiösen und geistigen Strömungen getroffen werden, Teil der nationalen Kulturpolitik sind.[10] Daraus kann man entnehmen, dass den Mitgliedstaaten grundsätzlich die Definitionsmacht für den Kulturbegriff verbleibt. Allerdings dürfen sie die Definitionsmacht nicht missbräuchlich benützen, um sich den Pflichten aus dem EG-Vertrag zu entziehen, und müssen vielmehr die allgemeinen Vorgaben des Gemeinschaftsrechts beachten.[11] Unter Berücksichtigung der kulturellen Vielfalt und der prinzipiellen Zuständigkeit der Mitgliedstaaten für die Kulturpolitik muss die Vorstellung, die eine Harmonisierung der Rechts- und Verwaltungsvorschriften im kulturellen Bereich durch die Gemeinschaft vorgeben würde, ausgeschlossen werden.

Dies bedeutet jedoch nicht, dass die mitgliedstaatliche Befugnis zur Definition des Kulturbegriffs grenzenlos ist. Der Vorbehalt für die nationale Kultur ist kein Vorbehalt für eine nationale Kulturpolitik.[12] Ansonsten würde die Reichweite gemeinschaftsrechtlicher Bestimmungen durch verschiedene mitgliedstaatliche Definitionen beschränkt, und damit die Einheit und Wirksamkeit des Gemeinschaftsrechts beeinträchtigt werden.[13] Dieser Gedanke wird auch in den Vorgaben des Amsterdamer Protokolls ausgedrückt.

---

[8] ABlEG, C 238 vom 21.8.1999, S. 3, „Kinderkanal“ und „Phoenix“.
[9] Ress, DöV 1992, S. 944/947.
[10] EuGHE, 25.7.1991, Rs. C-353/89, Kommission/Niederlande, Slg. 1991-I-S. 4069/4097; 5.10.1994, Rs. C-23/93, TV 10, Slg. 1994-I-S. 4795/4832.
[11] Dörr, Die Rolle, S. 29; Engelhard, in: Lenz (Hrsg.), EGV Komm. Art. 128, Rn. 2; Zeller, Die EBU, S. 197.
[12] Zeller, Die EBU, S. 198.
[13] EuGH Slg. 1980, 3881/3903; Dörr, Die Rolle, S. 28.

In diesem Protokoll wird die Kompetenz der Mitgliedstaaten ausdrücklich anerkannt, dem öffentlich-rechtlichen Rundfunk einen bestimmten Aufgabenkreis oder Funktionsbereich zu übertragen, festzulegen und auszugestalten, die Kulturaufgabe oder -funktion gehört ebenfalls dazu. Die Mitgliedstaaten sind aber zugleich verpflichtet, die Handels- und Wettbewerbsbedingungen in der Gemeinschaft im Hinblick auf den gemeinschaftsrechtlichen Verhältnismäßigkeitsgrundsatz nicht zu beeinträchtigen. Jeder Rechtsmissbrauch bei der Festlegung des öffentlichen Auftrages muss daher ausgeschlossen werden.

c) Kulturelle Förderungsmaßnahmen nach dem Gemeinschaftsrecht

Obwohl die Definitionsmacht des Kulturbegriffes im Prinzip dem Mitgliedstaat zusteht, bedeutet es nicht, dass die Bestimmungen des Art. 3 Abs. 1 lit. q und des Art. 151 EGV sich nicht im Einzelfall in einer den mitgliedstaatlichen kulturellen Kompetenzbereich schützenden Weise auswirken dürfen. Vielmehr muss die Gemeinschaft nach diesen Vorschriften bei der Entfaltung des Kulturlebens in den Mitgliedstaaten mithelfen sowie einen Beitrag zur Entfaltung der Kulturen der Mitgliedstaaten unter Wahrung ihrer nationalen und regionalen Vielfalt leisten. Aus diesen Bestimmungen folgt, dass das Gemeinschaftshandeln im Kulturbereich auf Fördermaßnahmen beschränkt wird. Um den Kulturbegriff im Sinne des EG-Vertrages auszulegen, muss dieser Begriff aber nach gemeinschaftsrechtlichen Kriterien einheitlich interpretiert werden.[14] Auch der EuGH geht davon aus, dass Begriffe des Gemeinschaftsrechts grundsätzlich einheitlich definiert werden sollten.[15] Zudem muss die Gemeinschaft gemäß Art. 151 Abs. 4 EGV bei ihrer Tätigkeit

---

[14] Fechner, in: Groeben/Thiesing/Ehlermann (Hrsg.), EU-/EGV Komm., 3/1496, Rn. 14.
[15] EuGH Slg. 1980, 3881/3903; Dörr, Die Rolle, S. 28.

aufgrund anderer vertraglicher Zuständigkeiten den kulturellen Aspekten, insbesondere zur Wahrung und Förderung der Vielfalt ihrer Kulturen, Rechnung tragen. Die Gemeinschaft ist daher bei Anwendung der Vertragsregelungen nicht nur auf eine wirtschaftliche Betrachtungsweise festgelegt, sondern muss auch die kulturelle Perspektive miteinbeziehen.[16] Im Fall der beihilferechtliche Überprüfung der deutschen Gebührenfinanzierung des öffentlich-rechtlichen Rundfunks muss demnach die kulturelle Dimension des Rundfunks berücksichtigt werden. Dies wird im Amsterdamer Protokoll über den öffentlich-rechtlichen Rundfunk bestätigt. Nach dessen Wortlaut berühren die Bestimmungen des Vertrages nicht die Befugnis der Mitgliedstaaten, den öffentlich-rechtlichen Rundfunk zu finanzieren. Dabei besitzen die Mitgliedstaaten die Befugnis, den öffentlich-rechtlichen Auftrag festzulegen, auszugestalten und auf die Anstalten zu übertragen. Allerdings ist eine Güterabwägung zwischen den kulturellen Interessen der Mitgliedstaaten und anderen Zielen des Vertrags, vor allem den Grundfreiheiten und dem gemeinschaftlichen Wettbewerbsrecht, erforderlich.[17]

Schwierig ist, dass der Kulturbegriff im Gemeinschaftsrecht nicht positiv gefasst werden kann. Zugleich ist die negative Definition der Kultur als alle Tatbestände nichtwirtschaftlicher Art auch nicht überzeugend, weil kulturelle Tatbestände auch wirtschaftliche Aspekte umfassen könnten.[18] Bisher besteht nur Übereinstimmung darüber, dass Bildung und Forschung sowie technologische Entwicklung nicht unter den Kulturbegriff des Art. 87 Abs. 3 lit. d EGV fallen, weil sie von besonderen Vorschriften in Art. 149 und 150 EGV sowie von Art. 163 bis 173 EGV geregelt werden. Diese werden von Anfang

---

16 Schwartz, AfP 1993, S. 409/417; Zeller, Die EBU, S. 196.

17 Hierzu den „Ersten Bericht über die Berücksichtigung der kulturellen Aspekte in der Tätigkeit der Europäischen Gemeinschaft", KOM (1996) 160 endg.; Blanke, in: Calliess/Ruffert (Hrsg.), EUV/EGV Komm., Art. 151, Rn. 14.

an aus dem gemeinschaftsrechtlichen Kulturbegriff ausgeschlossen. [19] Demgemäß fallen jene Teile der geistigen Welten unter Kultur im Art. 151 EGV, die nicht von Art. 150, 163 ff. EGV eingeschlossen werden.[20] Darunter sind insbesondere nach den Vorstellungen des Gemeinschaftsrechts die sogenannten *schönen Künste* in den Bereichen Literatur, Musik, Architektur und bildende Künste zu verstehen. Das Einbeziehen des audiovisuellen Bereichs im Art. 151 Abs. 2 EGV macht deutlich, dass sowohl die medialen Erzeugnisse als auch deren Verbreitung vom Kulturbegriff umfasst werden soll.[21] Dies ist auch in der „TV 10 SA-Entscheidung" des EuGH[22] bestätigt worden, die vor allem die kulturelle Bedeutung des Rundfunks ganz deutlich betont hat.[23]

2. Rundfunk als kulturelles Phänomen

Wie bereits ausgeführt, soll die Gemeinschaft nach dem Subsidiaritätsprinzip auch im Rundfunkbereich zurückhaltend sein. Bei beihilferechtlicher Überprüfung der Rundfunkgebühren soll die Kommission daher dieses Prinzip berücksichtigen. Nach Art. 87 Abs. 3 lit. d EGV ist die Beihilfe nur dann zulässig, wenn sie die Handels- und Wettbewerbsbedingungen in der Gemeinschaft nicht in einem Ausmaß beeinträchtigt, das dem gemeinsamen Interesse zuwiderläuft. Im Amsterdamer Protokoll wird eine gleiche Schranke wie die in Art. 87 Abs. 3 lit. d für die von einem Mitgliedstaat bestimmte Finanzierung des öffentlich-rechtlichen Rundfunks vorgegeben. Dazu ist aber noch das Merkmal „den Erfordernissen der Erfüllung des

---

[18] Ress, DöV 1992, S. 944/950.
[19] Dörr, Die Rolle, S. 29 f.
[20] Oppermann, Rundfunkgebühren, S. 77; Dörr, Die Rolle, S. 29.
[21] Dörr, Die Rolle, S. 29; Zeller, Die EBU, S. 197.
[22] EuGHE, 1994, Rs. C-23/93, TV 10 SA, Slg. 1994 I-4795 ff.= EuZW 1995, S. 60 ff.
[23] Dörr, NJW 1995, S. 2263/2265.

öffentlich-rechtlichen Auftrags Rechnung zu tragen" hinzuzufügen. Im Hinblick auf den einheitlichen Wortlaut und die inhaltliche Nähe zwischen Kulturförderung und Rundfunkfinanzierung soll diese Schranke nach dem gleichen Kriterium ausgelegt werden. Art. 87 Abs. 3 lit. d betrifft die Handels- und Wettbewerbsbedingungen in der Gemeinschaft in Bezug auf den Austausch von Kulturgütern und den Zugang der Bürger zu kulturellen Dienstleistungen.[24] Es handelt sich dabei um die Abwägung zwischen mitgliedstaatlichen Belangen und Gemeinschaftsinteresse. Danach müssen auch die Handels- und Wettbewerbsbedingungen im Rundfunk einer solchen Abwägung zugrundegelegt werden.[25] Der EuGH hat bereits mehrmals die kulturelle Eigenschaft des Rundfunks in seiner Rechtsprechung ausgesprochen. Die Rundfunkfinanzierung durch Gebühren sei im Zusammenhang mit den Marktfreiheiten als nicht-diskriminierende staatliche Maßnahme zum Schutz einer pluralistischen und nicht-kommerziellen Rundfunkordnung gerechtfertigt.[26] Die Kommission erkannte die kulturelle Vielfalt als einen Reichtum des europäischen Erbes auch im audiovisuellen Bereich an[27] und gab eine positive Stellungsnahme zu den kulturellen Fördermaßnahmen ab.[28] Wie oben dargestellt, ist der kulturelle Bereich grundsätzlich in der Regelungszuständigkeit der Mitgliedstaaten verblieben; daraus folgt, dass es zur Sache des Mitgliedstaates gehört, in welchem Umfang er dem öffentlich-rechtlichen Rundfunk die Aufgabe zugesteht, mittels seines

---

24 Selmer/Gersdorf, Die Finanzierung des Rundfunks, S. 44, 47; Zeller, Die EBU, S. 243.

25 Die Auffassung ist von Kommissar Oreja, dazu siehe Schmittmann/de Vries, AfP 1997, S. 690.

26 EuGHE 18.3.1980 Rs. 52/79 Slg. 1980, 833/857, Rn. 14 f.- Debauve; 25.7.1991 Rs. C-288/89, Slg. 1991 I-4007/4043, Rn. 23- Gouda; 25.7.1991 Rs. C-353/89 Slg. 1991 I-4069/4096, Rn. 30- Mediawet; 3.2. 1993 Rs. C- 148/91, Slg. 1993 I-487/518, Rn. 9-Veronica; 5.10.1994 Rs. C-23/93, Slg. 1994 I-4795/4832, Rn. 18- TV 10.

27 KOM (1996) 160 endg., Brüssel 17. 4. 1996, Teil III, 3; Zeller, Die EBU, S. 196.

28 Dörr, Die Rolle, S. 34 f.

Funktionsauftrags der kulturellen Aufgabe des Rundfunks gerecht zu werden.[29] Insoweit kommt jedem Mitgliedstaat ein selbständiger Gestaltungsspielraum zu, den Rundfunk als kulturelle Einrichtung zu begreifen und einzuordnen. Wenn die Kommission oder andere Gemeinschaftsorgane den Kulturbegriff des Art. 87 Abs. 3 lit. d verwenden, müssen sie sich am mitgliedstaatlichen kulturellen Verständnis orientieren.

In Deutschland wird der Rundfunk seit langem als ein „*kulturelles Phänomen*" begriffen. Wie in Teil I dargelegt, hat das BVerfG im seinem ersten Fernsehurteil darauf hingewiesen, dass der Rundfunk als ein wichtiger Bestandteil des kulturellen Bereichs angesehen würde.[30] Angesichts dieses Verständnisses hat das Verfassungsgericht im zweiten Fernsehurteil wieder hervorgehoben, dass die Rundfunkanstalten nicht als Unternehmer, die eine gewerbliche oder berufliche Tätigkeit ausüben, angesprochen werden könnten.[31] Daher sei der Rundfunk eine „*Sache der Allgemeinheit*" [32], überparteilich und unter Mitwirkung aller gesellschaftlich relevanten Kräfte zu gewährleisten und folglich dem kulturellen Bereich zuzurechnen.[33] Seit dem Aufbau der dualen Rundfunkordnung in Deutschland spielt der öffentlich-rechtliche Rundfunk für den Kulturbereich eine erhebliche Rolle. Dem öffentlich-rechtlichen Rundfunk kommt eine Grundversorgungsaufgabe zu, die politisch-demokratische, soziale und kulturelle Komponenten umfasst. Darüber hinaus hat das BVerfG auch klargestellt, dass der klassische Auftrag des Rundfunks nur dann erfüllt werden könne, wenn der Rundfunk neben seiner Rolle für die Meinungs- und Willensbildung, neben Unterhaltung und

[29] Dörr, Die Rolle, S. 34.
[30] BVerfGE 12, 205/229.
[31] BVerfGE 31, 314/329.
[32] BVerfGE 31, 314/327.
[33] Dörr, Die Rolle, S. 31.

Information eine kulturelle Verantwortung trägt.[34] Bemerkenswert ist hierbei, dass der kulturelle Auftrag des Rundfunks nicht nur im Sinne der „*Hochkultur*“ angewandt wird. Zwar gibt es Bestimmungen im Rundfunkrecht, in denen der Kulturbegriff enger angefasst wird, beispielweise müssen die Satellitenfernsehprogramme der ARD und des ZDF nach § 19 Abs. 1 RStV mit „*kulturellem Schwerpunkt*“ veranstaltet werden; der Kulturbegriff umfasst aber auch die Sendungen der Jazzmusik, Kinoklassiker oder Comic-Filme.[35] Der Kulturbegriff wird auch dann in einem weiteren Sinne verstanden, wenn er im Zusammenhang mit dem Ziel gebraucht wird, ein Bild vom politischen, sozialen und anderen geistigen Leben in Deutschland überallhin zu vermitteln. Im Gegensatz dazu hat die Kommission in der Mitteilung über die Anwendung der Vorschriften über staatliche Beihilfen auf den öffentlich-rechtlichen Rundfunk darauf hingewiesen, dass der Begriff „Kultur“ in Art. 87 Abs. 3 lit. d eng ausgelegt werden solle, weil diese Bestimmung eine Freistellung vom Verbot staatlicher Beihilfen zulasse. Die staatliche Beihilfen an öffentlich-rechtliche Rundfunkanstalten könne im Allgemeinen nach Art. 87 Abs. 3 lit. d nur dann genehmigt werden, wenn der betreffende Mitgliedstaat eine gesonderte Definition und eine gesonderte Finanzierung im Hinblick auf eine Beihilfe vorsehe, die ausschließlich der Kulturförderung diene.[36] Offensichtlich steht diese Meinung jedoch im Widerspruch zum Subsidiaritätsprinzip, nach dem die Gemeinschaft im Rundfunkbereich zurückhaltend sein muss.[37]

---

[34] BVerfGE 73, 118/158; 90, 60/90.

[35] Dörr, K&R 1999, S. 97/100; Hartstein/Ring/Kreile/Dörr/Stettner, RStV Komm. B 5 § 19, Rn. 7.

[36] ABlEG 2001, C 320/04, S. 8, Rn. 27.

3. Öffentlich-rechtlicher Rundfunk als Teil nationaler Identität

a) Die nationale Identität als Kompetenzschranke der EU

Darüber hinaus wurde zugleich eine neue Bestimmung, Art. 6 Abs. 1 EUV, durch den Amsterdamer Vertrag dem Gemeinschaftsrecht beigefügt, dass die Union auf den Grundsätzen der Freiheit, der Demokratie, der Achtung der Menschenrechte und Grundfreiheiten sowie der Rechtsstaatlichkeit beruht, und diese Grundsätze allen Mitgliedstaaten gemeinsam sind. Diese Vorschrift enthält ein Bekenntnis zu grundlegenden gemeineuropäischen Grundwerten. Nicht nur die Union selbst, sondern auch die Mitgliedstaaten werden durch diese Grundsätze verbunden. [38] Daher ist die Demokratie sowohl fundamentales Prinzip der Gemeinschaft, als auch ein Hauptbestandteil der mitgliedstaatlichen Verfassungen. Die Möglichkeit der freien und umfassenden Meinungsbildung ist für das demokratische Gemeinwesen unentbehrlich.[39] Unzweifelhaft spielt der Rundfunk dabei eine relevante Rolle. Wie mehrmals betont wurde, ist der Rundfunk „Medium und Faktor", um die Bürger über alle Vorgänge und Meinungen in ihrem Gemeinwesen zu unterrichten. Er wirkt in dem Prozess der Meinungsbildung mit und übt insoweit eine demokratische Funktion aus.[40] Daher werden dem Rundfunk, vor allem dem Fernsehen in den meisten EU-Mitgliedstaaten eine spezifische öffentliche Verantwortung zugeschrieben.[41]

Daneben verpflichten sich die Union und ihre Organe gemäß Art. 6 Abs. 3

---

[37] Dörr, K&R 1999, S. 97/100.
[38] Kingreen, in: Calliess/Ruffert (Hrsg.), EUV/EGV Komm., Art. 6, Rn. 2.
[39] Frey, Fernsehen, S. 43.
[40] Hesse, JZ 1993, S. 545/548.
[41] Dörr, Die Rolle, S. 10 ff.

EUV, die nationale Identität der Mitgliedstaaten zu achten.[42] Diese Vorschrift setzt eine Schranke für die Kompetenz der Union. Dementsprechend soll die nationale Identität des einzelnen Mitgliedstaats vorrangig geschützt werden. Die Aufnahme eines Gebots zur Achtung der nationalen Identität der Mitgliedstaaten ist wegen der Besorgnis vor einer möglichen Entstaatlichung und schrittweise Auflösung der Nationalstaaten im europäischen Integrationsprozess notwendig. Mit dem Maastrichter Vertrag wurde der Integration durch eine Ausweitung der Gemeinschaftskompetenzen und vor allem durch die Gründung einer Wirtschafts- und Währungsunion ein wichtiger Schub verliehen. Dabei war die Identität der Mitgliedstaaten zunehmend in den Hintergrund gerückt. Durch die Verankerung des Gebots zur Achtung der mitgliedstaatlichen Identität wurde ein Gegengewicht im EUV geschaffen. Dieses Gebot steht in engem Zusammenhang mit der gleichzeitigen Aufnahme weiterer Bestimmungen in den EGV, die das Subsidiaritätsprinzip des Art. 5 Abs. 2 EGV und den Kulturförderungsauftrag der Gemeinschaft in Art. 151 EGV umfassen.[43] Was nationale Identität bedeutet, wird vom Vertrag nicht definiert. Nach allgemeiner Auffassung umfasst dieser Begriff die Staatlichkeit und Souveränität der Mitgliedstaaten. Dazu gehört aber auch ein Mindestbestand an Werten aus verschiedenen Bereichen menschlichen Zusammenlebens, die das Wesen und Selbstverständnis des jeweiligen Staates formen und die etwa geschichtlicher, wirtschaftlicher, rechtlicher oder kultureller Art sein können. Zudem kann nur der jeweilige Mitgliedstaat selbst entscheiden, welche Werte sein nationales Selbstverständnis und damit seine Identität darstellen.[44]

---

[42] Durch den Amsterdamer Vertrag wurde die bisherige Bestimmung des Art. F Abs. 1 EUV durch ein Gebot zur Achtung der nationalen Identität ersetzt.

[43] Puttler, in: Calliess/Ruffert (Hrsg.), EUV/EGV Komm., Art. 6 EUV, Rn. 190.

[44] Puttler, in: Calliess/Ruffert (Hrsg.), EUV/EGV Komm., Art. 6 EUV, Rn. 190.

Aufgrund der Bestimmungen in Art. 6 Abs. 1 und 3 EUV, die keinen Programmsatz darlegen, sondern verpflichteten Charakter enthalten, ist klarzustellen, dass die Union die Elemente der nationalen Verfassungsordnung, die wesentlich zu ihrer typischen Eigenart beitragen, respektieren soll und insoweit keine einheitlichen Gemeinschaftslösungen heranziehen darf.[45] In der Literatur wird zum Teil die Gegenansicht vertreten, dass der Grundsatz der Achtung der nationalen Identität nicht als Ausnahmeregelung verstanden werden kann, damit die Beihilfen im Kulturbereich vom Anwendungsbereich des EG-Vertrages generell ausgeschlossen würden. Dieser Grundsatz sei nach heute geltender Vertragsfassung nicht mehr vertretbar. Er könne bei der Auslegung anderer Vertragsbestimmungen angewandt und nur als „politischer Programmgrundsatz" für das eigene Handeln der Gemeinschaft verstanden werden.[46] Dieser Ansicht kann nicht gefolgt werden. Die Achtung der nationalen Identität in Art. 6 Abs. 3 EUV ist eine Verpflichtung der Europäischen Union, nicht nur ein Programmgrundsatz. Diese Vorschrift ist einerseits eine Schranke der gemeinschaftlichen Kompetenz- und Kontrollansprüche und bezweckt andererseits eine Bindung an das bestehende Vertragssystem und dessen demokratisch-rechtsstaatlicher Grundlage. Die äußerste und rechtlich zu beachtende Grenze der nationalen Identität ist das Rechtsprinzip der Gemeinschaftstreue.[47] Sonst würde dieses Gebot zur Inhaltsleere führen.

---

[45] Dörr, K&R 1999, S. 97/101.

[46] Engel, Europarechtliche Grenzen, S. 51; Greissinger, Vorgaben des EG-Vertrags, S. 236.

[47] Beutler, in: Groeben/Thiesing/Ehlermann (Hrsg.), EU-/EGV Komm., Art. F EUV,

b) Öffentlich-rechtlicher Rundfunk als Einrichtung deutscher nationalen Identität

Aus dem oben erwähnten Grund hat die EU somit keine Kompetenz, die allgemeinen publizistischen oder finanziellen Kriterien des Rundfunks zu bestimmen. In den meisten Mitgliedstaaten, in denen ein duales Rundfunksystem aufgebaut wurde, ist der öffentlich-rechtliche Rundfunk grundsätzlich nicht nur als Lieferant bestimmter Programme, sondern auch als „nationale Institution" verstanden worden, soweit die Identifikation mit ihm in der Bevölkerung hoch ist.[48] Wie in Teil I erörtert, muss der deutsche öffentlich-rechtliche Rundfunk nach den verbindlichen Vorgaben des BVerfG die Grundversorgungsaufgaben erfüllen.[49] Zugleich verlangt das BVerfG, dass der öffentlich-rechtliche Rundfunk in vollem Umfang funktionstüchtig bleibt, also im Wettbewerb mit den privaten Veranstaltern bestehen kann. Nur unter diesen Voraussetzungen ist es mit Art. 5 Abs. 1 S. 2 GG vereinbar, dass die werbefinanzierten privaten Programme weniger strengen Anforderungen als die Öffentlich-rechtlichen unterliegen.[50] Im Hinblick auf die Wahrnehmung der Funktionstüchtigkeit des öffentlich-rechtlichen Rundfunks fordert das BVerfG auch eine Bestands- und Entwicklungsgarantie. Diese umfasst die zur Erfüllung des Rundfunkauftrags erforderlichen finanziellen Mittel, also eine Finanzierungsgarantie.[51] Der öffentlich-rechtliche Rundfunk ist gesetzlich verpflichtet, eine umfassende und ausgewogende Information im Rundfunkbereich zu bieten und damit seinen Beitrag zu einer funktionsfähigen Demokratie zu leisten. Ein stabiler öffentlich-rechtlicher Rundfunk mit

---

1/86, Rn. 20.

[48] Dazu siehe Booz, Allen & Hamilton, in: Hamm (Hrsg.) Fernsehen auf dem Prüfstand, S. 11/25.

[49] BVerfGE, 90, 60/90 f.

[50] BVerfGE 73, 118/158 f; 74, 297/325; 83, 238/297; 87, 181/199; 90, 60/90.

[51] BVerfGE 83, 238/298; 87, 181/203; 90, 60/91.

umfassenden Aufgaben ist also nach deutschem Verfassungsverständnis ein wesentlicher Bestandteil eines demokratischen Staatswesens und insoweit auch der nationalen Identität der Bundesrepublik Deutschland.[52]

4. Die deutschen Rundfunkgebühren als Kulturbeihilfe

a) Das Ausmaß der Kulturförderung im Sinne des Art. 87 Abs. 3 lit. d EGV

Klarzustellen ist, dass der Mitgliedstaat grundsätzlich die Befugnis hat, den Kulturbegriff selbst zu definieren. Dies kann auch durch Festlegung eines öffentlichen Auftrags im Sinne des Amsterdamer Protokolls erfolgen. Nach Art. 87 Abs. 3 lit. d EGV kann die Finanzierung dieses Auftrags des öffentlich-rechtlichen Rundfunks zulässig sein, wenn sie der Kulturförderung dient, soweit sie die Handels- und Wettbewerbsbedingungen in der Gemeinschaft nicht in einem Maß beeinträchtigen, das dem gemeinsamen Interesse zuwiderläuft. Zur Beurteilung dieser Voraussetzungen des Art. 87 Abs. 3 lit. d EGV ist der Kommission ein Rechtsfolgeermessen eingeräumt worden.[53] Das Europäische Parlament hat von der Kommission in einem Entschluss verlangt, auf die Maßnahmen zu verzichten, die die Autonomie der Mitgliedstaaten bei der Regulierung der Finanzierungssysteme ihrer jeweiligen öffentlichen Sendeanstalten gefährden könnten, sowie die in Art. 87 Abs.3 lit.d EGV vorgeschriebene Befreiungsmöglichkeit möglichst weitgehend zur Legitimierung der nationalen Beihilfesysteme für das Radio, Fernsehen und die Printmedien zu nutzen. In diesem Entschluss wurde zugleich die Ansicht vertreten, dass die Mitgliedstaaten frei über die Art der Finanzierung ihrer

---

[52] Dörr, Die Spartenkanäle, S. 55 f.
[53] Kahl, NVwZ 1996, S. 1082/1086.

öffentlichen Rundfunkdienste entscheiden könnten, sei es über Gebühren, Steuern, Werbung, Sponsoring oder durch eine Mischfinanzierung. Ferner wurde die Kommission aufgefordert, die staatliche Finanzierung für die öffentlichen Anstalten weiterhin in dem Maße als legitim anzusehen, wie sie zur strengen Erfüllung ihres öffentlichen Dienstleistungsauftrags gehalten seien. Dabei ist auch die Auffassung vertreten worden, dass die Gewährung öffentlicher Mittel für öffentliche Sendeanstalten so lange keine staatliche Subventionierung darstelle, wenn die Finanzierung insgesamt, einschließlich etwaiger gewerblicher Einnahmen aus Werbung und Sponsoring, dem öffentlichen Dienstleistungsauftrag der Anstalt angemessen sei. Die Gebühren, die von den Teilnehmern an die Rundfunkanstalten entrichtet würden, fielen nicht unter Art. 87 EGV.[54] Danach soll die Kommission den Begriff der Kulturförderung des Art. 87 Abs. 3 lit. d EGV weit fassen, um eine Ausgewogenheit zwischen der Förderung von Kultur und dem Gebot eines freien Handels und Wettbewerbs im Binnenmarkt herzustellen.[55]

In der Literatur findet sich die Gegenauffassung, dass nicht die Gesamtveranstaltung des öffentlich-rechtlichen Rundfunks unter dem Kulturbegriff des Gemeinschaftsrechts unterliegt, sondern nur bestimmte Rundfunksendungen mit besonderen kulturellen Bedeutungen. Aus diesem Grund müsse die Ausnahmevorschrift des Art. 87 Abs. 3 lit. d EGV eng ausgelegt werden. Wenn diese Vorschrift weit ausgelegt werden würde, könne sie beinahe jede Beihilfe rechtfertigen, damit die im weitesten Sinne kulturelle Tätigkeiten, d.h. politische, gesellschaftliche und auch wirtschaftliche

---

[54] Entschließung zur Rolle der öffentlichen Fernsehdienste in einer multimedialen Gesellschaft, 17.9.1996.= MP 1996, S. 652 ff.

[55] Europäische Kommission 25. Wettbewerbsbericht (1995) Teil IV, Staatliche Beihilfen, S. 91. Tz. 199.

Tätigkeiten gefördert werden könnten.[56] Die Kommission hat in ihrer Entscheidung in der Beihilfesache „Kinderkanal und Phoenix" die gleiche Meinung vertreten. Demgemäß müsste zwischen den bildungsmäßigen und demokratischen Bedürfnissen der Gesellschaft in einem Mitgliedstaat und der Förderung der Kultur unterschieden werden.[57] Offensichtlich verstößt solche Ansicht aber gegen das Subsidiaritätsprinzip, das im Amsterdamer Protokoll und in Art. 151 EGV ausdrücklich verankert worden ist. Nach einhelliger Auffassung enthalten die Gemeinschaftsverträge keine generelle Ermächtigung zum Erlaß von Rechtsakten, sondern nur Einzelermächtigungen. Die Gemeinschaftsorgane üben ihre Befugnisse nach dem sogenannten Prinzip der begrenzten Einzelermächtigung aus, das sich in Art. 5 (ex = Art. E) EUV und Art. 5 (ex = Art. 3 b) EGV festgelegt ist. Dem Subsidiaritätsprinzip kommt im Kulturbereich besondere Bedeutung zu. Wie mehrfach dargestellt, kommt den Mitgliedstaaten grundsätzlich die Befugnis zu, den Kulturbegriff zu definieren. Zudem wird ein Bekenntnis zur kulturellen Vielfalt in Art. 151 Abs.1 EGV verankert und die Gemeinschaft damit verpflichtet, nur einen „Beitrag" zur Entwicklung der nationalen Kulturen zu leisten. Die Kompetenzen der Gemeinschaft auf dem Kulturbereich sind daher beschränkt. Aus diesen Gründen kann die Kommission nicht eine einheitliche Definition des Kulturbegriffs geben. Nach Art. 151 Abs. 2 EGV fällt künstlerisches Schaffen im audiovisuellen Bereich ebenfalls unter den Kulturbegriff. Dies umfasst neben dem Video- und Filmbereich auch Hörfunk und Fernsehen.[58] Weil die grenzüberschreitende Rundfunktätigkeit nach ständiger Rechtsprechung des EuGH der Dienstleistungsfreiheit der Art. 49 ff. EGV unterliegt, ist die umfassend zu verstehende Kunst im Bereich der Medien in Form eines Hörspieles, Autorenlesungen, musikalischer Konkurrenz,

---

[56] Zeller, Die EBU, S. 297.

[57] Die Mitteilung der Kommission, ABlEG 2001, C 320/04, S. 8, Rn. 26.

Filmfestivals und anderen kulturellen Veranstaltungen denkbar.[59] Deswegen fällt die Gesamtveranstaltung des öffentlich-rechtlichen Rundfunks unter den Kulturbegriff des Gemeinschaftsrechts. Eine Unterscheidung zwischen den bildungsmäßigen und demokratischen Bedürfnissen der Gesellschaft in einem Mitgliedstaat und der Förderung der Kultur zu machen ist verfehlt und sogar gemeinschaftsrechtswidrig.

b) Die Rundfunkgebühren als kulturelle Förderungsmaßnahme

Die Finanzierung der Kulturförderung ist in Art. 87 Abs. 3 lit. d EGV nicht geregelt. Es stellt sich also die Frage, ob die Gebührenfinanzierung, die die Erfüllung des Grundversorgungs- bzw. Funktionsauftrages des öffentlich-rechtlichen Rundfunks nach deutschem Rundfunkrecht sicherstellt, eine geeignete kulturelle Förderungsmaßnahme ist. Ob eine staatliche Beihilfe dieser Kulturklausel unterliegt, hat die Kommission mit den Kriterien überprüft. Dabei wurde untersucht, ob die staatliche Maßnahme durch ihre kulturelle Dimension ausgestaltet wird oder ob ihr kommerzieller Charakter im Vordergrund steht. In der Entscheidung „CELF“ hat die Kommission dargelegt, dass die Exportbeihilfen für Kleinbestellungen in einem doppelten Sinne der Kulturförderung dienen würden. Einerseits werde die Verbreitung der französischen Sprache im Ausland gefördert, die ein klassisches Ziel der auswärtigen Kulturpolitik ist. Andererseits werde kulturelle förderungswürdige Literatur in Kleinauflagen, meist Fachbücher und Belletristik aufgrund dieser finanziellen Unterstützung subventioniert. Jedoch wies die Kommission gleichzeitig darauf hin, dass Großbestellungen von Schulbüchern nicht unter

[58] Schwarze, ZUM 2000, S. 779/795.
[59] Blanke, in: Calliess/Ruffert (Hrsg.), EUV/EGV Komm., Art. 151 EGV, Rn. 11.

die Ausnahmevorschrift des Art. 87 Abs. 3 lit. d EGV fielen.[60] Im Gegensatz dazu hat die Kommission jedoch in ihren Entscheidungen zu französischen, niederländischen und deutschen Filmförderungen diese *Schwerpunkttheorie* nicht herangezogen. In diesen Fällen hat sie ausgeführt, dass bei der Filmwirtschaft sowohl kulturelle als auch kommerzielle Aspekte bestünden. Die meisten Kulturaktivitäten blieben in der Regel nicht auf rein ideelle Zielsetzungen beschränkt, sondern würden darüber hinaus einen oft erheblichen Wirtschaftsfaktor darstellen. Dementsprechend wird bei der Genehmigung der Kulturbeihilfen nicht allein darauf abgestellt, ob der kulturelle Charakter der Maßnahme überwiegend ist, es genüge eine „auch-kulturelle" Betätigung.[61]

Wie in Teil I dargestellt, hat die Gebührenfinanzierung den öffentlich-rechtlichen Rundfunk in die Lage zu versetzen, seine verfassungsmäßigen und gesetzlichen Aufgaben, nämlich die Grundversorgungsaufgabe, zu erfüllen. Der Rundfunk in Deutschland wurde seit langem als ein kulturelles Phänomen bewertet. Nach Ansicht des BVerfG ist er ein wichtiger Bestandteil des kulturellen Bereichs.[62] Mit Einführung der dualen Rundfunkordnung kommt dem öffentlich-rechtlich Rundfunk die Grundversorgungsaufgabe zu. Der Gesetzgeber ist verpflichtet, diese dynamisch zu verstehende Grundversorgung der Bevölkerung durch den öffentlich-rechtlichen Rundfunk sicherzustellen. Das BVerfG hat ebenfalls klargestellt, dass der klassische Auftrag des Rundfunks nur dann erfüllt werden

---

[60] Entscheidung der Kommission v. 10.6.1998, CELF, ABlEG 1999, L 44/37, S. 52; dazu siehe auch Koenig/Kühling, EuZW 2000, S. 197/201.

[61] Entscheidung der Kommission v. 3.6.1998, Beihilfe N 3/98; Entscheidung der Kommission vom 25.11.1998; Beihilfe N 486/97; Entscheidung der Kommission vom 21.4.1999, Beihilfe N 4/98; dazu siehe auch Koenig/Kühling, EuZW 2000, S. 197/201; Koenig/Kühling/Ritter, EG-Beihilfenrecht, S. 153.

[62] BVerfGE 12, 205/229.

kann, wenn der Rundfunk neben seiner Rolle für die Meinungs- und Willensbildung, neben Unterhaltung und Information seine kulturelle Verantwortung wahrnimmt.[63] Die Funktion der Grundversorgungsaufgabe ist es, den Gesetzgeber bei der Ausgestaltung der dualen Rundfunkordnung an die normative Verpflichtung zu binden, ein Systemgleichgewicht zu bewahren. Konkreter ausgesprochen steht dieser Begriff für die verfassungsrechtliche Notwendigkeit, die Vielfaltsdefizite des kommerziellen (werbefinanzierten) Rundfunks auszugleichen, wenn der Gesetzgeber das duale Rundfunksystem etabliert, in dem nicht gleich hohe Vielfaltsanforderungen an den privaten Rundfunk gestellt werden.[64] Dabei umfassen diese Anforderungen nicht nur Meinungsvielfalt, sondern auch die Vielfalt der Kultur. Offensichtlich enthält die deutsche Rundfunkgebühr überwiegend kulturellen Charakter, sie gewährleistet hauptsächlich auch kulturelle Betätigungen, wenn der Kulturbegriff im weiteren Sinne ausgelegt wird. Daher kann diese, falls die deutsche Gebührenfinanzierung des öffentlich-rechtlichen Rundfunks als staatliche Beihilfe zu qualifizieren ist, als Kulturbeihilfe im Sinne des Art. 87 Abs. 3 lit. d EGV gerechtfertigt werden.

c) Beeinträchtigung der Handels- und Wettbewerbsbedingungen

Schließlich ist die finanzielle Maßnahme für die Kulturförderung gemäß Art. 87 Abs. 3 lit. d EGV nur zulässig, soweit sie die Handels- und Wettbewerbsverhältnisse nicht in einem Maß beeinträchtigt, das dem gemeinsamen Interesse zuwiderläuft. Hierbei findet allerdings eine Abwägung zwischen den Interessen der Gemeinschaft an der Wahrnehmung des freien Wettbewerbs und den Mitgliedstaatsinteressen an der Förderung seiner

---

[63] BVerfGE 73, 118/158; 90, 60/90.
[64] Holznagel/Vesting, Sparten- und Zielgruppenprogramme, S. 51.

nationalen Kultur statt. Bei solcher Abwägung muss das Verhältnismäßigkeitsprinzip angewandt werden, das seit langem in der Rechtsprechung des EuGH anerkannt ist.[65] Nach Art. 5 Abs. 3 EGV ist dieses Prinzip eine Richtschnur für die Kompetenzausübung sämtlicher Gemeinschaftsorgane. Elemente des Verhältnismäßigkeitsprinzips, die vom EuGH entwickelt wurden, sind die Geeignetheit, die Erforderlichkeit sowie die Proportionalität.[66] Die Rechtfertigung gemäß Art. 87 Abs. 3 lit. d EGV setzt daher voraus, dass die Kulturförderungsmaßnahme geeignet und erforderlich ist, um die kulturelle Zielsetzung des Mitgliedstaates zu erreichen. Im Folgenden wird die Frage überprüft, ob die deutsche Gebührenfinanzierung als Kulturförderungsmaßnahme die Handels- und Wettbewerbsbedingungen in einem Maß beeinträchtigt, das dem gemeinsamen Interesse zuwiderläuft.

aa) Geeignetheit

Zunächst müsste die Gebührenfinanzierung des öffentlich-rechtlichen Rundfunks zur Kulturförderung geeignet sein. Wie bereits dargestellt, ist die Finanzierung, die der Erfüllung des öffentlichen Auftrages des öffentlich-rechtlichen Rundfunks dient, der von den Mitgliedstaaten festgelegt, ausgestaltet und den Rundfunkanstalten übertragen wird, grundsätzlich zur Kulturförderung geeignet. Die deutsche Rundfunkgebühr ist die Hauptfinanzierungsquelle des öffentlich-rechtlichen Rundfunks. Zwar steht den Rundfunkanstalten auch die Einnahme aus Werbung zur Verfügung, in der Praxis spielt diese Finanzierungsart jedoch nur eine geringe Rolle, weil die Werbeeinnahmemöglichkeit des öffentlich-rechtlichen Rundfunks nach § 15 RStV restriktiv begrenzt wird. Dabei ist die 20 Uhr-Werbegrenze sowie die

---

[65] EuGHE 1994, Slg. I-3681 ff., Rs. C 359/92; Oppermann, Rundfunkgebühren, S. 94.
[66] EuGHE 1997, Slg. I-2405, Rs. C 233/94; 1998, Slg. I-6337, Rs. C 36/97 und C 27/97.

Beschränkung auf 20 Minuten werktäglich im Jahresdurchschnitt ein äußerst wirksames Limit. Nur die Rundfunkgebühr ist eine geeignete Finanzierungsart, um die öffentlichen Rundfunkaufträge, nämlich die Grundversorgungsaufgabe, zu gewährleisten, welche kulturfördernd im Sinne des Art. 87 Abs. 3 lit. d sind. Dies haben BVerfG und EuGH gleichermaßen anerkannt.[67] Die Gebührenfinanzierung schützt den öffentlich-rechtlichen Rundfunk in gleichem Maße wirksam vor politischen Einflussnahmen wie vor privaten Abhängigkeiten. Sie erlaubt es ihm, unabhängig vom Zwang maximaler Einschaltquoten und Werbeaufträgen ein Programm anzubieten, das den verfassungsrechtlichen Anforderungen gegenständlicher und meinungsmäßiger Vielfalt entspricht. Nur dadurch kann das gemeinschaftsrechtliche Ziel der kulturellen Vielfalt verwirklicht werden.

Jedoch wird die Geeignetheit der deutschen Rundfunkgebühren zur Kulturförderung im Schrifttum zum Teil bezweifelt. Selmer/Gersdorf haben darauf hingewiesen, dass die Gebührenfinanzierung des öffentlich-rechtlichen Rundfunks nicht geeignet ist, das kulturelle Leben in Deutschland zu fördern, weil die Beteiligung des privaten Rundfunks am Gebührenaufkommen gemäß § 43 RStV von Anfang an ausgeschlossen würde. Diese Kritiker sehen diese Ausklammerung als Diskriminierung des privaten Rundfunks. Dadurch wird die Leistungsfähigkeit des privaten Rundfunks im publizistischen Wettbewerb geschwächt. Der publizistische Wettbewerb als ein Lebenselement der Meinungsfreiheit würde insoweit verkürzt. Daher könne die Privilegierung des öffentlich-rechtlichen Rundfunks durch den Ausschluss des privaten Rundfunks vom Gebührenaufkommen keinen Beitrag zur Entfaltung des

---

[67] BVerfGE 73, 118/158; 87, 181/199; 90, 60/90; EuGHE 1993, I-487 ff, Rs. C 148/91, Veronica = EuZW 1993, S. 251 f.; Oppermann, Rundfunkgebühren, S. 96.

kulturellen Lebens in Deutschland leisten. Sie sei insofern zur Erfüllung des Normziels des Art. 87 Abs. 3 lit. d EGV nicht geeignet.[68]

Diese Argumentation ist fragwürdig. Sie bezieht sich nicht auf die Eignung der Gebührenfinanzierung zur Kulturförderung, sondern auf die Erforderlichkeit im Sinne der Frage, ob es ein anderes Finanzierungsverfahren gäbe, welches den publizistischen Wettbewerb weniger beeinträchtigt.[69] Zudem würde es zu einer unerträglichen Kostenexplosion führen, wenn die privaten Rundfunkveranstalter auch am Gebührenaufkommen partizipieren könnten. Auf diese Weise kann das Normziel der Kulturförderung des Art. 87Abs.3 lit. d EGV und der Gewährleistung der Meinungsvielfalt unmöglich erreicht werden.

bb) Erforderlichkeit

Wenn die Gebührenfinanzierung des öffentlich-rechtlichen Rundfunks als geeignete Maßnahme zur Kulturförderung anzusehen ist, stellt sich weiterhin die Frage, ob sie erforderlich ist, um diesen den Rundfunkanstalten aufgetragenen öffentlichen Auftrag zu erfüllen. Art. 87 Abs. 3 lit. d EGV bestimmt wie die anderen Ausnahmen des Art. 87 Abs. 3 EGV eine Genehmigungsmöglichkeit von Hilfsgeldern, die erforderlich sind, um ein nationales Zielvorhaben durchzuführen. Demgemäß kann diese Beihilfevorschrift nur in einer Weise angewendet werden, die nicht über das zur Erreichung der genannten Ziele unerläßliche Maß hinausgeht.[70] Die Finanzierungsform der Rundfunkanstalten ist in dem Sinne erforderlich, wenn

---

68 Selmer/Gersdorf, Die Finanzierung des Rundfunks, S. 74 ff.
69 Oppermann, Rundfunkgebühren, S. 98.
70 von Wallenbeg, in: Grabitz/Hilf (Hrsg.), EU Komm., Art. 92, Rn. 44; Damm, Gebührenprivileg und Beihilferecht, S. 153.

keine gemeinschaftsrechtlich vorzugswürdige *geeignetere* Alternative nachgewiesen werden kann. [71] Im Amsterdamer Protokoll wird der Finanzierungsmodus des öffentlich-rechtlichen Rundfunks für die Erfüllung des ihm übertragenen öffentlichen Auftrages nicht bestimmt. Diese Finanzierung muss aber den Erfordernissen der Erfüllung des öffentlichen Auftrages entsprechen. Nach Ansicht der Kommission können die Finanzierungsmodi für den öffentlich-rechtlichen Rundfunk grundsätzlich in zwei große Kategorien aufgeteilt werden: die Einzelfinanzierung und die duale Finanzierung.[72] Der Modus der Einzelfinanzierung umfasse alle Systeme, bei denen sich der öffentlich-rechtliche Rundfunk allein mit öffentlichen Mitteln gleich welcher Form finanzieren lasse. Daneben schließe die duale Finanzierungsform ein breites Spektrum an Finanzierungssystemen ein, bei denen der öffentlich-rechtliche Rundfunk durch verschiedene Kombinationen aus staatlichen Mitteln und kommerziellen Tätigkeiten finanziert würde. Wie in der Mitteilung der Kommission über Leistungen der Daseinsvorsorge dargelegt, sei die Wahl des Finanzierungssystems Sache des einzelnen Mitgliedstaates und grundsätzlich spräche nichts gegen die Wahl einer Mischfinanzierung anstatt einer Finanzierung ausschließlich mit öffentlichen Mitteln, solange der Wettbewerb auf den sachlich relevanten Märkten nicht in einem Ausmaß beeinträchtigt würde, das den Gemeinschaftsinteressen zuwiderlaufe.[73]

Wie oben aufgezeigt, ist der Kulturbereich das hauptsächliche Betätigungsfeld der Mitgliedstaaten gemäß deren nationaler Kulturvorstellung. Die Wahl der Finanzierungsart zur Kulturförderung gehört auch zu der Kompetenz der

---

[71] Oppermann, Rundfunkgebühren, S. 98.

[72] Die Mitteilung der Kommission, ABlEG 2001, C 320/04, S. 9, Rn. 45.

[73] Die Mitteilung der Kommission, ABlEG 2001, C 320/04, S. 10, Rn. 46; Die Mitteilung der Kommission, vom 17.10.2001, KOM (2000) 580, endg., S. 40.

Mitgliedstaaten. In Deutschland hat das BVerfG mehrfach hervorgehoben, dass die Gebührenfinanzierung eine dem öffentlich-rechtlichen Rundfunk gemäße Finanzierungsart sei. Sie setze die Rundfunkanstalten in den Stand, die ihnen zukommende Funktion im dualen System zu erfüllen, und schütze sie zugleich davor, dass die Entscheidung über die Finanzierung zu politischen Einflussnahmen auf das Programm benutzt würde.[74] Dadurch kann die Grundversorgung der Bevölkerung mit Rundfunkprogrammen, deren sämtliche Teile einschließlich des unterhaltenden Segmentes unter einem kulturpolitischen Auftrag fallen, sichergestellt werden. Die deutschen Rundfunkgebühren stellen damit keinen Wettbewerbsvorteil dar. Sie befähigen nur den öffentlich-rechtlichen Rundfunk die ihm verfassungsrechtlich obliegende Grundversorgungsaufgabe durchzuführen. Nach § 11 Abs. 1 RStV muss die Finanzierung des öffentlich-rechtlichen Rundfunks so eingestellt werden, wie sie zur Erfüllung der verfassungsmäßigen und gesetzlichen Aufgaben erforderlich ist. Die Gebührenfinanzierung wird den Rundfunkanstalten ausschließlich zu dem Zweck gewährleistet, ihre Grundversorgungsaufgabe, nämlich die im weiteren Sinne verstehende Kulturaufgabe, verwirklichen zu können. Sie dient aber nicht für einzelne Sendungen oder Programmsegmente, sondern für die „Gesamtveranstaltung" der Rundfunkanstalten.[75] Damit können die Wettbewerbsnachteile des öffentlich-rechtlichen Rundfunks wegen der Werbebeschränkungen oder der Programmverpflichtungen ausgeglichen werden. Außerdem muss die Höhe der Rundfunkgebühr für die Rundfunkteilnehmer sozialverträglich bleiben. Gemäß § 13 Abs. 1 RStV wird der Finanzbedarf der Rundfunkanstalten von der Sachverständigenkommission „KEF" nach den Grundsätzen der Wirtschaftlichkeit und Sparsamkeit überprüft

---

[74] BVerfGE 73, 118/158; 87, 181/199; 90, 60/90.
[75] Eberle, AfP 1995, S. 559.

und ermittelt. Die Rundfunkanstalten müssen bei der KEF einen konkreten Bedarf anmelden und somit eine bestimmte Erhöhung der Rundfunkgebühr beantragen und deren Legitimation beweisen. Durch diesen Überprüfungsmechanismus kann die Festsetzung der Rundfunkgebühr daher nicht über das Maß der Erforderlichkeit zur Erfüllung der Grundversorgungsaufgabe, die gemeinschaftsrechtlich in der Form der Kulturförderung ausgestaltet wird, hinausgehen.

Im Schrifttum ist ein Finanzierungsmodell, das sogenannte „Zerlegungsmodell", von Selmer/Gersdorf vorgeschlagen worden, nach dem das Rundfunkprogramm in kulturell und publizistisch hochwertige Programmteile und in sonstige Programmangebote aufgeteilt werden solle. Der Grund dafür sei, dass Art. 87 Abs. 3 lit. d EGV nur die Finanzierung genehmige, die der Förderung der Hochkultur diene. Die anderen Programmangebote, vor allem das massenattraktive Unterhaltungsprogramm, müssten davon aus Wettbewerbsgründen ausgeschlossen werden. Zudem könnten die privaten Rundfunkveranstalter wie die Rundfunkanstalten entgegen § 43 RStV am Gebührenaufkommen teilhaben, wenn sie derartige kulturelle Programmangebote veranstalteten.[76] Diese Ansicht wird aber in der Literatur aus folgenden zutreffenden Gründen heftig kritisiert:[77] Zunächst sei es schwierig eine Grenze zwischen förderungswürdigen und nichtförderungswürdigen Programmen zu ziehen. Wie das BVerfG hervorgehoben hat, wurde die Grundversorgungsaufgabe des öffentlich-rechtlichen Rundfunks als Gesamtprogramm verstanden, die auch das Unterhaltungsprogramm einschließt. Sie könne nicht beliebig in einzelne Bestandteile zerlegt und auf öffentliche und private Veranstalter verteilt

76 Selmer/Gersdorf, Die Finanzierung des Rundfunks, S. 85 ff.

77 Dazu siehe Oppermann, Rundfunkgebühren, S. 101 ff; Greissinger, Vorgaben des EG-

werden. Nach dem Zerlegungsmodell werde das öffentlich-rechtliche Unterhaltungsprogramm unvermeidlich dem Diktat der Einschaltquoten unterworfen. Offensichtlich verstoße es gegen die verfassungsrechtliche Aufgabe der Rundfunkanstalten. Zudem sei das Wettbewerbsprinzip im Gemeinschaftsrecht nicht absolut und unbegrenzt. Nach Art. 3 lit. q und Art. 151 EGV verpflichtet sich die Gemeinschaft, einen Auftrag zur Kulturförderung auf europäischer Ebene unter Wahrung des kulturellen Selbstbestimmungsrechts der Mitgliedstaaten zu erfüllen. Auch der audiovisuelle Bereich gehöre dazu.[78] Der EuGH hat sich ebenfalls dafür ausgesprochen, dass die Aufrechterhaltung eines pluralistischen Rundfunksystems Bestandteil der Kulturpolitik der Mitgliedstaaten und gemeinschaftsrechtlich zulässig ist.[79] Dementsprechend kann der kulturellen Auftrag des öffentlich-rechtlichen Rundfunks angesichts der wirtschaftlichen Gründe verdrängt werden. Das Zerlegungsmodell stellt daher keine geeignetere gemeinschaftliche Alternative dar.

cc) Angemessenheit

Schließlich stellt sich die Frage der Angemessenheit der Gebührenfinanzierung, nämlich, ob diese Finanzierungsart in einem angemessenen Verhältnis zu dem mit ihr verfolgten Zweck steht und nicht die gemeinschaftlichen Interessen übermäßig beeinträchtigt. Diese Frage wird auch durch das Amsterdamer Protokoll angesprochen. Das Protokoll legt zwei Grenzen für die Finanzierungsbefugnisse der Mitgliedstaaten fest. Zum einen muss die Finanzierung dem öffentlichen Auftrag des öffentlich-rechtlichen Rundfunks

---

Vertrags, S. 221 ff.

[78] Blanke, in: Calliess/Ruffert (Hrsg.), EUV/EGV Komm., Art. 151 EGV, Rn. 1und 11.

[79] EuGHE 1993, I-487 ff, Rs. C 148/91, Veronica= EuZW 1993, S. 251 f; 1994, Slg. I-4795 ff., Rs. C-23/93, TV 10.

dienen. Die Ausgestaltung dieses öffentlichen Auftrages und der Finanzierungsmodus zur Erfüllung dieses Auftrags werden jedoch ausschließlich von den Mitgliedstaaten selbst entschieden. Zum anderen darf sie die Handels- und Wettbewerbsbedingungen in der Gemeinschaft nicht in einem Ausmaß beeinträchtigen, das dem gemeinsamen Interesse zuwiderläuft. Danach würde die Finanzierung des öffentlich-rechtlichen Rundfunks als unangemessne Beihilfe angesehen, wenn sie über die oben erwähnten Grenzen hinausgeht. Hierbei stellt sich aber die Frage, ob die deutsche Gebührenfinanzierung des öffentlich-rechtlichen Rundfunks die zwei gemeinschaftsrechtlichen Grenzen übertritt.

Wie oben dargestellt, wird der deutsche Grundversorgungs- oder Funktionsauftrag des öffentlich-rechtlichen Rundfunks als ein öffentlicher Auftrag im Sinne des Amsterdamer Protokolls verstanden. Dieser Auftrag fällt unter den Kulturbegriff des Art. 87 Abs.3 lit. d EGV, der von den Mitgliedstaaten selbst definiert wird. In Deutschland wird die Grundversorgungsaufgabe aufgrund der Rundfunkfreiheit des Art. 5 Abs. 1 GG und durch die Rechtsprechung des BVerfG ausgestaltet. Die Rundfunkfreiheit gewährleistet eine Grundversorgung der Bevölkerung durch die öffentlich-rechtlichen Rundfunkanstalten mit Rundfunkprogrammen, die umfassend und in der vollen Breite des klassischen Rundfunkauftrags informieren. Im Rahmen dieses Programmangebots soll die Meinungsvielfalt in der verfassungsrechtlich gebotenen Weise hergestellt werden.[80] Um die Unabhängigkeit des öffentlich-rechtlichen Rundfunks und die Erfüllung der Grundversorgungsaufgabe wahrzunehmen, verlangt das BVerfG von dem Gesetzgeber, eine funktionsgerechte Finanzierung für die Rundfunkanstalten zu schaffen. Nach Ansicht des Verfassungsgerichtes ist die

[80] BVerfGE 74, 297/325 f.; 83, 238/298.

Gebührenfinanzierung die den Rundfunkanstalten gemäße Art der Finanzierung. Diese Mittelausstattung ist, wie oben bereits gezeigt, ausschließlich zur Erfüllung des öffentlichen Auftrags bestimmt. Daher geht diese Gebührenfinanzierung über die von dem Amsterdamer Protokoll aufgestellten Grenzen nicht hinaus.

Außerdem beeinträchtigt die Rundfunkgebühr nicht die Handels- und Wettbewerbsbedingungen in der Gemeinschaft im Sinne des Art. 87 Abs. 3 d EGV. Einerseits ist sie, wie bei Überprüfung nach Art. 87 Abs. 1 EGV dargelegt, ein angemessenes Entgelt zur Erfüllung der Grundversorgungsaufgabe der Rundfunkanstalten. Eine solche Pflicht und Freiheit verbindende Aufgabe kann wirtschaftlich erfüllt werden, wenn ihrem Träger eine gesicherte Finanzierung zur Verfügung steht. Die privaten Rundfunkveranstalter können angesichts der Zwänge eines „Diktats der Einschaltquoten" diesen öffentlichen Auftrag nicht verwirklichen und insofern eine umfassende Programmvielfalt fast unmöglich bieten. Auf dieser Grundlage wird die Gebührenfinanzierung im dualen Rundfunksystem gerechtfertigt.[81] Diese Finanzierung stellt nur einen Ausgleich der Wettbewerbsnachteile dar, weil aufgrund der Grundversorgungsaufgabe die Wettbewerbsfähigkeit des öffentlich-rechtlichen Rundfunks auf nationaler und auf gemeinschaftlicher Ebene restriktiv beschränkt ist. Tatsächlich können die Gebühreneinnahmen den Finanzbedarf für die Dienste der Grundversorgung nicht decken. Daher sind andere Finanzierungsquellen neben den Rundfunkgebühren zulässig, wenn sie die Gebührenfinanzierung nicht in den Hintergrund drängen.[82] Andererseits regelt Art. 87 Abs. 3 d EGV das zwischenstaatliche und nicht das nationale Wettbewerbsverhältnis. Bei der

[81] BVerfGE 73, 118/158; 90, 60/90.
[82] BVerfGE 87, 181/200; 90, 60/91.

Untersuchung der Wettbewerbslage auf den relevanten Rundfunkmärkten nach Art. 87 Abs. 1 EGV wurde bereits festgestellt, dass der deutsche öffentlich-rechtlichen Rundfunk hauptsächlich mit den sich in Deutschland betätigenden privaten Rundfunksendern in Konkurrenz steht. Zwar besteht ein gewisser innergemeinschaftlicher Wettbewerb, insbesondere auf dem Programmbeschaffungs- und -verwertungsmarkt, er tritt aber hinter den innermitgliedstaatlichen Wettbewerb zurück. [83] Hiernach kann die Angemessenheit der Rundfunkgebühren nicht bezweifelt werden.

5. Zwischenergebnis

Im Ergebnis bleibt festzuhalten, dass die deutsche Rundfunkgebühr als Kulturbeihilfe im Sinne des Art. 87 Abs. 3 lit. d EGV angesehen werden kann, falls sie, wie ein Teil des Schrifttums annimmt, als staatliche Beihilfe im Sinne des Art. 87 Abs. 1 EGV zu bewerten wäre. Diese Finanzierung ist geeignet, erforderlich und angemessen zur Förderung der mitgliedstaatlichen Kulturvielfalt. Nach der Bestimmung des Art. 87 Abs. 3 lit. d EGV kann die staatliche Beihilfe zulässig sein, wenn sie der Kulturförderung dient, soweit sie die Handels- und Wettbewerbsbedingungen in der Gemeinschaft nicht in einem Maß beeinträchtigt, das dem gemeinsamen Interesse zuwiderläuft. Bei der Beurteilung dieser Voraussetzungen ist der Kommission ein Rechtsfolgeermessen eingeräumt. Mit der Bestimmung des Art. 151 EGV wurde der audiovisuelle Bereich in die Kulturpolitik miteinbezogen. Die Definitionsmacht hinsichtlich des Kulturbegriffs verbleibt grundsätzlich bei den Mitgliedstaaten. Diese Definitionsbefugnis ist allerdings nicht grenzenlos. Dieser Gedanke wird auch in den Vorgaben des Amsterdamer Protokolls bestätigt. Die Gemeinschaft muss nach diesen Vorschriften bei der Entfaltung

[83] Oppermann, Rundfunkgebühren, S. 108.

des Kulturlebens in den Mitgliedstaaten mithelfen sowie einen Beitrag zur Entfaltung der Kulturen der Mitgliedstaaten unter Wahrung ihrer nationalen und regionalen Vielfalt leisten. Das Gemeinschaftshandeln im Kulturbereich wird aber nur auf Fördermaßnahmen beschränkt. Im Amsterdamer Protokoll wird auch eine gleiche Schranke für die von dem Mitgliedstaat bestimmte Finanzierung des öffentlich-rechtlichen Rundfunks vorgegeben. In Deutschland wird der Rundfunk seit langem als ein wichtiger Bestandteil des kulturellen Bereichs angesehen. Der kulturelle Auftrag des Rundfunks wird aber nicht nur im Sinne der „*Hochkultur*" angewandt. Er wird im weiteren Sinne verwendet, der sich darauf richtet, ein Bild vom politischen, sozialen und anderen geistigen Leben in Deutschland überallhin zu vermitteln. Daher wurde dem Rundfunk, vor allem dem Fernsehen, in den meisten EU-Mitgliedstaaten eine spezifische öffentliche Verantwortung zugeschrieben. Überdies verpflichten sich die Union und ihre Organe gemäß Art. 6 Abs. 3 EUV, die nationale Identität der Mitgliedstaaten zu achten. Danach soll die nationale Identität des einzelnen Mitgliedstaats vorrangig beachtet werden. Der öffentlich-rechtliche Rundfunk ist nach deutschem Verfassungsverständnis ein wesentlicher Bestandteil eines demokratischen Staatswesens und insoweit auch der nationalen Identität der Bundesrepublik Deutschland. Nicht nur sein Bestand, auch seine Entwicklung muss gemeinschaftsrechtlich gewährleistet werden.

Bei der Genehmigung der Kulturbeihilfen ist nach Ansicht der Kommission nicht darauf abzustellen, ob der kulturelle Charakter der Maßnahme überwiegt, es genügt eine „auch-kulturelle" Betätigung. Tatsächlich hat die deutsche Gebührenfinanzierung den öffentlich-rechtlichen Rundfunk in die Lage zu versetzen, seine verfassungsmäßigen und gesetzlichen Aufgaben, nämlich die Grundversorgungsaufgabe zu erfüllen. Offensichtlich enthält diese

Rundfunkgebühr überwiegend einen kulturellen Charakter. Sie gewährleistet in erster Linie kulturelle Betätigungen, wenn der Kulturbegriff im weiteren Sinne verstanden wird. Hiernach ist die Rundfunkgebühr als die Kulturförderung im Sinne des Art. 87 Abs. 3 lit. d EGV verhältnismäßig. Sie beeinträchtigt die Handels- und Wettbewerbsverhältnisse nicht in einem Maß, das dem gemeinsamen Interesse zuwiderläuft. Daher besteht kein Zweifel, dass die deutsche Gebührenfinanzierung des öffentlich-rechtlichen Rundfunks als Kulturbeihilfe im Sinne des Art. 87 Abs. 3 lit. d EGV gerechtfertigt werden kann, solange sie als staatliche Beihilfe bewertet wird.

II. Die Anwendbarkeit von Art. 86 Abs. 2 EGV auf die Gebührenfinanzierung des öffentlich-rechtlichen Rundfunks

Bei der beihilferechtlichen Überprüfung der deutschen Gebührenfinanzierung des öffentlich-rechtlichen Rundfunks erhebt sich ferner die Frage, ob die Ausnahmeregelung des Art. 86 Abs. 2 EGV auf die deutsche Rundfunkgebühren anwendbar ist. Wie bereits in der Diskussion der Kulturbeihilfe dargestellt, kann Art. 86 Abs. 2 EGV nicht im Wege der Spezialität verdrängt werden. Die Bestimmung des Art. 86 Abs. 2 EGV zielt darauf, eine Balance zwischen Liberalisierungspolitik und Gemeinwohlinteressen zu sichern.[84] Darin manifestiert sich die Funktion, einen Ausgleich zwischen den gemeinschaftsrechtlichen Zielen einerseits und dem legitimen Interesse der Mitgliedstaaten an der Erfüllung im öffentlichen Interesse liegender Aufgaben andererseits zu schaffen.[85] Daher muss die Anwendbarkeit des Art. 86 Abs. 2 EGV ebenfalls bei der beihilferechtlichen

---

[84] Jung, in: Calliess/Ruffert (Hrsg.), EUV/EGV Komm., Art. 86, Rn. 3.

[85] EuGHE 1997, Rs. C-159/94 Kommission/Frankreich, Slg. 1997, I-5815, 5834 Rn. 55.

Überprüfung der deutsche Rundfunkgebühren berücksichtigt werden, wenn es denn darauf überhaupt ankäme.

1. Der Regelungszweck des Art. 86 Abs. 2 EGV

a) Die Funktion des Interessenausgleichs

Nach der Bestimmung des Art. 86 Abs. 2 EGV gelten die Vorschriften dieses Vertrags, insbesondere die Wettbewerbsregeln, nicht für Unternehmen, die mit Dienstleistungen von allgemeinem wirtschaftlichem Interesse betraut sind, soweit die Anwendung dieser Vorschriften die Erfüllung der ihnen übertragenen besonderen Aufgabe rechtlich oder tatsächlich verhindert. Dies bezieht sich vor allem auf das Beihilfeverbot. Diese Ausnahmeklausel wird jedoch nach Art. 86 Abs. 2 S. 2 EGV wieder durch die Erwägung relativiert, dass die Entwicklung des Handelsverkehrs nicht in einem Ausmaß beeinträchtigt werden darf, das dem Interesse der Gemeinschaft zuwiderläuft.[86] Art. 86 Abs. 2 EGV verfolgt den Zweck, dass in dem Widerstreit zwischen der Erfüllung legitimer öffentlicher Aufgaben in der Rechtsordnung der Mitgliedstaaten und der Gewährleistung des Wettbewerbsregimes im Binnenmarkt ein Ausgleich in der Richtung gesucht werden muss, und dass die Erfüllung jener nationalen öffentlichen Aufgaben jedenfalls nicht verhindert werden darf. Diese Ausnahmebestimmung ist zentraler normativer Ansatzpunkt für eine Balance zwischen Liberalisierungspolitik und Gemeinwohlinteressen.[87] Zwar ist die Anwendung des Gemeinschaftsrechts auf die mit dem öffentlichen Auftrag beauftragten Unternehmen bisher in der

---

[86] Oppermann, Rundfunkgebühren, S. 52.

[87] Europäische Kommission, 26. Wettbewerbsbericht (1996), Ziff. 23, 114; 27. Wettbewerbsbericht (1997), Erster Teil, Ziff. 4, 7, 97, 100; dazu siehe auch Calliess/Ruffert (Hrsg.), EUV/EGV Komm., Art. 86, Rn. 3.

Literatur umstritten, die Rolle, die Dienstleistungen von allgemeinem wirtschaftlichen Interesse für die Erreichung der grundlegenden Ziele der Europäischen Union spielen, wurde jedoch von der Kommission in ihrer Mitteilung über Leistungen der Daseinsvorsorge ausdrücklich anerkannt.[88] Die Kommission hat auch im Bericht für Leistungen der Daseinsvorsorge des weiteren die Meinung vertreten, dass das Gemeinschaftsrecht es generell den Mitgliedstaaten überließe, ob sie öffentliche Dienstleistungen direkt oder indirekt selber erbringen oder die Leistungserbringung einem Dritten überlassen wollen. Zudem ist die Kommission der Ansicht, dass Leistungen der Daseinsvorsorge unter den Bedingungen eines finanziellen Gleichgewichts erbracht werden können sollen. Es sei aber Aufgabe der Mitgliedstaaten, die finanzielle Stabilität von Leistungen der Daseinsvorsorge sicherzustellen.[89] Demgemäß könne die Grundversorgungsaufgabe des öffentlich-rechtlichen Rundfunks in Deutschland und die zur Erfüllung dieser öffentlichen Aufgabe entrichteten Rundfunkgebühren auf europäischer Ebene nach Art. 86 Abs. 2 EGV legitimiert werden.

b) Das Verhältnis der Bestimmung des Art. 86 Abs. 2 EGV zu Art. 16 EGV

Es stellt sich noch die Frage, ob die Ausnahmeregelung des Art. 86 Abs. 2 EGV durch Art. 16 EGV, der ebenfalls durch die Amsterdamer Verträge in den EGV eingefügt worden ist, verdrängt wird. Art. 16 EGV betrifft, wie Art. 86, auch Unternehmen des „service public“. Der Begriff „Dienste von allgemeinem wirtschaftlichem Interesse“ wird daher in beiden Vorschriften

---

[88] Die Mitteilung der Kommission, vom 17.10.2001, KOM (2000) 580, endg., S. 40.

[89] Bericht für Leistungen der Daseinsvorsorge, vom 17.10.2001, KOM (2001), endg., S. 5, Rn. 7.

identisch verstanden.[90] Nach allgemeiner Ansicht ist Art. 16 EGV als Aufgabenzuweisung an die Gemeinschaft und die Mitgliedstaaten anzusehen. Danach müssen sie im Rahmen ihrer Befugnisse dafür sorgen, dass die Grundsätze und Bedingungen für das Funktionieren der Dienste von allgemeinem wirtschaftlichem Interesse so gestaltet werden, dass sie ihren Aufgaben nachkommen können. Diese Vorschrift betont einerseits den Stellenwert, den solche Dienste „innerhalb der gemeinsamen Werte der Union einnehmen" sowie „ihre Bedeutung bei der Förderung des sozialen und territorialen Zusammenhalts", und andererseits, dass die Art. 73, 86 und 87 EGV für solche Dienste weiterhin geltend sein sollen.[91] Hierbei ist klarzustellen, dass die Gestaltung der Rahmenbedingungen für diese gemeinwohlorientierten Dienste unter den Bereich der konkurrierenden Zuständigkeit fällt. Die Förderung solcher Dienste ist daher auch eine Gemeinschaftsaufgabe, weil sie bedeutsam für den sozialen Zusammenhalt in der Gemeinschaft und auch von gemeinsamem europäischen Interesse ist.[92]

Die Bestimmung des Art. 16 EGV ist aber keine eigenständige Aussage über die Zuständigkeitsverteilung im Bereich der Wirtschafts- und Wettbewerbspolitik. Sie wurde nur als bloßer Handlungsauftrag für Gemeinwohldienste eingeführt.[93] In der 13. Erklärung zur Schlussakte des Amsterdamer Vertrags wurde ergänzt, dass der die öffentlichen Dienste betreffende Art. 16 unter uneingeschränkter Beachtung der Rechtsprechung des Gemeinschaftshofs, u. a. in Bezug auf die Grundsätze der Gleichbehandlung, der Qualität und der Dauerhaftigkeit solcher Dienste

---

[90] Jung, in: Calliess/Ruffert (Hrsg.), EUV/EGV Komm., Art. 16, Rn. 8.
[91] Zeller, Die EBU, S. 298 f.
[92] Jung, in: Calliess/Ruffert (Hrsg.), EUV/EGV Komm., Art. 16, Rn. 10.
[93] Jung, in: Calliess/Ruffert (Hrsg.), EUV/EGV Komm., Art. 16, Rn. 11.

umgesetzt wird.[94] Dadurch werden die gemeinwohlverpflichteten Wirtschaftsformen weiter gewährleistet und aufgewertet. Die gleiche Tendenz zu einer Ausnahme gemeinwirtschaftlicher Leistungsformen von dem europäischen Wettbewerbsregime zeigt auch das „Protokoll über den öffentlich-rechtlichen Rundfunk in den Mitgliedstaaten". Es bestätigt ausdrücklich, dass es zu der Kompetenz der Mitgliedstaaten gehört, den Rundfunkanstalten Aufgaben im Allgemeininteresse zu übertragen und sie insofern aus öffentlichen Mitteln zu finanzieren. Daher erscheint Art. 16 EGV nur als politische Absichtserklärung und Handlungsaufforderung mit geringen rechtlichen Auswirkungen.[95] Die Bestimmung des Art. 86 Abs. 2 EGV bleibt deshalb durch die Einführung des Art. 16 EGV unberührt.

b) Das Verhältnis zwischen dem Amsterdamer Protokoll und Art. 86 Abs. 2 EGV

Darüber hinaus ist fraglich, ob die Anwendung des Art. 86 Abs. 2 EGV auf die Finanzierungsproblematik des öffentlich-rechtlichen Rundfunks durch die Aufnahme des „Protokolls über den öffentlich-rechtlichen Rundfunk in den Mitgliedstaaten" des Amsterdam-Vertrages beeinträchtigt wird. Nach dem Amsterdamer Protokoll ist es Sache der Mitgliedstaaten, die besonderen Aufgaben der Rundfunkanstalten zu definieren und vorzugeben. Wie oben erläutert, ist es keine bloße Absichtserklärung, sondern ein integrierter rechtsverbindlicher Bestandteil des Vertrages. Es handelt sich um eine auslegende Bestimmung.[96] Danach soll dieses Protokoll so verstanden werden, dass es die Gemeinschaftsorgane bei Anwendung der bereits vorhandenen Ausnahmeregelung des Art. 86 Abs. 2 EGV in Bezug auf die

---

[94] ABlEG 1996, Nr. C 281/3, Rn. 19-21.
[95] Jung, in: Calliess/Ruffert (Hrsg.), EUV/EGV Komm., Art. 16, Rn. 13 u. 15.

öffentlich-rechtliche Rundfunkfinanzierung bindet.[97] Beide Normen fordern zugleich eine besondere Verhältnismäßigkeit zwischen der staatlichen Maßnahme und der übertragenden Aufgabe. Das Amsterdamer Protokoll unterscheidet sich von Art. 86 Abs. 2 EGV aber durch diesen entscheidenden Maßstab für dieses Verhältnis, dass es bei dem Protokoll das „dienen" und in Art. 86. Abs. 2 EGV das „verhindern" ist. Das Verhältnismäßigkeitskriterium des Art. 86 Abs. 2 EGV ist locker geworden, weil das Protokoll im Vergleich dazu die Forderung an das Verhältnis zwischen staatlicher Maßnahme und besonderer Aufgabe abschwächt.[98] Deshalb werden die Voraussetzungen aus dem Protokoll erfüllt, wenn die Finanzierung geeignet ist, den gebotenen Zweck zu befriedigen. Die Kriterien bei Art. 86 Abs. 2 EGV können dann begrenzt verwandt werden. Die Finanzierung des öffentlich-rechtlichen Rundfunks muss nicht für die Auftragserfüllung unter wirtschaftlich tragbaren Bedingungen erforderlich eingesetzt werden, sie muss jedoch mit dem übertragenen Auftrag zusammenhängen und für die Erfüllung geeignet sein. Was nicht im Zusammenhang mit diesem Auftragsinhalt wäre, könnte danach nicht finanziert werden.[99]

2. Art. 86 Abs. 2 EGV als Legalausnahme oder Bereichsausnahme

Im Schrifttum wird hinsichtlich der Anwendung des Art. 86 Abs. 2 EGV diskutiert, ob diese Vorschrift als Legalausnahme oder als Bereichsausnahme anzusehen ist. Dies betrifft das Anwendungsausmaß dieser Ausnahmeregelung und ist bedeutsam für die Rechtsdogmatik. Deshalb wird im Folgenden auf diese Frage eingegangen.

---

96 Dörr, K&R 2001, S. 233/234.

97 Glotz/Groebel/Mestmäcker, in: Hamm (Hrsg.) Fernsehen auf dem Prüfstand, S. 99; Zeller, Die EBU, S. 237.

98 Zeller, Die EBU, S. 238.

a) Art. 86 Abs. 2 EGV als Legalausnahme

Befürworter dieser Auffassung gehen davon aus, dass Art. 86 Abs. 2 EGV im Prinzip auf Unternehmen und nicht auf die Mitgliedstaaten angewendet wird.[100] Demzufolge gelten die Vertragsvorschriften, vor allem die Wettbewerbsregeln für Unternehmen, die mit Dienstleistungen von allgemeinem wirtschaftlichem Interesse betraut sind, soweit die Anwendung dieser Vorschriften nicht die Erfüllung der ihnen übertragenen besonderen Aufgabe rechtlich oder tatsächlich verhindert. Es wird klargestellt, dass Art. 86 Abs. 2 EGV begrenzte Abweichungen von den unternehmensbezogenen Vorschriften des europäischen Wettbewerbsrechts unter bestimmten Umständen erlaubt. Die Vorschrift enthielte damit eine begrenzte Legalausnahme.[101] Die betroffenen Unternehmen seien nicht von Anfang an von den Regelungen des EG-Vertrages freigestellt, sondern nur in den Aufgabenbereichen, die ansonsten nicht auftragsgerecht erfüllt werden könnten.[102] Außerdem solle das Interesse der Mitgliedstaaten an der Anwendung bestimmter, vor allem öffentlich-rechtlicher Unternehmen als Mittel der Wirtschafts- und Fiskalpolitik mit dem Gemeinschaftsinteresse an der Einhaltung der Wettbewerbsbestimmungen und dem Erhalt eines einheitlichen Binnenmarktes übereinstimmen.[103] Art. 86 Abs. 2 EGV schließe jedoch keinen Souveränitätsvorbehalt zugunsten der Mitgliedstaaten ein. Die Mitgliedstaaten dürften sich nicht dadurch der Anwendung des Vertrags in den

---

99 Zeller, Die EBU, S. 242.

100 Hochbaum, in: Groeben/Thiesing/Ehlermann (Hrsg.), EU-/EGV Komm., Art. 90, Rn. 1; Ehricke, EuZW 1998, S. 741/744.

101 Pernice, in: Grabitz/Hilf (Hrsg.), EU Komm. Bd. 1, Art. 90 EGV, Rn. 51; v. Wilmowsky, ZHR 1991, S. 547; dazu siehe auch, Immenga/Mestmäcker (Hrsg.), EG-W. Komm., Bd. II, Art. 37, 90, Rn. 14 ff.

102 Greissinger, Vorgaben des EG-Vertrags, S. 238.

103 EuGHE 19. 3. 1991 Rs. C-202/88 Slg. 1991, I- 1223, 1263, Rn. 12- Telekommunikationsendgeräte; Zeller, Die EBU, S. 216.

Grenzen des Art. 86 Abs. 2 EGV entziehen. Das gelte auch für kulturelle sowie politisch-demokratische Aufgaben der Mitgliedstaaten.[104]

In der Praxis hat der EuGH zudem ausgesprochen, dass Art. 86 Abs. 2 EGV keine generelle Ausnahme für Unternehmen eines besonderen Wirtschaftszweiges oder für ein einzelnes Unternehmen enthält. Fraglich sei stets im einzelnen, ob die Anwendung der EG-Wettbewerbsregeln die Erfüllung der ihnen übertragenen besonderen Aufgabe rechtlich oder tatsächlich verhindere. Danach müssten zunächst alle in Frage kommenden Vertragsvorschriften überprüft werden. Als eine Legalausnahme von den grundlegenden Vorschriften ist Art. 86 Abs. 2 EGV nach der Auffassung von EuGH und Kommission restriktiv auszulegen. Im Fall des öffentlich-rechtlichen Rundfunks müssten die oben dargelegten Bedingungen im Hinblick auf die auslegenden Bestimmungen des Amsterdamer Protokolls angepasst werden.[105]

b) Art. 86 Abs. 2 EGV als Bereichsausnahme

Die Gegenauffassung versteht Art. 86 Abs. 2 EGV als Bereichsausnahme. Die Bestimmung sei nicht nur für öffentliche Unternehmen oder solche, die in einem gleichwertigen Abhängigkeitsverhältnis zum Staat stehen, sondern auch auf private Unternehmen anwendbar, soweit eine Betrauung mit Dienstleistungen von allgemeinem wirtschaftlichen Interesse vorliegt. Diese Ansicht beruht hauptsächlich auf dem Wortlaut des Art. 86 Abs. 2 EGV, nach dem die Vorschriften des EG-Vertrages dann nicht anwendbar sind, sofern die dort dargelegten Voraussetzungen erfüllt werden. Zwar legte der EuGH einen

---

[104] Engel, Europarechtliche Grenzen, 1996. S. 53.
[105] EuGHE, Rs. 127/73, Slg. 1974, 313/318, BRT/SABAM; Die Mitteilung der

strengeren Maßstab an und entschied, dass eine Freistellung von wettbewerbsrechtlichen Verboten nicht in Betracht komme, solange diese mit der Erfüllung der Aufgaben dieser Unternehmen nicht nachweislich unvereinbar seien.[106] Jedoch gilt diese Vorschrift nach neuerem Standpunkt des Gerichtshofs auch für die Pflichten der Mitgliedstaaten aus Art. 86 Abs. 1 EGV und wirkt so als Beschränkung.[107] In der Entscheidung „Rs. C-159/94, Kommission/Frankreich" hat der EuGH klargestellt, dass Adressaten des Art. 86 Abs. 2 EGV nicht nur die dort angesprochenen Unternehmen seien, sondern auch die Mitgliedstaaten. Gemäß Art. 86 Abs. 2 EGV seien die Vorschriften des EG-Vertrags auf die Unternehmen bereits dann nicht anwendbar, wenn ihre Anwendung die Erfüllung der besonderen Pflichten, die den Unternehmen obliegen würden, sachlich oder rechtlich gefährden würde. Es sei nicht erforderlich, dass das Überleben des Unternehmens bedroht wäre.[108] Danach kann Art. 86 Abs. 2 EGV so verstanden werden, dass er eine Gemeinschaftsrechtliche Möglichkeit für die Mitgliedstaaten bietet, die aus ihrer Sicht notwendigerweise bestehenden öffentlichen Sektoren der Wirtschaft unter bestimmten Bedingungen grundsätzlich von der Anwendung des Gemeinschaftsrechts freistellen zu können.[109] Diese Ansicht wird aufgrund der Gewährleistung des Gemeinwohlinteresses in den Mitgliedstaaten bejaht.

Ob und unter welchen Umständen dies im Fall des öffentlich-rechtlichen Rundfunks herangezogen werden kann, hat der EuGH bisher noch nicht entschieden. Dagegen hat die Kommission in ihrer Entscheidung zu den

---

Kommission, ABlEG 2001, C 320/04, S. 8, Rn. 29.

106 EuGHE 1974, Rs. 155/73, Slg. 1974, 409/430 f.- Sacchi.

107 Bartosch, EuZW 1999, S. 176/178; Jung, in: Calliess/Ruffert (Hrsg.), EUV/EGV Komm., Art. 86, Rn. 33; EuGHE 1993, Rs. C-320/91, Slg. 1993, I- 2533, Rn. 13 f.- Corbeau.

108 EuGHE 1997, Rs. C-159/94, Kommission/Frankreich= EuZW 1998, S. 76 ff.

109 Ehricke, EuZW 1998, S. 741/744.

deutschen Spartenkanälen „Kinderkanal“ und „Phoenix“ bereits zur Anwendbarkeit des Art. 86 Abs. 2 EGV Stellung genommen.[110] Darauf wird im nun folgenden Abschnitt eingegangen.

3. Die Anwendung des Art. 86 Abs. 2 EGV auf die Gebührenfinanzierung des öffentlich-rechtlichen Rundfunks

a) Die öffentlich-rechtlichen Rundfunkanstalten als Unternehmen

Die Anwendbarkeit des Art. 86 Abs. 2 EGV auf die öffentlich-rechtlichen Rundfunkanstalten setzt auch voraus, dass die Rundfunkanstalten als betraute *Unternehmen* im Sinne des Art. 86 Abs. 2 EGV angesehen werden. Es gibt keinen besonderen Unternehmensbegriff in dieser Bestimmung. Der Unternehmensbegriff entspricht grundsätzlich den allgemeinen Unternehmensbegriff des europäischen Wettbewerbsrechts, der auch in Art. 81 ff. gebraucht wird.[111] Die betrauten Unternehmen im Sinne des Art. 86 Abs. 2 EGV können private oder öffentliche sein.[112] Bei der Überprüfung der deutschen Rundfunkgebühren nach dem Art. 87 Abs. 1 EGV wurde bereits festgelegt, dass die öffentlich-rechtlichen Rundfunkanstalten als Unternehmen im Sinne des europäischen Wettbewerbsrechts angesehen werden. Da diese Ansicht in der Praxis vom EuGH bestätigt wurde, können die öffentlich-rechtlichen Rundfunkanstalten als Unternehmen qualifiziert werden, soweit sie in Erfüllung ihrer Aufgaben unternehmerisch tätig werden[113] und sind folglich als betraute *Unternehmen* im Sinne des Art. 86 Abs. 2 EGV anzusehen.

---

[110] Entscheidung der Kommission, 24.02.1999, Nr. NN 70/98. Dazu siehe auch Schwarze, ZUM 2000, S. 779/791.

[111] Pernice, in: Grabitz/Hilf (Hrsg.), EU Komm., Bd. I, Art. 90 EGV, Rn. 14.

[112] Immenga/ Mestmäcker (Hrsg.), EG-W. Komm., Bd. II, Art. 37, 90, Rd. 31.

b) Die Sendetätigkeiten des öffentlich-rechtlichen Rundfunks als Dienstleistungen von allgemeinem wirtschaftlichen Interesse

aa) Die Veranstaltung der Rundfunkanstalten als Dienstleistung im Sinne des Art. 86 Abs. 2 EGV

Hierbei ist problematisch, ob die Veranstaltung des öffentlich-rechtlichen Rundfunks als Dienstleistung von allgemeinem wirtschaftlichen Interesse bewertet werden kann. *Dienstleistungen* im Sinne des Art. 86 Abs. 2 EGV sind solche wirtschaftlichen Tätigkeiten, die von Mitgliedstaaten im öffentlichen Interesse getätigt werden. [114] Fraglich ist, ob dieser Begriff „Dienstleistung“ mit jenem in Art. 50 EGV in Einklang steht. Gemäß Art. 50 EGV sind Dienstleistungen solche wirtschaftlichen Leistungen, die regelmäßig gegen Entgelt erbracht werden und nicht anderen Grundfreiheiten zugewiesen sind. [115] Mit diesem Kriterium der Entgeltlichkeit können kulturelle und sportliche Tätigkeiten unter den Schutzbereich der Dienstleistungsfreiheit in Art. 50 EGV fallen, soweit sie zumindest auch eine wirtschaftliche Komponente enthalten.[116] Der Dienstleistungsbegriff des Art. 86 Abs. 2 EGV ist jedoch nach allgemeiner Ansicht in einem weiteren Sinne zu verstehen. Er stammt aus dem weiteren französischen Begriff des „service public“, der oft auch die Lieferung von Waren umfasst.[117] Dieser Begriff kann also nicht wörtlich ausgelegt werden. Er geht über die Reichweite des Dienstleistungsbegriff im Sinne des Art. 50 EGV hinaus und hat

---

113 EuGHE 1974, Rs. 155/73 Sachi, Slg. 1974, 409/430, Rn. 14.

114 Immenga/ Mestmäcker (Hrsg.), EG-W. Komm., Bd. II, Art. 37, 90, D. Art. 90 Abs. 2 Rd. 42.

115 Damm, Gebührenprivileg und Beihilferecht, S. 133.

116 Roth, ZHR 1985, S. 679/684.

117 Pernice, in: Grabitz/Hilf (Hrsg.), EU Komm., Bd. I, Art. 90 EGV, Rn. 35; Hochbaum, in: Groeben/Thiesing/Ehlermann (Hrsg.), EU-/EGV Komm., Art. 90, Rn. 52.

wirtschaftliche Tätigkeiten jeglicher Art zum Gegenstand.[118] Zudem schließt Art. 86 Abs. 2 EGV noch eine Komponente des *Allgemeininteresses* ein, das grundsätzlich jede öffentliche Versorgungsleistung mit allgemeinem Interesse begreift. Die Bestimmung des *service public* oder des öffentlichen Auftrags gehört zur Befugnis der Mitgliedstaaten.[119] Deshalb fallen nicht nur die typischen Dienstleistungen wie Massenbeförderung von Personen und Waren, z.B. die Kommunikationsdienste von Post und Telekommunikation, sondern auch die Verteilung und der Verkauf von Strom, Gas- und Wasser unter diesen Dienstleistungsbegriff.[120]

Im Gemeinschaftsrecht steht keine ausdrückliche Gewährleistung der Rundfunkfreiheit zur Verfügung, trotzdem gilt Art. 10 EMRK auch für den Rundfunkbereich.[121] Die Ausstrahlung der Rundfunksendungen wird unter die Dienstleistungsfreiheit des EG-Vertrags gefasst.[122] Der EuGH hat bereits im Fall *Sacchi* Rundfunk als Dienstleistung und nicht als Ware qualifiziert.[123] und später wieder bestätigt, dass die Ausstrahlung von Rundfunksendungen einschließlich der Werbung unter den Dienstleistungsbegriff des Art. 50 EGV fällt.[124] Dies gilt auch für die Übertragung von Mitteilungen durch das Kabelfernsehen.[125] Bei den Tätigkeiten des öffentlich-rechtlichen Rundfunks, die bereits unter Art. 50 EGV gefasst wurden, handelt es sich allerdings auch

---

[118] Pernice, in: Grabitz/Hilf (Hrsg.), EU Komm., Bd. I, Art. 90 EGV, Rn. 35.
[119] EuGHE 1997, Rs. C-159/94, Kommission/Frankreich= EuZW 1998, S. 76/78 f.
[120] Groeben/Thiesing/Ehlermann (Hrsg.), Handbuch des Europäischen Rechts, Art. 90, Rn. 52.
[121] Ress/Bröhmer, Europäische Gemeinschaft und Medienvielfalt, S. 72 f.
[122] Degenhart, K&R 2000, S. 49/53.
[123] EuGHE Rs. 155/73 Sacchi, Slg. 1974, 409/428.
[124] EuGHE Rs. 155/73 Sacchi, Slg. 1974, 409/428; Rs. 52/79 Debauve, Slg. 1980, 833/855; Rs. 260/89 ERT, Slg. 1991, I-S. 2925/2958; Rs. C-353/89 Kommission/Niederland, Slg. 1991, I-S. 4069/4092 f.
[125] EuGHE Rs. 352/85 Bond van Adverteerders, Slg. 1988, 2085/2130 f.

um Dienstleistungen im Sinne des Art. 86 Abs. 2 EGV.[126] Insbesondere bezieht sich die Grundversorgungsaufgabe des öffentlich-rechtlichen Rundfunks nach deutschem Rundfunkrecht nach allgemeiner Ansicht auf eine derartige im öffentlichen Interesse liegende Daseinsvorsorge.[127] Diese Auffassung wird auch im Amsterdamer Protokoll bestätigt. Demgemäß wird der öffentlich-rechtliche Auftrag von den Mitgliedstaaten selbst definiert und den Rundfunkanstalten beauftragt. In der Entscheidung über den „Kinderkanal" und „Phoenix" hat die Kommission darauf hingewiesen, dass der Begriff der Grundversorgung nicht notwendig mit dem gemeinschaftsrechtlichen Begriff „Dienstleistungen von allgemeinem wirtschaftlichen Interesse" in Einklang stehen muss.[128] Im Hinblick auf die Entwicklung und Diversifizierung der Rundfunktätigkeiten im digitalen Zeitalter könnte dieser öffentliche Auftrag auch Dienste umfassen, die keine „Programme" im traditionellen Sinne sind, sofern diese den selben demokratischen, sozialen und kulturellen Bedürfnissen der Gesellschaft dienen.[129]

bb) Allgemein wirtschaftliches Interesse im Sinne des Art. 86 Abs. 2 EGV

aaa) Das öffentliche Interesse der Mitgliedstaaten als allgemeines Interesse

Fraglich ist noch, ob die Dienstleistungen der öffentlich-rechtlichen Rundfunkanstalten als solche von *allgemeinem wirtschaftlichen Interesse* im Sinne des Art. 86 Abs. 2 EGV angesehen werden können. Dienstleistungen

---

126 Zeller, Die EBU, S. 218.

127 Oppermann, Rundfunkgebühren, S. 55; Selmer/Gersdorf, Die Finanzierung des Rundfunks, S. 40; Greissinger, Vorgaben des EG-Vertrags, S. 241.

128 Die Entscheidung der Kommission, 24.02.1999, Nr. NN 70/98.

von allgemeinem wirtschaftlichen Interesse liegen vor, wenn ein Unternehmen selbst dann zur Erbringung von im öffentlichen Interesse liegenden Leistungen verpflichtet ist, wenn dies aus einzelwirtschaftlichen Gründen und nach der Marktlage nicht lohnend wäre.[130] Dieses Tatbestandsmerkmal wird aufgrund seines Wortlautes grundsätzlich in zweifacher Hinsicht analysiert. Zum einen, da das Interesse ein „allgemeines" sein muss, fehlt der *allgemeine* Charakter, wenn die Dienstleistung nur im Interesse einzelner Personen oder Personenkreise beziehungsweise nur im Gruppeninteresse einzelner Industriezweige erbracht wird. Zum anderen ist *das allgemeine Interesse* nicht mit dem Interesse der Gemeinschaft gleichzustellen. Nach Satz 2 dieser Bestimmung ist der besondere Auftrag eines Unternehmens nicht gemeinschaftsrechtlich bestimmt, sondern darf lediglich dem Gemeinschaftsinteresse nicht zuwiderlaufen.[131] Aus diesem Grund kann diese Frage nicht aufgrund der Gemeinschaftsinteressen beurteilt werden, weil dieses Tatbestandsmerkmal eine Freistellung der Vertragsregeln, vor allem der Wettbewerbsregeln rechtfertigen soll. Das allgemeine wirtschaftliche Interesse soll als öffentliches Interesse der Mitgliedstaaten angesehen werden.[132] Der Begriff des allgemeinen wirtschaftlichen Interesses muss auch von den Mitgliedstaaten selbst definiert werden. Dies wird in der Richtlinie 2000/52/EG der Kommission vom 26.7.2000 zur Änderung der Richtlinie 80/723/EWG mit dieser Formulierung bestätigt, dass es gemäß Art. 86 Abs. 2 und 3 EGV grundsätzlich Sache der Mitgliedstaaten sei, bestimmte Unternehmen mit der Erbringung bestimmter Dienstleistungen von

---

129 Die Mitteilung der Kommission, ABlEG 2001, C 320/04, S. 8, Rn. 34.

130 Mestmäcker, Recht in der offenen Gesellschaft, S. 574.

131 Hochbaum, in: Groeben/Thiesing/Ehlermann (Hrsg.), EU-/EGV Komm., Art. 90, Rn. 54.

132 Hochbaum, in: Groeben/Thiesing/Ehlermann (Hrsg.), EU-/EGV Komm., Art. 90, Rn. 54; Immenga/Mestmäcker (Hrsg.), EG-W. Komm., Bd. II, Art. 37, 90, Rd. 43; Pernice, in: Grabitz/Hilf (Hrsg.), EU Komm., Bd. I, Art. 90, Rn. 35; Zeller, Die EBU, S. 218.

allgemeinem wirtschaftlichen Interesse, die sie zu definieren haben, zu betrauen, wobei die Kommission die korrekte Anwendung dieses Artikels zu gewährleisten hat. [133] Insofern kommt den Mitgliedstaaten ein weiter Ermessensspielraum zu.

Zudem hat der EuGH in der Rechtsprechung *Corbeau* das allgemeine wirtschaftliche Interesse so ausgelegt, dass die Leistungen zugunsten sämtlicher Nutzer im gesamten Hoheitsgebiet des betreffenden Mitgliedstaates ohne Rücksicht auf Sonderfälle und auf die Wirtschaftlichkeit jedes einzelnen Vorganges erbracht werden.[134] Für die Bestimmung der Grenze zulässiger Wettbewerbsbeschränkungen ist demnach darauf abzustellen, ob Sonderrechte des betreffenden Unternehmens spezifische Tätigkeiten betreffen, die von den im allgemeinen Interesse erbrachten Dienstleistungen trennbar sind.[135] Diese Voraussetzungen sind bei den Tätigkeiten der öffentlich-rechtlichen Rundfunkanstalten erfüllt. Die im öffentlichen Interesse liegende Aufgabe erfüllen die öffentlich-rechtliche Rundfunk mit ihrer vielfaltsorientierten Grundversorgung.[136] Ihre Leistungen kommen sämtlichen Nutzern durch die Verpflichtung zur flächendeckenden Ausstrahlung der Sendungen zugute. Früher wurde der wirtschaftliche Charakter der Dienstleistungen von der Kommission mit der Begründung bezweifelt, dass die Tätigkeit der Rundfunkanstalten überwiegend von gesellschaftlichen und kulturellen Perspektiven gestaltet würde.[137] Darauf sei die Ausnahmebestimmung nach Art. 86 Abs. 2 EGV nicht anwendbar. Diese Ansicht wurde aber vom EuGH abgelehnt. Der Gerichtshof hat die Möglichkeit der Mitgliedstaaten mehrfach

---

[133] ABlEG L193, 29.07.2000, S. 75 ff.
[134] EuGHE 1993, RS. C-320/91 Corbeau, Slg. 1993, I-2533/2568 Rn. 15.
[135] EuGHE 1993, Rs. C-320/91 Corbeau, Slg. 1993, I-2533, 2569, Rn. 19
[136] Frey, ZUM 1999, S. 528/535.
[137] Europäische Kommission, Grünbuch vom 19. Juli 1984, Fernsehen ohne Grenzen, KOM (1984) 300, endg. S. 196 f.

betont, die mit dem Betrieb des Fernsehens beauftragten Rundfunkanstalten als Unternehmen auszugestalten, die mit Dienstleistungen von allgemeinem wirtschaftlichen Interesse betraut sind. [138] Ein weites Verständnis des wirtschaftlichen Interesses zeigt auch das EuG in seiner Entscheidung M'etropole T'el'evision SA u.a./Kommission. Die Verpflichtung, abwechslungsreiche, kulturelle, bildende, wissenschaftliche und für Minderheiten bestimmte Programme auszustrahlen und die ganze Bevölkerung eines Landes ungeachtet der Kosten zu versorgen, ist ein wesentliches Merkmal der besonderen Aufgabe, die mit dem Begriff der Betrauung mit Dienstleistungen von allgemeinem wirtschaftlichen Interesse im Sinne des Art. 86 Abs. 2 EGV zum Ausdruck kommt.[139] Daher hat die Kommission in Übereinstimmung mit der Mehrzahl der Literaturstimmen[140] eine restriktive Auslegung des Begriffs der Dienstleistungen von allgemeinem wirtschaftlichen Interesse aufgegeben. Dementsprechend können auch nationale Rundfunkanstalten durch den öffentlich-rechtlichen Programmauftrag mit Dienstleistungen im Sinne des Art. 86 Abs. 2 EGV betraut werden. In der Entscheidung „Kinderkanal" und „Phoenix" wird dies auch von der Kommission anerkannt.[141]

---

138 EuGHE 1974, RS 155/73 Sacchi, Slg. 1974, 409, 431, Rn. 15; 1985, Rs. 311/84 CBEM/CLT und IPB, Slg. 1985, 3261, 3275 Rn. 17; 1991, Rs. C-260/89 ERT, Slg. 1991, I-2925, 2962, Rn. 33.

139 EuG, 11. Juli. 1996, Rs, T-528/93, T-543/93, T-546/93, Métropole Télévision SA u.a./ Kommission, Slg.1996, II-649/690 Rn. 116.

140 Kommission, Screensport/EBU-Mitglieder, ABlEG, 1991, Nr. L 63/32, 43 Rn. 69; EBU/Eurovisions-System, ABlEG, 1993 179/23, 36 Rn. 78. Dörr/Cloß, ZUM 1996, S. 105/109; Dazu siehe auch, Grill, in: Lenz (Hrsg.), EGV Komm., Art. 90 Rn. 18; Engel, Europarechtliche Grenzen, 1996, S. 52 f.; Fröhlinger, RuF 1993, S. 59/64; Jarass, EuR 1986, S. 75/81 f.; Oppermann, Rundfunkgebühren , S. 42 ff.; Roth, AfP 1986, S. 287/290; Selmer/Gersdorf, Die Finanzierung des Rundfunks, S. 42 f.

bbb) Das Verhältnismäßigkeitsprinzip als entscheidendes Kriterium eines allgemeinen wirtschaftlichen Interesses

Die Lockerung der Voraussetzungen des Art. 86 Abs. 2 EGV zeigt, dass die Zulässigkeit der Wettbewerbsbeschränkung das Interesse der Gemeinschaft aber nicht über Gebühr beeinträchtigen darf. Dies soll anhand des Prinzips der Verhältnismäßigkeit kontrolliert werden.[142] Dieses Prinzip hat der EuGH auch im Urteil FFSA u.a./Kommission auf beihilferechtliche Überprüfung angewandt.[143] Danach muss die Wettbewerbsbeschränkung geeignet und erforderlich sein, um dem betroffenen Unternehmen die Erfüllung der im allgemeinen Interesse liegenden Aufgabe zu ermöglichen. Dabei sind insbesondere die wirtschaftlichen Voraussetzungen der Tätigkeit zu berücksichtigen.[144] Wie bereits ausgeführt, können die spezifischen, insbesondere pluralismusrelevanten Aufgaben der Rundfunkanstalten in eine Zweck-Mittel-Relation zu ihren besonderen Rechten und ihrem autonomen Wettbewerbsverhalten gesetzt werden.[145] Die Zweifel an der Verhältnismäßigkeit der Freistellung im Rahmen des freien Wettbewerbs finden sich nicht im Fall der Rundfunkanstalten, weil diese nicht marktförmige Maßnahmen treffen, sondern durch die Erfüllung der Grundversorgungsaufgabe und durch eine nicht marktförmige Gebührenfinanzierung das Ziel anstreben, das Gemeinwohlinteresse durch Marktwettbewerb möglichst nicht zu beeinträchtigen, um ein breites Meinungs- und Informationsspektrum zu gewährleisten. Die Überprüfung der Grundversorgungsaufgabe und der Gebührenfinanzierung des

---

[141] Die Entscheidung der Kommission, 24.02.1999, Nr. NN 70/98.
[142] Die Basedow, EuZW 1994, S. 359/362; Burgi, EuR 1997, S. 261/277.
[143] EuG 1997, Rs. T-106/95 - FFSA u.a./Kommission, Slg. 1997, II-229, 282 f., Rn, 178.
[144] EuGHE 1993, Rs. C-320/91 Corbeau. Slg. 1993, I-2533/2568, Rn. 14; 1994, Rs. C-393/92 Almelo, Slg. 1994, I-1477, 1520, Rn. 46.
[145] Frey, ZUM 1999, S. 528/537.

öffentlich-rechtlichen Rundfunks nach dem Verhältnismäßigkeitsprinzip wurde mehrfach dargestellt. Aus diesem Grund wird darauf an dieser Stelle nicht mehr eingegangen.

c) Die Übertragung der Grundversorgungsaufgabe der Rundfunkanstalten als Betrauung im Sinne des Art. 86 Abs. 2 EGV

Zudem müsste das Unternehmen gemäß Art. 86 Abs. 2 EGV mit der Dienstleistung „betraut" sein. Eine Betrauung im Sinne dieser Vorschrift liegt nach der Rechtsprechung des EuGH stets vor, wenn den betreffenden Unternehmen die besonderen Aufgaben durch einen *Hoheitsakt der öffentlichen Gewalt* übertragen werden.[146] Diese Voraussetzung wurde anhand einer Analogie zu den Finanzmonopolen in Art. 86 Abs. 2 S. 1 EGV begründet, für die gleichfalls die Bestimmung des Art. 86 Abs. 2 EGV gilt und deren besondere Rechtsstellung auf einem Hochheitsakt beruht. [147] Solcher Hoheitsakt kann in Form eines Gesetzes oder eines Verwaltungsaktes vorliegen. Durch eine bloße staatliche Erlaubnis, Zulassung, Konzession oder Lizenz für die Tätigkeit des Unternehmens ohne die gleichzeitige Betrauung mit einer öffentlichen Aufgabe wird das Erfordernis noch nicht erfüllt.[148] Problematisch ist aber, ob eine Betrauung auch durch einen privatrechtlichen Vertrag erfolgen kann, der aber von einer gesetzlichen Bestimmung einer besonderen Aufgabe ergänzt wird.[149] In dieser Frage hat der EuGH darauf hingewiesen, dass grundsätzlich die Betrauung durch einen hoheitlichen Akt erfolgen müsse, gleichwohl könne aber die staatliche Entscheidung zur Übertragung besonderer

---

[146] EuGHE 1997, Rs. C-159/94 Kommission/Frankreich, Slg. 1997, I-5815, 5836, Rn. 65
[147] EuGHE 1974, Rs. 127/73 BRT/SABAM, Slg. 1974, 313/318, Rn. 23 ;Damm, Gebührenprivileg und Beihilferecht, S. 135.
[148] EuGHE 1983, Rs. 7/82 GVL/Kommission, Slg. 1983, 483/504, Rn. 32; 1997, L 244/18, Tz. 14 - Flämisches Fernsehmonopol.
[149] Ehricke, EuZW 1998, S. 741/744.

Rechte auch durch eine öffentlich-rechtliche Konzession erfolgen.[150] Es mache eigentlich keinen Unterschied, ob die Betrauung durch einen Hoheitsakt vergeben wird oder ob der Staat und das betreffende Unternehmen einen privatrechtlichen Vertrag schließen, der eine Übertragung der besonderen Aufgabe beinhaltet; damit falle dieses Unternehmen unter eine gesetzliche Regelung, aus der ein Ergebnis erfolgt, welches einer Betrauung auch durch einen Hoheitsakt gleichkomme.[151] Inhaltlich wird dieses Tatbestandsmerkmal auch durch das Amsterdamer Protokoll verdeutlicht, wonach der öffentlich-rechtliche Auftrag von den Mitgliedstaaten übertragen, festgelegt und ausgestaltet wird. Wie in Teil I bereits erwähnt, ist die Grundversorgungsaufgabe des deutschen öffentlich-rechtlichen Rundfunks nach der Rechtsprechung des BVerfG unmittelbar aus Art. 5 Abs. 1 GG hergeleitet worden. In den Rundfunkstaatsverträgen und im Recht der Bundesländer wird diese öffentliche Aufgabe vielfältig rechtlich ausgestaltet und festgehalten. Auf dieser Grundlage besteht offensichtlich kein Zweifel, dass die Rundfunkanstalten mit der öffentlichen Aufgabe im Sinne des Art. 86 Abs. 2 EGV *betraut* worden sind.

d) Die Verhinderung der Erfüllung der übertragenen Aufgabe

aa) Der Konflikt zwischen Wettbewerb und Wahrnehmung der Aufgabe von allgemeinem Interesse

Die Möglichkeit von Abweichungen der Bestimmungen des Art. 86 Abs. 2 Satz 1 EGV setzt weiter voraus, dass die Erfüllung der besonderen, nämlich der den Rundfunkanstalten übertragenen Aufgaben durch die Anwendung der

---

[150] EuGHE 1994, Rs. C- 393/92 Almelo, Slg. 1994, I-1477 ff; 1997, RS. C-159/94 Kommission/Frankreich, Slg. 1997, I-5815/5836, Rn. 65.

Vertragsbestimmungen, vor allem der Wettbewerbsregeln, „rechtlich oder tatsächlich" nicht verhindert wird. Die Frage konzentriert sich deshalb auf den Konflikt zwischen dem in den Vertragsbestimmungen zugrundegelegten Wettbewerbsvorrang und der Aufgabenwahrnehmung mit allgemeinem Interesse. Früher wurde dieses Merkmal von der Kommission und von der überwiegenden Meinung in der Literatur so ausgelegt, dass die Erfüllung der Aufgaben nicht erschwert oder behindert werden dürfe.[152] Der EuGH hatte zunächst entschieden, dass die Anwendung der Vertragsvorschriften mit der Erfüllung der übertragenen Aufgabe „nachweislich unvereinbar" sein müsse.[153] Jedoch ist diese Auffassung in seinem neueren Urteil zu den ausschließlichen Ein- und Ausfuhrrechten von Elektrizität und Gas[154] bereits aufgegeben worden. Dabei wurde eine Abkehr von der vorher erwähnten früheren Konzeption des Art. 86 Abs. 2 Satz 1 EGV vollzogen. Danach sind die Vertragsvorschriften auf die betreffenden Unternehmen bereits dann nicht anwendbar, wenn ihre Anwendung die Erfüllung der besonderen Aufgaben, die den Unternehmen obliegen, sachlich oder rechtlich *gefährden* würde. Eine bloße Erschwerung oder Behinderung der Aufgabenerfüllung ist dagegen für die Anwendung des Art. 86 Abs. 2 EGV nicht ausreichend.[155]

---

[151] Ehricke, EuZW 1998, S. 741/745.

[152] Die Entscheidung der Kommission v. 22. 7. 1993, EBU/Eurovisionssystem, AblEG 1993, Nr. L 179, S. 23; Tz. 78 f.; Hochbaum in: Groeben/Thiesing/Ehlermann (Hrsg.), EU-/EGV Komm., Art. 90, Rn. 55 f.; Pernice, in: Grabitz/Hilf (Hrsg.), EU Komm., Art. 90, Rn. 52; Mestmäcker in: Immenga/Mestmäcker (Hrsg.), EG-W. Komm., Bd. II, Art. 37, 90, Rn. 53.

[153] EuGHE 30. 4. 1974 , Rs. 155/73, Slg. 1974, 409/431, Rn. 15 - Sacchi; 23. 4. 1991, Rs. C- 41/90, Slg. 1991, I- 1979/2017, Rn. 24 - Höfner und Elsner; 18. 6. 1991 Rs. C-260/89, Slg. 1991 I- 2925/2962, Rn. 33- ERT.

[154] EuGHE 23. 10. 1997, Rs. C-159/94, Kommission/Frankreich, EuZW 1998, S. 76 ff.

[155] Ehricke, EuZW 1998, S. 741/745.

bb) Von Verhinderung zu erheblicher Gefährdung

Hier stellt sich deshalb die Frage, welcher Gefährdungsgrad für die Erfüllung der besonderen Aufgaben bestehen muss, damit sich der Mitgliedstaat auf Art. 86 Abs. 2 Satz 1 EGV berufen darf. Nun ist es schwierig, den Fall nach dem alten Verständnis dieser Norm, die rechtliche oder tatsächliche Verhinderung, nachzuweisen.[156] Aufgrund dieses Urteils des EuGH ist entschieden worden, dass es sich um eine *erhebliche* Gefährdung handeln muss.[157] Allerdings bedeutet es nicht, dass das Überleben des Unternehmens durch die Anwendung dieser Vertragsvorschriften bedroht sein muss. Die Lockerung kann aber nicht dazu führen, dass eine allgemeine Bereichsausnahme davon abgeleitet würde.[158] Daher bedeutet die Überprüfung des Art. 86 Abs. 2 EGV keinen generellen Ausschluss des EG-Beihilferechts im Zusammenhang mit der Gebührenfinanzierung des öffentlich-rechtlichen Rundfunks. Als Ausnahmevorschrift soll dieses Merkmal strikt und eng ausgelegt werden. Der Ausschluss der Vertragsregelungen gilt nur *soweit*, als die Erfüllung der besonderen Aufgaben der Unternehmen bei ihrer Anwendung rechtlich oder tatsächlich *verhindert* würde.[159] Die Frage, wann eine Gefährdung vorliegt, wird vom EuGH nunmehr auf prozessualer Ebene behandelt. Der Gerichtshof hat dieses Tatbestandsmerkmal der Verhinderung der Erfüllung der übertragenen Aufgaben mit einer Beweislastregel vergeknüpft. Dementsprechend muss der Konflikt zwischen Aufgabenerfüllung und Beachtung der Vertragsbestimmungen konkret bewiesen werden. Eine Gefährdung kann dann eintreten, wenn sie in Intensität und Umfang weiter

---

[156] Heinemann, Grenzen staatlicher Monopole im EG-Vertrag, S. 182; Ehricke, EuZW 1998, 741/745.

[157] Ehricke, EuZW 1998, S. 741/745.

[158] EuGHE 23. 10. 1997 - Rs. C-159/94, Kommission/Frankreich = EuZW 1998, S. 76 ff; Ehricke, EuZW 1998, S. 741/745.

[159] Oppermann, Rundfunkgebühren, S. 57.

ausfallen würde, als für die Erfüllung der übertragenen Aufgabe unter allen Umständen erforderlich. Den Mitgliedstaaten kommt dabei die Beweislast zu, und die Kommission muss deren Beweisführung dahingehend überprüfen, ob sich keine andere Möglichkeit findet als die vom Mitgliedstaat behauptete, um die übertragene Aufgabe zu erfüllen.[160] Diese Beweislast geht jedoch nicht so weit, dass der Mitgliedstaat positiv belegen müsste, dass keine andere vorstellbare Maßnahme es erlauben würde, die Aufgabenerfüllung sicherzustellen.

Als Anwendungsvoraussetzung des Art. 86 Abs. 2 EGV hat der EuGH darauf verwiesen, dass die Freistellung von den Vorschriften des EG-Vertrages nicht die Erforderlichkeit zur Erfüllung der übertragenen Aufgaben überschreiten darf. [161] Bei der Erfüllung der Grundversorgungsaufgabe der Rundfunkanstalten liege eine Verhinderung im Sinne des Art. 86 Abs. 2 EGV nur dann vor, wenn die Gebührenfinanzierung der Rundfunkanstalten über die Grenze der Erforderlichkeit hinausgehe. Um die Anwendbarkeit des Art. 86 Abs. 2 EGV zu gewährleisten, dürften die Mitgliedstaaten über die Gebührenfinanzierung der Rundfunkanstalten keine Maßnahmen treffen, die nicht erforderlich sind, um die von ihnen selbst übertragene Aufgabe zu verwirklichen.[162] Im Amsterdamer Protokoll wird dieser Ansatz bestätigt. Demgemäß müsse die Finanzierung des öffentlich-rechtlichen Rundfunks dem Erfordernis entsprechen, dass die Rundfunkanstalten damit ihren öffentlichen Auftrag erfüllen können. Nach allgemeiner Ansicht wird die Erfüllung der den Rundfunkanstalten übertragenen Grundversorgungsaufgabe bisher durch die Anwendung der Vertragsvorschriften, insbesondere der Wettbewerbsregelungen nicht rechtlich oder tatsächlich verhindert. Die

[160] Ehricke, EuZW 1998, S. 741/745
[161] EuGHE 1993, Rs. C-320/91 Corbeau. Slg. 1993, I-2533/2568, Rn. 14.

Erfüllung dieser besonderen Aufgabe werde nur dann erheblich gefährdet, wenn die Gebührenfinanzierung des öffentlich-rechtlichen Rundfunks durch die Anwendung der gemeinschaftlichen Beihilferegelungen insgesamt beseitigt würde.[163]

e) Die Beeinträchtigung der Entwicklung des innergemeinschaftlichen Handelsverkehrs

Schließlich wird die Bereichsnahme des Art. 86 Abs. 2 S. 1 EGV durch Satz 2 begrenzt. Danach darf die Entwicklung des Handelsverkehrs nicht in einem Ausmaß beeinträchtigt werden, das dem Interesse der Gemeinschaft zuwiderläuft. Dieses Merkmal stellt im Verhältnis zu Satz 1 eine Schranken-Schranke dar.[164] Die begrenzte Befreiung der öffentlich bedeutsamen Unternehmen von EG-Wettbewerbsregeln wird dadurch wieder relativiert.[165] Weil die Beeinträchtigung des Handels zwischen den Mitgliedstaaten bereits Anwendungsvoraussetzung der gemeinschaftlichen Wettbewerbsregeln ist, soll der Begriff des Art. 86 Abs. 2 S. 2 EGV darüber hinausgehen.[166] Der Begriff der „Beeinträchtigung der Entwicklung des Handelsverkehrs" ist bisher nur wenig geklärt. Nach allgemeiner Ansicht kann dieses Merkmal nicht mit den in

Art. 81 Abs. 1 EGV oder Art. 82 EGV umschriebenen Maßnahmen, die geeignet sind, den Handel zwischen den Mitgliedstaaten zu beeinträchtigen, gleichgesetzt werden.[167] Er soll so verstanden werden, dass der freie

[162] Bartosch, EuZW 1999, S. 176/180.
[163] Dörr/Cloß, ZUM 1996, S. 105/118; Greissinger, Vorgaben des EG-Vertrags, S. 247.
[164] Greissinger, Vorgaben des EG-Vertrags, S. 247.
[165] Oppermann, Rundfunkgebühren, S. 52.
[166] Jung, in: Calliess/Ruffert (Hrsg.), EUV/EGV Komm., Art. 86, Rn. 51.
[167] Hochbaum in: Groeben/Thiesing/Ehlermann (Hrsg.), EU-/EGV Komm., Art. 90, Rn. 65;

Wirtschaftsverkehr im gesamten Gemeinsamen Markt und nicht nur im Hinblick auf einzelnen Produkte nachteilig beeinflusst wird.[168] Diese negative Voraussetzung wird dann erfüllt, wenn eine Anwendung dieser Bereichsausnahme zu einem Widerspruch mit den Zielen der Gemeinschaft oder zur Verletzung von Grundprinzipien des Vertrages führen würde.[169] Hierbei muss daher eine umfassende Interessen- und Güterabwägung zwischen dem Interesse der Gemeinschaft und den entgegenstehenden nationalen Interessen an der übertragenen besonderen Aufgabe erfolgen. Im Fall des öffentlich-rechtlichen Rundfunks muss diese Interessen- und Güterabwägung auch im Hinblick auf die auslegenden Bestimmungen des Amsterdamer Protokolls vorgenommen werden. Nach diesem Protokoll setzt die Finanzierung des öffentlich-rechtlichen Rundfunks auch voraus, dass sie dem öffentlich-rechtlichen Auftrag, nämlich der Grundversorgungsaufgabe, dienen muss und dass sie die Handels- und Wettbewerbsbedingungen in der Gemeinschaft nicht in einem Ausmaß beeinträchtigen darf, das dem gemeinsamen Interesse zuwiderläuft, wobei den Erfordernissen der Erfüllung des öffentlich-rechtlichen Auftrags Rechnung zu tragen ist. Zur Beantwortung der Frage, ob das Interesse der Gemeinschaft, insbesondere der freie Wirtschaftsverkehr durch die Erfüllung der Grundversorgungsaufgabe und durch dafür entrichtete Rundfunkgebühren beeinträchtigt wird, soll das Verhältnismäßigkeitsprinzip angewandt werden. Diese Überprüfung aufgrund des Verhältnismäßigkeitsprinzips ist ähnlich derjenigen bei der Diskussion, ob die Rundfunkgebühren Kulturbeihilfen im Sinne des Art. 87 Abs. 3 lit. d EGV sind. Gemäß dieser oben dargelegten Überprüfung ist die Rundfunkgebühr

---

Pernice, in: Grabitz/Hilf, EU Komm., Art. 90, Rn. 55.; Ehricke, EuZW 1993, S. 211/215.

168 Benesch, Die Kompetenzen der EG-Kommission, S. 107; Jung, in: Calliess/Ruffert (Hrsg.), EUV/EGV Komm., Art. 86, Rn. 51.

169 Bartosch, EuZW 1999, S. 176/180; Hochbaum, in: Groeben/Thiesing/Ehlermann (Hrsg.), EU-/EGV Komm., Art. 90, Rn. 62.

eine geeignete und erforderliche Finanzierung zur Erfüllung der Grundversorgungsaufgabe des öffentlich-rechtlichen Rundfunks in Deutschland. Diese Finanzierungsart steht auch in einem angemessenen Verhältnis zu dem mit ihr verfolgten nationalen Gemeinwohlinteresse. Im Ergebnis ist zu sagen, dass die Entwicklung des Handelsverkehr nicht durch die Erfüllung der nationalen öffentlichen Aufgabe in einem Ausmaß beeinträchtigt wird, das dem Interesse der Gemeinschaft zuwiderläuft.

4. Zwischenergebnis

Die öffentlich-rechtlichen Rundfunkanstalten werden ohne Zweifel als Unternehmen angesehen, die mit Dienstleistungen von allgemeinem wirtschaftlichen Interesse betraut sind. Nach obiger Untersuchung wird der von den Mitgliedstaaten definierte öffentliche Auftrag, die Grundversorgungsaufgabe, durch ihre Rundfunktätigkeit verwirklicht. Die den Rundfunkanstalten gewährte Gebührenfinanzierung geht nicht über die Erforderlichkeit zur Erfüllung dieser öffentlichen Aufgabe hinaus. Zudem wird diese Gebührenfinanzierung durch die Anwendung der europäischen Wettbewerbsregelungen nicht erheblich gefährdet. Die Erfüllung der besonderen Aufgabe ist daher rechtlich oder tatsächlich nicht verhindert worden. Die Entwicklung des Handelsverkehr ist auch nicht durch die Erfüllung der nationalen öffentlichen Aufgabe in einem Ausmaß beeinträchtigt worden, das dem Interesse der Gemeinschaft zuwiderläuft. Als Ergebnis bleibt daher festzuhalten, dass aufgrund der Bestimmung des Art. 86 Abs. 2 EGV die Beihilferegelungen des Gemeinschaftsrechts im Rahmen der Rundfunkfinanzierung anwendbar ist. Die Anwendung dieser Ausnahmeregelung muss jedoch im Hinblick auf die Auslegungsbestimmung des Amsterdamer Protokolls vorgenommen werden.

IV. Fazit

Im Hinblick auf die Überprüfung nach den Ausnahmetatbeständen des Beihilfeverbotes bleibt festzuhalten, dass die deutschen Rundfunkgebühren als Beihilfen im Sinne des Art. 87 Abs. 3 lit. d EGV legitimiert werden können, wenn sie als staatliche Beihilfe im Sinne des Art. 87 Abs. 1 EGV qualifiziert werden. Nach der bisherigen Untersuchung ist diese Gebührenfinanzierung geeignet, erforderlich und angemessen zur Förderung der mitgliedstaatlichen Kulturvielfalt. Aufgrund der Bestimmung des Art. 151 EGV wird der audiovisuelle Bereich auch in die Kulturpolitik miteinbezogen. Bei der Beurteilung dieser Voraussetzungen kommt der Kommission ein Rechtsfolgeermessen zu. Die Definitionsmacht über den Kulturbegriff verbleibt aber grundsätzlich den Mitgliedstaaten. Die Gemeinschaft muss danach bei der Entfaltung des Kulturlebens in den Mitgliedstaaten mithelfen sowie einen Beitrag zur Entfaltung der Kulturen der Mitgliedstaaten unter Wahrung ihrer nationalen und regionalen Vielfalt leisten. Das Gemeinschaftshandeln im Kulturbereich ist aber auf Fördermaßnahmen beschränkt. Dies wird im Amsterdamer Protokoll ausdrücklich bestätigt. Dabei wird auch eine gleiche Schranke für die von dem Mitgliedstaat bestimmte Finanzierung des öffentlich-rechtlichen Rundfunks vorgegeben. In Deutschland wird der Rundfunk seit langem als ein wichtiger Bestandteil des kulturellen Bereichs angesehen. Der kulturelle Auftrag des Rundfunks wird aber nicht nur im Sinne der *Hochkultur* verstanden. Er soll in einem weiteren Sinne verwendet werden, der sich darauf richtet, ein Bild vom politischen, sozialen und geistigen Leben in Deutschland überallhin zu vermitteln. Zudem verpflichten sich die Union und ihre Organe gemäß Art. 6 Abs. 3 EUV, die nationale Identität der Mitgliedstaaten zu achten. Danach soll die nationale Identität des einzelnen Mitgliedstaats vorrangig beachtet werden. Der öffentlich-rechtliche Rundfunk ist nach deutschem Verfassungsverständnis ein wesentlicher Bestandteil eines demokratischen Staatswesens und insoweit auch der nationalen Identität der Bundesrepublik Deutschland. Nicht nur sein Bestand, auch seine Entwicklung muss gemeinschaftsrechtlich gewährleistet werden. Tatsächlich soll der deutsche öffentlich-rechtliche Rundfunk durch die Gebührenfinanzierung in die Lage versetzt werden, seine verfassungsmäßige und gesetzliche Aufgabe, die Grundversorgungsaufgabe, zu erfüllen. Diese Aufgabe, der die Rundfunkgebühr dient, hat einen kulturellen Charakter im weiteren Sinne. Daher besteht kein Zweifel, dass die deutsche Gebührenfinanzierung des öffentlich-rechtlichen Rundfunks als Kulturbeihilfe im Sinne des Art. 87 Abs. 3 lit. d EGV gerechtfertigt werden kann.

Darüber hinaus kann die Anwendung des gemeinschaftlichen Beihilferechts auf die deutschen öffentlich-rechtlichen Rundfunkanstalten, vor allem auf ihre Gebührenfinanzierung, aufgrund des Art. 86 Abs. 2 EGV nicht ausgeschlossen werden. Diese Bestimmung verfolgt einen Ausgleich zwischen den Gemeinschaftsrechtlichen Zielen und dem legitimen Interesse der Mitgliedstaaten an der Erfüllung im öffentlichen Interesse liegender Aufgaben. Nach überwiegender Ansicht werden die öffentlich-rechtlichen Rundfunkanstalten als Unternehmen im Sinne des Art. 86 Abs. 2 EGV angesehen, die mit Dienstleistungen von allgemeinem wirtschaftlichem Interesse betraut sind. Angesichts tatbeständlicher Untersuchung wird die Erfüllung dieser öffentlichen Aufgabe durch die Anwendung der europäischen Wettbewerbsregelungen rechtlich oder tatsächlich nicht verhindert. Die Entwicklung des Handelsverkehr ist dadurch nicht in einem Ausmaß beeinträchtigt worden, das dem Interesse der Gemeinschaft zuwiderläuft. Aus diesen Gründen ist festzuhalten, dass die Beihilferegelungen des Gemeinschaftsrechts angesichts der Bestimmung des Art. 86 Abs. 2 EGV im

Rahmen der Rundfunkfinanzierung anwendbar sind. Die Anwendung dieser Ausnahmeregelung muss aber im Hinblick auf die auslegende Bestimmung des Amsterdamer Protokolls vorgenommen werden. Demnach kann die deutsche Gebührenfinanzierung des öffentlich-rechtlichen Rundfunks durch die Kulturbeihilfevorschrift eine Rechtfertigung finden.

Zusammenfassung

1.

Der Rundfunk ist Medium und Faktor der öffentlichen Meinungsbildung. Die Rundfunkfreiheit des Art. 5 Abs. 1 S. 2 GG ist daher eine der öffentlichen Meinungsbildung "dienende Freiheit". Die Einbettung des Rundfunks in seinen Funktionszusammenhang und seine medienspezifische Wirkungsmöglichkeit führt zu einer funktionsbezogenen Auslegung der Rundfunkfreiheit. Diese Freiheitsgarantien stehen im systematischen Zusammenhang mit anderen Verfassungsnormen, so insbesondere mit dem Gleichheitsgrundsatz des Art. 3 GG, dem Demokratieprinzip des Art. 20 Abs. 2 Satz 1 GG und dem Sozialstaatsprinzip des Art. 28 Abs.1 GG.

2.

Die Rundfunkfreiheit definiert das Bundesverfassungsgericht als ebenso subjektives wie objektives Recht, "wobei subjektiv- und objektivrechtliche Elemente einander bedingen und stützen". Den Rundfunk bezeichnet das Bundesverfassungsgericht als verfassungsrechtlich umfassend geschützten Prozess freier Meinungsbildung. Angesichts der Eigentümlichkeiten des öffentlich-rechtlichen Rundfunks und der Besonderheiten der öffentlich-rechtlichen Rundfunkanstalten ist es plausibel, wenn zur Unterstreichung der fremdnützigen und/oder treuhänderischen Funktion des öffentlich-rechtlichen Rundfunks dessen Treuhandstellung in den Vordergrund gerückt wurde.

3.

Das Demokratieprinzip trägt für das Rundfunkwesen folgende Verfassungsgebote:

— Chancengleiche Rundfunkkommunikation zur Förderung einer nichteinseitigen, chancengleichen Meinungs- und Staatswillensbildung

— prinzipielles *Verbot eines Staatsrundfunks*

— bei Bestehen einer Monopolstruktur des Rundfunkwesens Neutralität und programmliche Ausgewogenheit dieser Rundfunkveranstalter mit Integrationsfunktionen

— bei einer *dualen Rundfunkordnung*: Sicherung einer Grundversorgung mit umfassender Information durch die öffentlich-rechtlichen Rundfunkanstalten.

Durch das Sozialstaatsgebot in Verbindung mit dem Demokratieprinzip und Art. 5 Abs. 1 GG wird der Bevölkerung außerdem eine sozial gestaltete Rundfunkgrundversorgung gewährleistet. Ein verfassungsmäßiges System der Rundfunkfinanzierung müsste geeignet sein, zur Verwirklichung von kommunikativer Chancengleichheit auf der Grundlage des Demokratie- und des Sozialstaatsgebots beizutragen.

4.

Den öffentlich-rechtlichen Rundfunkanstalten kommt nach Auffassung des BVerfG eine besondere Grundversorgungsaufgabe zu. Diese öffentliche Aufgabe ist eine rundfunkspezifische Erscheinungsform der *Daseinsvorsorge*, die allein dem öffentlich-rechtlichen Rundfunk zukommt. Grundversorgung bedeutet nicht Mindestversorgung. Vielmehr wurde vom BVerfG darauf hingewiesen, dass die Grundversorgung aus drei wesentlichen Elementen besteht: der Übertragungstechnik, dem inhaltliche Programmstandard und der Sicherung der Meinungsvielfalt. Der Gesetzgeber ist nach Ansicht des BVerfG verpflichtet, die Grundversorgung der Bevölkerung durch die Gewährleistung der *erforderlichen* technischen, organisatorischen, personellen und finanziellen Voraussetzungen für den öffentlich-rechtlichen Rundfunk zu sichern. Die Grundversorgungsaufgabe kann im dualen Rundfunksystem nur dann erfüllt werden, wenn der öffentlich-rechtliche Rundfunk nicht nur in seinem gegenwärtigen Bestand, sondern auch in seiner zukünftigen Entwicklung gesichert wird.

5.

Zwar spricht nichts dagegen, dass sich auch der private Rundfunk um die Erfüllung von Programmanliegen bemüht, die als Grundversorgung ausgegeben werden. Jedoch ist dies nur ein zufälliges Ergebnis seiner grundrechtlich geschützten Privatautonomie, die auch gegenteilig gehandhabt werden kann. Grundversorgung ist bei privaten Rundfunkveranstaltern Gegenstand privatrechtlicher Beliebigkeit, nicht wie bei den öffentlich-rechtlichen Rundfunkanstalten eine treuhänderische Pflicht. Die Bemühungen des Privatfunks um Grundversorgung können daher nicht die Pflichtaufgabe der öffentlich-rechtlichen Anstalten zur Grundversorgung relativieren oder gar substituieren.

6.

Nach den Vorgaben der Rundfunkfreiheit des Art. 5 Abs. 1 S. 2 GG muss die Art der Rundfunkfinanzierung außerdem die Unabhängigkeit der öffentlich-rechtlichen Rundfunkanstalten gewährleisten. In ständiger Rechtsprechung hat das BVerfG immer wieder hervorgehoben, dass eine Finanzierung erforderlich sei, die den öffentlich-rechtlichen Rundfunk in die Lage versetzen müsse, die ihm zukommende Funktion in der dualen Rundfunkordnung zu erfüllen, und die ihn zugleich wirksam davor schütze, dass die Entscheidung über die Finanzausstattung zu politischer Einflußnahme auf das Programm benutzt würde. Daher wird die Finanzausstattung der Rundfunkanstalten aus dem allgemeinen Staatshaushalt als verfassungsrechtlich unzulässig angesehen.

7.

Die Grundversorgungsaufgabe wird hauptsächlich aus den Rundfunkgebühren finanziert. Nach Ansicht des BVerfG ist die Gebühreneinnahme die dem öffentlich-rechtlichen Rundfunk gemäße Finanzierungsart. Mit diesem Finanzierungsmodus können die Rundfunktätigkeiten des öffentlich-rechtlichen Rundfunks unabhängig von Einschaltquoten und Werbeaufträgen angeboten werden, die den verfassungsrechtlichen Anforderungen gegenständlicher und meinungsmäßiger Vielfalt entsprechen. Diese Finanzierungsform der Rundfunkgebühren ist nicht einfachgesetzliches, sondern verfassungsrechtliches Gebot. Die Gebührenfestsetzung darf aber nicht zu Zwecken der Programmlenkung oder der Medienpolitik im dualen Rundfunksystem benutzt werden. Aus diesem Grund wird ein prozeduraler Grundrechtsschutz bei dem Festsetzungsverfahren der Gebührenfinanzierung gefordert. Der Finanzbedarf der Rundfunkanstalten wird von einer unabhängigen Sachverständigenkommission, KEF, überprüft und ermittelt. Diese Bedarfsanmeldung ist eine externe Kontrolle, die im Interesse der mit der Gebühr belasteten Rundfunkteilnehmer erforderlich ist. Der Vorschlag der KEF ist Grundlage der Entscheidung über Höhe der Rundfunkgebühr. Diese Kontrolle dürfe, so das BVerfG, sich nicht auf die Vernünftigkeit oder Zweckmäßigkeit der Programmentscheidungen der Rundfunkanstalten beziehen, sondern nur darauf, ob sie sich im Rahmen des rechtlich umgrenzten Rundfunkauftrags halten würde und ob der aus Programmentscheidungen abgeleitete Finanzbedarf zutreffend und mit den Grundsätzen von Wirtschaftlichkeit und Sparsamkeit vereinbar sei.

8.

Auf dieser Grundlage ist es notwendig, die Einrichtung der Rundfunkgebühr aufrechtzuerhalten. Zu dieser überwiegenden Finanzierungsform des öffentlich-rechtlichen Rundfunks gibt es in der vorhandenen Rundfunklandschaft aus verfassungsrechtlichen Gründen keine andere praktikable Alternative. Die Gebührenfinanzierung ist ein Ausdruck der staatlichen Gewährleistungsgarantie und entspricht zugleich den Anforderungen der funktionsgerechten Finanzierung. Im Ergebnis bleibt festzuhalten, dass die Gebührenfinanzierung des öffentlich-rechtlichen Rundfunks ihre Rechtfertigung in der ungeschmälerten Erfüllung und in der Sicherstellung der Grundversorgung der Bevölkerung mit Rundfunkprogrammen im dualen Rundfunksystem finden kann.

9.

Außer der Überprüfung der Gebührenfinanzierung des öffentlich-rechtlichen Rundfunks nach deutschem Rundfunkrecht müsste diese Finanzierung weiterhin einer gemeinschaftlichen Überprüfung unterzogen werden. Weil die grenzüberschreitende Rundfunktätigkeit des öffentlich-rechtlichen Rundfunks eine Dienstleistung im Sinne des Art. 49 EGV darstellt, fällt sie damit grundsätzlich unter das EG-Beihilfenregime. Es ist in jüngster Zeit im Schrifttum auch strittig, ob die Rundfunkgebühr gegen die Beihilfevorschriften des EG-Vertrages verstößt. Die europäische Beihilfekontrolle zielt aber nicht auf ein totales Beihilfeverbot, sondern vielmehr auf eine abwägende Überprüfung durch die gemeinschaftliche Aufsicht mitgliedstaatlich geplanter Beihilfenprojekte nach Vorgaben der Art. 87 und 88 EGV. Die EG-Beihilfenkontrolle stellt damit ein präventives Verbot mit Genehmigungsvorbehalt oder ein Verbot mit Erlaubnisvorbehalt dar.

10.

Nach dem Wortlaut des Art. 87 Abs. 1 EGV setzt eine Beihilfe die *Begünstigung* bestimmter Unternehmen oder Produktionszweige voraus. Der

EuGH hat darauf hingewiesen, dass dieses Tatbestandsmerkmal weit ausgelegt werden muss. Danach umfassen Beihilfen nicht nur die zweckgebundenen finanziellen Zuwendungen des Staates wie Subventionen im engeren Sinne, sondern alle Arten direkter oder indirekter wirtschaftlicher Förderung. Außerdem soll weder die Rechtsform, noch die Zielsetzung der Maßnahme bei der Ermittlung eines Begünstigungscharakters isoliert betrachtet werden. Dazu hat der EuGH ein Kriterium der *objektiven Wirkung* aufgestellt. Hinsichtlich der Frage, auf welche Weise sich eine begünstigende Wirkung bestimmter Maßnahmen feststellen und messen läßt, hat der EuGH ferner ein Überprüfungskriterium der *angemessenen Gegenleistungen* erstellt. Demgemäß liegt eine Begünstigung nicht vor, wenn die Zuwendung nur die Gegenleistung für eine von ihrem Empfänger erbrachte Leistung ist. In Bezug auf die Prüfung der Angemessenheit der Gegenleistung gibt es zwei gegensätzliche Theorien: die Theorie der Unentgeltlichkeit und die Theorie der marktrelativen Günstigkeit.

11.

Meines Erachtens ist die Rundfunkgebühr als Entgelt für die Dienstleistung im Sinne des Art. 50 EGV anzusehen, welche der öffentliche Rundfunk als öffentliche Dienstleistung dem Empfänger erbringt. Mit der Gebührenfinanzierung müssen die Rundfunkanstalten die ihnen übertragenen besonderen Aufgaben, ihre „essentiellen Funktionen" zur Sicherung der Meinungsvielfalt und die Gewährleistung der Grundversorgung, wirklich erfüllen. Hieraus ergibt sich offensichtlich eine Grenze gegenüber einem *überkompensierenden* Charakter der Rundfunkgebühr. Daher sind die deutschen Rundfunkgebühren keine Begünstigung der Rundfunkanstalten im Sinne von Art. 87 Abs. 1 EGV. Die Rundfunkgebühren sind nur ein angemessenes Entgelt für die öffentlichen Rundfunksendungen, welche die

Rundfunkanstalten den Rundfunkteilnehmern anbieten. Neben der Begünstigung wird das Merkmal der Freiwilligkeit nach einem Teil der Literatur ebenfalls als Überprüfungskriterium staatlicher Beihilfen herangezogen. Dementsprechend muss die Begünstigung auf Freiwilligkeit beruhen. Die Freiwilligkeit der Rundfunkgebühren muss jedoch verneint werden, weil die Rundfunkgebühren im Hinblick auf den Grundsatz der *Staatsfreiheit* erhoben werden, und ihre Höhe dem Finanzbedarf des öffentlich-rechtlichen Rundfunks angepaßt werden muss, der in einem staatsfernen Verfahren durch die unabhängige Kommission (KEF) fachlich kontrolliert wird. Damit hat der Gesetzgeber prinzipiell keine Freiheit in der Frage des *Ob und Wie* der öffentlichen Rundfunkfinanzierung gelassen.

12.

Zudem ist heftig umstritten, ob die deutschen Rundfunkgebühren staatliche oder aus staatlichen Mitteln gewährte Beihilfen sind. Durch dieses Tatbestandsmerkmal der staatlichen Zurechenbarkeit werden nicht nur die Beihilfen der Mitgliedstaaten selbst ergriffen, sondern auch Beihilfen, die vom Staat beauftragte öffentliche oder private Einrichtungen bzw. Gebietskörperschaften gewähren. Nach der hier vertretenen Meinung muss die staatliche Zurechenbarkeit der deutschen Gebührenfinanzierung auch verneint werden, weil dabei weder ein staatlicher Haushalt, noch eine zwischengeschaltete, staatlich eingesetzte Einrichtung belastet wird. Zudem ist nach dem PreussenElektra Urteil des EuGH klargestellt, dass dem EG-Beihilfentatbestand eine engere Grenze gesetzt werden soll. Darüber hinaus sind die deutschen öffentlich-rechtlichen Rundfunkanstalten zwar als öffentliche Unternehmen anzusehen, ihre Gebührenfinanzierung führt jedoch weder zu einer Wettbewerbsverfälschung auf den rundfunkbezogenen Märkten, noch zu einer Beeinträchtigungswirkung bei dem zwischenstaatlichen Handelsverkehr.

Im Ergebnis ist festzuhalten, dass die Gebührenfinanzierung der deutschen öffentlich-rechtlichen Rundfunkanstalten keine Beihilfe im Sinne des Art. 87 Abs. 1 EGV darstellt.

13.

Zudem kann die deutsche Gebührenfinanzierung des öffentlich-rechtlichen Rundfunks als Kulturbeihilfe im Sinne des Art. 87 Abs. 3 lit. d EGV angesehen werden, falls sie wie entsprechend einer im Schrifttum vertretenen Meinung als staatliche Beihilfe im Sinne des Art. 87 Abs. 1 EGV bewertet. Vor der Überprüfung dieser Frage muss klargestellt werden, welches Verhältnis zwischen Art. 86 Abs. 2 EGV und Art. 87 Abs. 3 lit. d EGV besteht. Im Schrifttum ist das noch umstritten. Nach richtiger Ansicht besteht zwischen beiden Vorschriften kein Verhältnis einer lex specialis zu einer lex generalis, sondern nur die Divergenz der Anwendungsmodalitäten.

14.

Nach Art. 87 Abs. 3 lit. d EGV kann die staatliche Beihilfe zulässig sein, wenn sie der Kulturförderung dient, soweit sie die Handels- und Wettbewerbsbedingungen in der Gemeinschaft nicht in einem Maß beeinträchtigt, das dem gemeinschaftlichen Interesse zuwiderläuft. Bei der Beurteilung dieser Voraussetzungen kommt der Kommission ein Rechtsfolgeermessen zu. Mit der Bestimmung des Art. 151 EGV wurde der audiovisuelle Bereich in die Kulturpolitik miteinbezogen. Die Definitionsmacht über den Kulturbegriff verbleibt grundsätzlich den Mitgliedstaaten. Diese Definitionsbefugnis ist jedoch nicht grenzenlos, wie in der Bestimmung des Amsterdamer Protokolls bestätigt wird. Die Gemeinschaft muss nach diesen Vorschriften bei der Entfaltung des Kulturlebens in den Mitgliedstaaten mithelfen, sowie einen Beitrag zur Entfaltung der Kulturen der Mitgliedstaaten unter Wahrung ihrer nationalen und regionalen Vielfalt leisten. Das Gemeinschaftshandeln im Kulturbereich wird aber nur auf Fördermaßnahmen beschränkt. Im Amsterdamer Protokoll wird auch eine gleiche Schranke für die von dem Mitgliedstaat bestimmte Finanzierung des öffentlich-rechtlichen Rundfunks vorgegeben.

15.
In Deutschland wird der Rundfunk seit langem als ein wichtiger Bestandteil des kulturellen Bereichs angesehen. Der kulturelle Auftrag des Rundfunks wird aber nicht nur im Sinne der „*Hochkultur*" verstanden. Er wird in einem weiteren Sinne verwendet, der sich darauf richtet, ein Bild vom politischen, sozialen und geistigen Leben in Deutschland überallhin zu vermitteln. Aus diesem Grund wurde dem Rundfunk, vor allem dem Fernsehen in den meisten EU-Mitgliedstaaten eine spezifische öffentliche Verantwortung zugeschrieben. Überdies sind die Union und ihre Organe gemäß Art. 6 Abs. 3 EUV verpflichtet, die nationale Identität der Mitgliedstaaten zu achten. Danach soll die nationale Identität des einzelnen Mitgliedstaats vorrangig beachtet werden. Der öffentlich-rechtliche Rundfunk ist nach deutschem Verfassungsverständnis ein wesentlicher Bestandteil eines demokratischen Staatswesens und insoweit auch der nationalen Identität der Bundesrepublik Deutschland. Nicht nur sein Bestand, auch seine Entwicklung muss gemeinschaftsrechtlich gewährleistet werden.

16.
Bei der Genehmigung der Kulturbeihilfen wird in der Praxis der Kommission nicht allein darauf abgestellt, ob der kulturelle Charakter der Maßnahme überwiegt, es genügt eine „auch-kulturelle" Betätigung. Tatsächlich hat die deutsche Gebührenfinanzierung den öffentlich-rechtlichen Rundfunk in die

Lage zu versetzen, seine verfassungsmäßigen und gesetzlichen Aufgaben, nämlich die Grundversorgungsaufgabe, zu erfüllen. Dies ist eine Aufgabe überwiegend kulturellen Charakters, wenn der Kulturbegriff im weiteren Sinne ausgelegt wird. Die Rundfunkgebühr ist nach der Untersuchung ein verhältnismäßiges Finanzmittel für die Kulturförderung im Sinne des Art. 87 Abs. 3 lit. d EGV. Sie beeinträchtigt die Handels- und Wettbewerbsverhältnisse nicht in einem Maß, das dem gemeinschaftlichen Interesse zuwiderläuft. Es ist nicht zu bezweifeln, dass die deutsche Gebührenfinanzierung des öffentlich-rechtlichen Rundfunks als Kulturbeihilfe im Sinne des Art. 87 Abs. 3 lit. d EGV gerechtfertigt werden kann.

17.
Schließlich kann die Ausnahmeregelung des Art. 86 Abs. 2 EGV auf die deutsche Rundfunkgebühren anwendbar sein. Wie bereits in der Untersuchung der Kulturbeihilfe dargestellt, kann Art. 86 Abs. 2 EGV nicht im Wege der Spezialität verdrängt werden. Diese Vorschrift verfolgt den Zweck, dass in dem Widerstreit zwischen der Erfüllung legitimer öffentlicher Aufgaben in der Rechtsordnung der Mitgliedstaaten und der Gewährleistung des Wettbewerbsregimes im Binnenmarkt ein Ausgleich in der Richtung gesucht werden muss, dass die Erfüllung jener nationalen öffentlichen Aufgaben jedenfalls nicht verhindert werden darf. Diese Ausnahmebestimmung ist zentraler normativer Ansatzpunkt für eine Balance zwischen Liberalisierungspolitik und Gemeinwohlinteressen. Art. 16 EGV, der durch die Amsterdamer Verträge in den EGV eingefügt worden ist, erscheint nur als politische Absichtserklärung und Handlungsaufforderung mit geringem rechtlichen Gehalt. Die Bestimmung des Art. 86 Abs. 2 EGV wird dadurch nicht berührt. Die Anwendung des Art. 86 Abs. 2 EGV auf die Finanzierungsproblematik des öffentlich-rechtlichen Rundfunks wird jedoch durch die Aufnahme des

Protokoll über den öffentlich-rechtlichen Rundfunk in den Mitgliedstaaten des Amsterdam-Vertrages beeinflusst. Das Verhältnismäßigkeitskriterium des Art. 86 Abs. 2 EGV ist locker geworden, weil das Protokoll im Vergleich dazu die Forderung an das Verhältnis zwischen staatlicher Maßnahme und besonderer Aufgabe abschwächt.

18.

Im Schrifttum besteht Uneinigkeit über die Anwendung des Art. 86 Abs. 2 EGV, ob diese Vorschrift als Legalausnahme oder als Bereichsausnahme anzusehen ist. In der Entscheidung „Rs. C-159/94, Kommission/ Frankreich“ hat der EuGH darauf hingewiesen, dass Adressaten des Art. 86 Abs. 2 EGV nicht nur die dort angesprochenen Unternehmen sind, sondern auch die Mitgliedstaaten. Danach könne Art. 86 Abs. 2 EGV so verstanden werden, dass er eine gemeinschaftsrechtliche Möglichkeit für die Mitgliedstaaten biete, die aus ihrer Sicht notwendigerweise bestehenden öffentlichen Sektoren der Wirtschaft unter bestimmten Bedingungen grundsätzlich von der Anwendung des Gemeinschaftsrechts freistellen zu können. Art. 86 Abs. 2 EGV wurde als Bereichsausnahme verstanden.

19.

Die Anwendbarkeit des Art. 86 Abs. 2 EGV auf die öffentlich-rechtlichen Rundfunkanstalten setzt voraus, dass die Rundfunkanstalten als Unternehmen im Sinne des Art. 86 Abs. 2 EGV angesehen werden, die mit Dienstleistungen von allgemeinem wirtschaftlichem Interesse betraut sind. Nach dieser Untersuchung bestehen daran keine Zweifel mehr. Die öffentlich-rechtlichen Rundfunkanstalten sind nach der Rechtsprechung des EuGH als Unternehmen im Sinne des europäischen Wettbewerbsrechts zu qualifizieren. Der von den Mitgliedstaaten definierte öffentliche Auftrag, nämlich die Grundversorgungsaufgabe in Deutschland, wird durch die Rundfunktätigkeiten des öffentlich-rechtlichen Rundfunks erfüllt. Die dafür gewährte Gebührenfinanzierung geht nicht über die Erforderlichkeit zur Erfüllung dieser öffentlichen Aufgabe hinaus. Zudem wird durch diese Gebührenfinanzierung die Anwendung der europäischen Wettbewerbsregelungen nicht erheblich gefährdet. Die Erfüllung der besonderen Aufgabe ist daher weder rechtlich noch tatsächlich verhindert worden. Die Entwicklung des Handelsverkehr ist wegen der Erfüllung der nationalen öffentlichen Aufgabe auch nicht in einem Ausmaß beeinträchtigt worden, das dem Interesse der Gemeinschaft zuwiderläuft. Als Ergebnis bleibt festzuhalten, dass aufgrund der Bestimmung des Art. 86 Abs. 2 EGV die Beihilferegelungen des Gemeinschaftsrechts im Rahmen der Rundfunkfinanzierung anwendbar ist. Die Anwendung dieser Ausnahmeregelung muss jedoch im Hinblick auf die Auslegungsbestimmung des Amsterdamer Protokolls vorgenommen werden.

Literaturverzeichnis

von Arnim, Hans Herbert: Grundprobleme der Finanzkontrolle, DVBl. 1983, S. 664 ff. (zitiert als: v. Arnim, DVBl. 1983)

von Arnim, Hans Herbert: Wirtschaftlichkeit als Rechtsprinzip, Berlin, 1988.

Bachof, Otto: Freiheit der Berufs, in: Bettermann, Karl August/Nipperdey, Hans Carl/Scheuner, Ulrich (Hrsg.): Die Grundrechte – Handbuch der Theorie und Praxis der Grundrechte, III/1, Berlin, 1958, S. 155 ff. (zitiert als: Bachof, Die Grundrechte III/1)

Badura, Peter: Zur Frage der Zulässigkeit von Förderungsmaßnahmen zugunsten privater Anbieter, die aus dem Aufkommen der Rundfunkgebühr finanziert werden, ZUM 1988, S. 155 ff. (zitiert als: Badura, ZUM 1988)

Badura, Peter: Rundfunkfreiheit und Finanzautonomie, Frankfurt/M., 1986.

Bartosch, Andreas: Öffentlichrechtliche Rundfunkfinanzierung und EG-Beihilfenrecht - eine Zwischenbilanz, EuZW 1999, S. 176 ff. (zitiert als: Bartosch, EuZW 1999)

Bartosch, Andreas: Neues zum Tatbestandsmerkmal der „Belastung des Staatshaushalts" i.S. des Art. 87 I EG, NVwZ 2001, S. 643 ff. (zitiert als: Bartosch, NVwZ 2001)

Basedow, Jürgen: Europarechtliche Grenzen des Postmonopols- Zur Öffnung des Marktes für Massensendungen, EuZW 1994, 359 ff. (zitiert als: Basedow, EuZW 1994)

Benesch, Rudolf: Die Kompetenzen der EG-Kommission aus Art. 90 III EWG-V, Köln, 1993. (zitiert als: Benesch, Die Kompetenzen der EG-Kommission)

Berg, Werner: Änderungen der rechtlichen Grundlagen der EU durch den Vertrag von Amsterdam, EWS 1998, S. 77 ff. (zitiert als: Berg,

EWS 1998)

Bethge, Herbert: Zur Existenz und Relevanz eines Finanzgewährleistungsanspruchs einer Rundfunkanstalt gegen den Staat, DöV 1988, S. 97 ff. (zitiert als: Bethge, DöV 1988)

Bethge, Herbert: Die Zulässigkeit der zeitlichen Beschränkung der Hörfunkwerbung im NDR- Umfang und Grenzen der staatlichen Regulierung der Wirtschaftswerbung im öffentlich-rechtlichen Rundfunk, 1. Aufl., 1992. Baden-Baden, (zitiert als: Bethge, Hörfunkwerbung)

Bethge, Herbert: Die Verfassungsrelevanz des föderalen Rundfunkfinanzausgleichs zur Finanzierung des öffentlich-rechtlichen Rundfunks im kooperativen Bundesstaat; München, 1992. (zitiert als: Die Verfassungsrelevanz)

Bethge, Herbert: Grundrechtsschutz für die Medienpolizei?– Zur Grundrechtsträgerschaft der Landesmedienanstalten, NJW 1995, S. 557 ff. (zitiert als: Bethge, NJW 1995)

Bethge, Herbert: Die verfassungsrechtliche Position des öffentlich-rechtlichen Rundfunks in der dualen Rundfunkordnung: Rechtsgutachten erstattet im Auftrag von ARD und ZDF, 1. Aufl., Baden-Baden, 1996. (Zitiert als: Bethge, Die verfassungsrechtliche Position)

Bethge, Herbert: Der Grundversorgungsauftrag des öffentlich-rechtlichen Rundfunks in der dualen Rundfunkordnung, MP 1996, S. 66 ff. (zitiert als: Bethge, MP 1996)

Betz, Jürgen: Vorschläge für ein verfassungskonformes Gebührenfestsetzungsverfahren, MP 1995, S. 298 ff. (zitiert als: Betz, MP 1995)

Beucher, Klaus/Leyendecker, Ludwig/von Rosenberg, Oliver: Mediengesetze-Rundfunk, Mediendienste, Teledienste; Kommentar zum Rundfunk-Staatsvertrag, Mediendienstestaatsvertrag, Teledienstegesetz und Teledienstedatenschutzgesetz, München, 1999. (zitiert als: Beucher/Leyendecker/v. Rosenberg, Mediengesetze)

Bleckmann, Albert: Öffentlich-rechtliche Spartenprogramme als Bestandteil der Grundversorgung?, Berlin, 1996. (zitiert als: Bleckmann, Öffentlich-rechtliche Spartenprogramme)

Bleckmann, Albert/Pieper, Ulrich/Erberich, Ingo: Zur Zulässigkeit der Veranstaltung von Spartenprogrammen durch öffentlich-rechtliche Rundfunkanstalten, AfP 1997, S. 417 ff. (zitiert als: Bleckmann/ Pieper/Erberich, AfP 1997)

Böckenförde, Ernst-Wolfgang: Staat, Verfassung, Demokratie, 1. Aufl., Frankfurt/M., 1991.

Bohl, Christoph: Konzentrationskontrolle in den elektronischen Medien, 1. Aufl., Baden-Baden, 2000. (zitiert als: Bohl, Konzentrations-kontrolle)

Börner, Bodo: Organisation, Programm und Finanzierung der Rundfunkanstalten im Lichte der Verfassung, Berlin, 1984. (zitiert als: Organisation, Programm und Finanzierung)

Brack, Hans: Organisatorische und wirtschaftliche Grundlagen des Hörfunks und des Fernsehens in Deutschland, München, 1968. (zitiert als: Brack, Organisatorische und wirtschaftliche Grundlagen)

Brugger, Winfried: Rundfunkfreiheit und Verfassungsinterpretation, Heidelberg, 1991.

Büch, Martin-Peter: Zur Bestimmung der Grundsätze der Wirtschaftlichkeit und der Sparsamkeit im öffentlichen Haushalt der Bundesrepublik Deutschland, Köln, 1975. (zitiert als: Büch, Grundsätze der

Wirtschaftlichkeit und der Sparsamkeit)

Bullinger, Martin: Rundfunkwerbung im Umbruch der Medien, ZUM 1985, S. 121 ff. (zitiert als: Bullinger ZUM 1985)

Bullinger, Martin: Anmerkung des Beschlusses des BVerfG vom 24.3.1987, JZ 1987, S. 928 ff. (zitier als: Bullinger, JZ 1987)

Bullinger, Martin: Freiheit von Presse, Rundfunk, Film, in: Isensee, Josef/ Kirchhof, Paul (Hrsg.): Handbuch des Staatsrechts VI, § 142, 2., durchgesehene Aufl., Heidelberg, 2001, S. 667 ff. (zitiert als: Bullinger, in: Isensee/Kirchhof (Hrsg.), HdbStR VI, § 142)

Bullinger, Martin: Kommunikationsfreiheit im Strukturwandel der Telekommunikation, 1. Aufl., Baden-Baden, 1980. (zitiert als: Bullinger, Kommunikationsfreiheit)

Bullinger, Martin: Die Aufgaben des öffentlichen Rundfunks- Wege zu einem Funktionsauftrag, 2 Aufl., Gütersloh, 1999. (zitiert als: Bullinger, Die Aufgaben des öffentlichen Rundfunks)

Bullinger, Martin: Ordnung der Freiheit für Multimediadienste, JZ 1996, S. 385 ff. (zitiert als: Bullinger: JZ 1996)

Bullinger, Martin: Der Rundfunkbegriff in der Differenzierung kommunikativer Dienste, AfP 1996, S. 1 ff. (zitiert als: Bullinger, AfP 1996)

Bumke, Ulrike: Die öffentliche Aufgabe der Landesmedienanstalten- verfassungs- und organisationsrechtliche Überlegungen zur Rechtsstellung einer verselbständigten Verwaltungseinheit, München, 1995. (zitiert als: Bumke, Die öffentliche Aufgabe der Landesmedienanstalten)

Burgi, Martin: Die öffentlichen Unternehmen im Gefüge des primären Gemeinschaftsrechts, EuR 1997, 261 ff. (zitiert als: Burgi, EuR 1997)

Calliess, Christian/Ruffert, Matthias (Hrsg.): Kommentar zu EU-Vertrag und EG-Vertrag, Neuwied, Kriftel, 1999. (zitiert als: Calliess/Ruffert (Hrsg.), EUV/EGV Komm.)

Damm, Andreas: Gebührenprivileg und Beihilferecht – Zur Vereinbarkeit der Finanzierung des öffentlich-rechtlichen Rundfunks in Deutschland mit Art. 92 EGV, Berlin Heidelberg, 1998. (zitiert als: Damm, Gebührenprivileg und Beihilferecht)

Degenhart, Christoph: Rundfunkfreiheit in gesetzgeberischer Beliebigkeit?- zum 6. Rundfunkurteil des Bundesverfassungsgerichts – WDR-Gesetz und Landesrundfunkgesetz Nordrhein-Westfalen, DVBl. 1991, S. 510 ff. (zitiert als: Degenhart, DVBl. 1991)

Degenhart, Christoph: Art. 5 Abs. 1 und 2 GG, in: Dolzer, Rudolf/Vogel, Klaus/Graßhof, Karin (Hrsg.): Bonner Kommentar zum Grundgesetz, Band. 1, 90 Lfg. April 1999. (zitiert als: Degenhart, in: Dolzer/Vogel/Graßhof (Hrsg.), BK Art. 5 Abs. 1 u. 2)

Degenhart, Christoph: Medienrecht und Medienpolitik im 21. Jahrhundert, K&R 2000, 49 ff. (zitiert als: Degenhart, K&R 2000)

Degenhart, Christoph: Programmfunktion des öffentlich-rechtlichen Rundfunks und Aufgabenbestimmung durch den Gesetzgeber, ZUM 2000, 356 ff. (zitiert als: Degenhart, ZUM 2000)

Degenhart, Christoph: Wirtschaftliche Betätigung öffentlich-rechtlicher Rundfunkanstalten: Der Medienpark des ZDF, ZUM 2001, S. 357 ff. (zitiert als: Degenhart, ZUM 2001)

Dittmann, Armin/Fechner, Frank/Sander, Gerald G.(Hrsg.): Der Rundfunkbegriff im Wandel der Medien – Symposion zum 65. Geburtstag von Professor Dr. iur. Dr. h.c. Thomas Oppermann, Berlin, 1997. (zitiert als: Dittmann/Fechner/Sander, Der Rundfunkbegriff)

Dreier, Horst (Hrsg.): Grundgesetz Kommentar, Band I Artikel 1-19, Tübingen, 1996. (zitiert als: Dreier, GG Komm. Bd I)

Dörr, Dieter: Die freien Mitarbeiter und die Rundfunkfreiheit, in: Becker, Werner (Hrsg): Festschrift für Werner Thieme zum 70. Geburtstag, Köln u.a., 1993, S. 911ff. (zitiert als: Dörr, in: FS Thieme, 1993)

Dörr, Dieter/Cloß, Wolfgang: Die Vereinbarkeit der Gebührenfinanzierung des österreichischen Rundfunks mit dem EG-Beihilferecht, ZUM 1996, S. 105 ff. (zitiert als: Dörr/Cloß, ZUM 1996)

Dörr, Dieter: Die Rolle des öffentlich-rechtlichen Rundfunks in Europa, Baden-Baden, 1997. (zitiert als: Dörr, Die Rolle)

Dörr, Dieter: Programmvielfalt im öffentlich-rechtlichen Rundfunk durch funktionsgerechte Finanzausstattung, 1 Aufl., Baden-Baden, 1997/98. (zitiert als: Dörr, Programmvielfalt)

Dörr, Dieter: Die Spartenkanäle von ARD/ZDF und das Europarecht, München, 1999. (zitiert als: Dörr, Die Spartenkanäle)

Dörr, Dieter: Möglichkeiten und Grenzen europäischer Medienpolitik: Konvergenz und Kompetenz, K&R 1999, S. 97 ff. (zitiert als: Dörr, K&R 1999)

Dörr, Dieter: Wo bleibt die Rundfunkfreiheit? – Verfassungsrecht contra Arbeitsrecht, ZUM Sonderheft/2000, S. 666 ff. (zitiert als: Dörr, ZUM 2000)

Dörr, Dieter: Öffentlich-rechtlicher Rundfunk und Gebührenregelung unter dem Druck des Gemeinschaftsrechts, K&R 2001, S. 233 ff. (zitiert als: Dörr, K&R 2001)

Dörr, Dieter/Zorn, Nicole: Die Entwicklung des Medienrechts, NJW 2001, S. 2837 ff. (zitiert als: Dörr/Zorn, NJW 2001)

Eberle, Carl-Eugen: Das europäische Recht und die Medien am Beispiel des Rundfunkrechts, AfP 1993, S. 422 ff. (zitiert als: Eberle, AfP 1993)

Eberle, Carl-Eugen: Die Rundfunkgebühr – Verfassungsrechtlicher Anspruch und gesellschaftspolitische Funktion, AfP 1995, S. 559 ff. (zitiert als: Eberle, AfP 1995)

Eberle, Carl-Eugen: Aktivitäten der Europäischen Union auf dem Gebiet der Medien und ihre Auswirkungen auf den öffentlich-rechtlichen Rundfunk, ZUM 1995, S. 763 ff. (zitiert als: Eberle, ZUM 1995)

Eberle, Carl-Eugen: Die Rundfunkgebühr auf dem EU-Prüfstand, AfP 2001, S. 477 ff. (zitiert als: Eberle, AfP 2001)

Ebsen, Ingwer: Öffentlich-rechtliche Rahmenbedingungen einer Informationsordnung, DVBl. 1997, S. 1039 ff. (zitiert als: Ebsen, DVBl. 1997)

Ehlers, Renate: Öffentlich-rechtlicher Rundfunk und Multimedia, MP 2000, S. 369 ff. (zitiert als: Ehlers, MP 2000, S. 369.)

Ehricke, Ulrich: Der Art. 90 EWGV – eine Neubetrachtung, EuZW 1993, S. 211 ff. (zitiert als: Ehricke, EuZW 1993)

Ehricke, Ulrich: Zur Konzeption von Art. 37 I und Art. 90 II EGV, EuZW 1998, S. 741ff. (zitiert als: Ehricke, EuZW 1998)

Eifert, Martin: Die Zuordnung der Säulen des Dualen Rundfunksystems, ZUM 1999, S. 595 ff. (zitiert als: Eifert, ZUM 1999)

van Eimeren, Birgit/Gerhard, Heinz: ARD/ZDF-Online-Studie 2000: Gebrauchswert entscheidet über Internetnutzung, MP 2000, S. 338 ff. (zitiert als: van Eimeren/Gerhard, MP 2000)

van Eimeren, Birgit/Ridder, Christa-Maria: Trends in der Nutzung und Bewertung der Medien 1970 bis 2000, MP 2001, S. 538 ff. (zitiert als: van Eimeren/Ridder, MP 2001)

Engel, Christoph: Europarechtliche Grenzen für öffentlich-rechtliche Spartenprogramme?, Berlin, 1996. (zitiert als: Engel, Europarechtliche Grenzen)

Engel, Bernhard: Digitales Fernsehen – Neue Aufgaben für die Zuschauerforschung, MP 2001, S. 480 ff. (zitiert als: Engel, MP 2001)

Engelhard, Helge, in: Lenz, Carl Otto (Hrsg.): EG-Vertrag: Kommentar zu dem Vertrag zur Gründung der Europäischen Gemeinschaften, Art. 128, 1. Aufl., Köln u.a., 1994. (zitiert als: Engelhard, in: Lenz (Hrsg.), EGV Komm. Art. 128)

Ernst, Stefan: Erst anmelden, dann surfen – Rundfunkgebühren für internet-Anschlüsse? NJW 1997, S. 3006 ff. (zitiert als: Ernst, NJW 1997)

Fechner, Frank: Medienrecht, 2. Aufl., Tübingen, 2001.

Frey, Dieter: Fernsehen und audiovisueller Pluralismus im Binnenmarkt der EG, 1. Aufl., 1999. (zitiert als: Frey, Fernsehen)

Frey, Dieter: Das öffentlich-rechtliche Fernsehen im Wettbewerbsrecht der EG, ZUM 1999, 528 ff. (zitiert als: Frey, ZUM 1999)

Fröhlinger, Margot: EG-Wettbewerbsrecht und Fernsehen, RuF 1993, S. 59 ff. (zitiert als: Fröhlinger, RuF 1993)

Fromm, Michael: Öffentlich-rechtlicher Programmauftrag und Rundfunkföderalismus- der verfassungsrechtliche Programmauftrag der Rundfunkanstalten unter besonderer Berücksichtigung des Rundfunkfinanzausgleichs, 1. Aufl., Baden-Baden, 1998. (zitiert als: Fromm, Öffentlich-rechtlicher Programmauftrag)

Frotscher, Werner: „Big Brother" und das deutsche Rundfunkrecht- eine verfassungsrechtlicheUntersuchung zu der Frage, ob das Format „Big Brother" gegen die in 41 Abs. 1 des Rundfunkstaatsvertrages (RStV), 13 Abs. 1 des Hessischen Privatrundfunkgesetzes (HPRG) niedergelegten Programmgrundsätze verstößt, München, 2000. (zitiert als: Frotscher, „Big Brother" und das deutsche Rundfunkrecht)

Gabriel-Bräutigam, Karin: Rundfunkkompetenz und Rundfunkfreiheit – Eine Untersuchung über das Verhältnis der Rundfunkhoheit der Länder zu den Gesetzgebungszuständigkeiten des Bundes, 1. Aufl., Baden-Baden, 1990. (zitiert als: Karin, Rundfunkkompetenz und Rundfunkfreiheit)

Gersdorf, Hubertus: Staatsfreiheit des Rundfunks in der dualen Rundfunkordnung der Bundesrepublik Deutschland, Berlin, 1991. (zitiert als: Gersdorf, Staatsfreiheit des Rundfunks)

Grabitz, Eberhard/Hilf, Meinhard (Hrsg.): Kommentar zur Europäischen Union, München, 11. Ergänzungslieferung, Juli 1997. (zitiert als: Grabitz/Hilf (Hrsg.): EU Komm.)

Greissinger, Christian: Vorgaben des EG-Vertrages für nationales Rundfunkrecht- und Multimediarecht, 1. Aufl. Baden-Baden, 2001. (zitiert als: Greissinger, Vorgaben des EG-Vertrages)

Grill, Gerhard, in: Lenz, Carl Otto (Hrsg.): EG-Vertrag: Kommentar zu dem Vertrag zur Gründung der Europäischen Gemeinschaften, Art. 90, 1. Aufl.,Köln u.a., 1994. (zitiert als: Grill, in: Lenz (Hrsg.), EGV Komm., Art. 90)

von der Groeben, Hans/Thiesing, Jochen/Ehlermann, Claus-Dieter (Hrsg.): Kommentar zum EU-/EG-Vertrag 5. Aufl., Baden-Baden, 1997. (zitiert als: Groeben/Thiesing/Ehlermann (Hrsg.), EU-/EGV Komm.)

von der Groeben, Hans/Thiesing, Jochen/Ehlermann, Claus-Dieter (Hrsg.): Handbuch des Europäischen Rechts- Systematische Sammlung mit Erläuterungen, IA 50, Art. 90 (jetzt Art. 86), 390 Lfg., Baden-Baden, Oktober 1999. (zitiert als: Groeben/Thiesing/Ehlermann (Hrsg.), Handbuch des Europäischen Rechts, Art. 90)

Grote, Rainer: Kommunikative Selbstbestimmung im Internet und

Grundrechtsordnung, KritV 1999, S. 27 ff. (zitiert als: Grote, KritV 1999)

Grundmann, Birgit: Die öffentlich-rechtlichen Rundfunkanstalten im Wettbewerb, 1. Aufl., Baden-Baden, 1990.

Grupp, Alfred: Grundfragen des Rundfunkgebührenrechts – Darstellung des Rechts des Rundfunkgebühreneinzugsverfahrens am Beispiel der Gebührenpflicht für Autoradios, Frankfurt/M., 1983. (zitiert als: Grupp, Grundfragen des Rundfunkgebührenrechts)

Grzeszick, Bernd: Neue Medienfreiheit zwischen staatlicher und gesellschaftlicher Ordnung. Das Beispiel des Internets, AöR 1998, S. 173 ff. (zitiert als: Grzeszick, AöR 1998)

Hailbronner, Kay/Klein, Eckart/Magiera, Siegfried/Müller-Graff, Peter-Christian (Hrsg.) Handkommentar zum Vertrag über die Europäische Union (EUV/EGV), Köln u.a., 1998. (zitiert als: Hailbronner/Klein/Magiera/ Müller-Graff, EUV/EGV HKomm.)

Hain, Karl-Eberhard: Rundfunkfreiheit und Rundfunkordnung, 1. Aufl., Baden-Baden, 1993.

Hakenberg, Waltraud/Erlbacher, Friedrich: Die Rechtsprechung des EuGH und EuGeI auf dem Gebiet der staatlichen Beihilfen in den Jahren 1999 und 2000, EWS 2001, S. 208 ff. (zitiert als: Hakenberg/Erlbacher, EWS 2001)

Hamm, Ingrid (Hrsg.): Die Zukunft des dualen Systems- Aufgaben des dualen Rundfunkmarktes im internationalen Vergleich, Gütersloh, 1998. (zitiert als: Hamm, (Hrsg.): Die Zukunft des dualen Systems)

Hamm, Ingrid (Hrsg.): Fernsehen auf dem Prüfstand- Aufgaben des dualen Rundfunksystems; internationale Studien im Rahmen der Kommunikationsordnung 2000. (zitiert als: Hamm (Hrsg.), Fernsehen auf dem Prüfstand)

Hartstein, Reinhard/Ring, Wolf-Dieter/Kreile, Johannes/Dörr, Dieter/Stettner, Rupert (Hrsg.): Rundfunkstaatsvertrag Kommentar, München, 1999. (zitiert als: Hartstein/Ring/Kreile/Dörr/Stettner, RStV Komm.)

Haverkate, Görg: Verfassungslehre- Verfassung als Gegenseitigkeitsordnung, München, 1992. (zitiert als: Haverkate, Verfassungslehre)

Haverkate, Görg: Subventionsrecht, in: Reiner Schmidt (Hrsg.): Öffentliches Wirtschaftsrecht, Besonderer Teil 1, Berlin Heidelberg, 1995, S. 331 ff.

Heinemann, Andreas: Grenzen staatlicher Monopole im EG-Vertrag, München, 1996.

Herrmann, Günter: Die Rundfunkanstalten- Eine Studie zum heutigen Rechtszustand, AöR 1965, S. 286 ff. (zitiert als: Herrmann, AöR 1965)

Herrmann, Günter: Fernsehen und Hörfunk in der Verfassung der Bundesrepublik Deutschland – Zugleich ein Beitrag zu weiteren allgemeinen verfassungsrechtlichen und kommunikationsrechtlichen Frage, Tübingen, 1975. (zitiert als: Herrmann, Fernsehen und Hörfunk)

Herrmann, Günter: Rundfunkrecht – Fernsehen und Hörfunk mit neuen Medien, München, 1994. (zitiert als: Herrmann, Rundfunkrecht)

Hesse, Albrecht: Rundfunkrecht – Die Organisation des Rundfunks in der Bundesrepublik Deutschland, München, 1990.

Hesse, Albrecht: Rundfunk zwischen demokratischer Willensbildung und dem Zugriff der EG, JZ 1993, S. 545 ff. (zitiert als: Hesse, JZ 1993)

Hesse, Albrecht: Rundfunkrecht – Die Organisation des Rundfunks in der Bundesrepublik Deutschland, 2. neubearb. Aufl., München, 1999. (zitiert als: Hesse, Rundfunkrecht)

Hesse, Albrecht: Der Vierte Rundfunkänderungsstaatsvertrag aus der Sicht des öffentlich-rechtlichen Rundfunks, ZUM 2000, S. 183 ff. (zitiert als: Hesse, ZUM 2000)

Heydt, Volker: Rundfunkfinanzierung aus dem Staatshaushalt, AöR 1975, S. 584 ff. (zitiert als: Heydt, AöR 1975)

Hochstein, Reiner: Neue Werbeformen im Rundfunk- ordnungspolitische und aufsichtsrechtliche Aspekte, AfP 1991, S. 696ff. (zitiert als: Hochstein AfP 1991)

Hoffmann-Riem, Wolfgang: Öffentliches Wirtschaftsrecht der Kommunikation und der Medien, in: Reiner Schmidt (Hrsg.), Öffentliches Wirtschaftsrecht, Besonderer Teil 1, Berlin Heidelberg, 1995, S. 563 ff.

Hoffmann-Riem, Wolfgang: Der Rundfunkbegriff in der Differenzierung kommunikativer Dienste, AfP 1996, S. 9 ff. (zitiert als: Hoffmann-Riem, AfP 1996)

Hoffmann-Riem, Wolfgang: Pay-TV im öffentlich-rechtlichen Rundfunk, Baden-Baden, 1996. (zitiert als: Hoffmann-Riem, Pay-TV)

Hoffmann-Riem, Wolfgang: Thesen zur Regulierung der dualen Rundfunkordnung, M&K 2000, S. 7 ff.

Hoffmann-Riem, Wolfgang: Regulierung der dualen Rundfunkordnung: Grundfragen, 1. Aufl., Baden-Baden, 2000.

Hoffmann-Riem, Wolfgang: Modernisierung von Recht und Justiz, Frankfurt/M., 2000.

Holzer, Norbert: Deutsche Rundfunkgebühr als unzulässige Beihilfe im Sinne des europäischen Rechts?, ZUM 1996, S. 274 ff. (zitiert als: Holzer, ZUM 1996)

Holznagel, Bernd/Vesting, Thomas: Sparten-und Zielgruppenprogramme im öffentlich-rechtlichen Rundfunk, insbesondere im Hörfunk, 1. Aufl.,

Baden-Baden, 1999. (zitiert als: Holznagel/Vesting, Sparten- und Zielgruppenprogramme)

Hümmerich, Klaus/Beucher, Klaus: Rundfunkfinanzierung auf dem Prüfstand-Parameter anstehender Rundfunkurteile des Bundesverfassungsgerichts, AfP 1989, S. 708 ff. (zitiert als: Hümmerich/Beucher, AfP 1989)

Hümmerich, Klaus: Rundfunkgebühren: Staatsvertragliche Entwürfe zur Umsetzung des 8. Rundfunkurteils, AfP 1996, S. 25ff. (zitiert als: Hümmerich, AfP 1996)

Immenga, Ulrich/Mestmäcker, Ernst-Joachim (Hrsg.): EG-Wettbewerbsrecht Kommentar, Band I und II, München, 1997. (zitiert als: Immenga/Mestmäcker (Hrsg.), EG-W. Komm.)

Ipsen, Hans Peter: Die Rundfunkgebühr: ein Rechtsbeitrag zur Rundfunkdiskussion, 2. verb. Aufl., Hamburg, 1958. (zitiert als: Ipsen, Die Rundfunkgebühr)

Isensee, Josef/Kirchhof, Paul (Hrsg.): Handbuch des Staatsrechts, Band IV, 2. Auflage, Heidelberg, 1999. (zitiert als: Isensee/Kirchhof (Hrsg.), HbStR, Bd. IV)

Janik, Viktor: Der deutsche Rundfunkbegriff im Spiegel technischer Entwicklungen, AfP 2000, S. 7 ff. (zitiert als: Janik, AfP 2000)

Janik, Viktor: Rundfunkregulierung auch im Internet?, K&R 2001, S. 572 ff. (zitiert als: Janik, K&R 2001)

Jarass, Hans D.: EG-Recht und nationales Rundfunkrecht – Zugleich ein Beitrag zur Reichweite der Dienstleistungsfreiheit, EuR 1986, S. 75 ff. (zitiert als: Jarass, EuR 1986)

Jarass, Hans D.: Rundfunkbegriffe im Zeitalter des Internet – zum Anwendungsbereich der Rundfunkfreiheit, des Rundfunkstaatsvertrags und des Mediendienste-Staatsvertrags, AfP 1998, S. 133 ff.

(zitiert als: Jarass, AfP 1998)

Jarass, Hans D./Pieroth, Bodo (Hrsg.): Grundgesetz für die Bundesrepublik Deutschland- Kommentar, 5 Aufl., München, 2000. (zitiert als: Jarass/Pieroth (Hrsg.), GG Komm.)

Jochimsen, Reimut: Regulierung und Konzentration im Medienbereich, AfP 1999, S. 24 ff. (zitiert als: Jochimsen, AfP 1999)

Kahl, Wolfgang: Das öffentliche Unternehmen im Gegenwind des europäischen Beihilferegimes, NVwZ 1996, S. 1082 ff. (zitiert als: Kahl, NVwZ 1996)

Karehnke, Helmut: Zur Wirtschaftlichkeitsmessung im staatlichen Bereich, DVBl. 1970, S. 949 ff. (zitiert als: Karehnke, DVBl. 1970)

Kempen, Bernhard: Zur Konkursfähigkeit der öffentlich-rechtlichen Rundfunk- anstalten, DöV 1988, S. 547 ff. (zitiert als: Kempen, DöV 1988)

Kiefer, Marie-Luise: Der Werbemarkt 1986, 17 Mrd DM für die Medien- Papier als dominanter Werbeträger, MP 1987, S. 375 ff. (zitiert als: Kiefer, MP 1987)

Kirchhof, Ferdinand: Die Höhe der Gebühr: Grundlagen der Gebühren- bemessung, Berlin, 1981. (zitiert als: F. Kirchhof, Die Höhe der Gebühr)

Kisker, Gunter: Staatshaushalt, in: Isensee/Kirchhof (Hrsg.), Handbuch des Staatsrechts IV § 89.

Klein, Franz: Abgabenordnung Kommentar, 7. Aufl., München, 2000. (zitiert als: Klein, AO Komm.)

Klein, Hans H.: Die Rundfunkfreiheit, München, 1978.

Knothe, Matthiasl: Novellierung des Rundfunkstaatsvertrags- Vortrag gehalten am 29.10.1996 in der Gesellschaft zur Förderung des Medienrechts, Hamburg, ZUM 1997, S. 6 ff. (zitiert als: Knothe, ZUM 1997)

Knothe, Matthias/Schwalba, Michael: Die Positionierung des öffentlich-rechtlichen Rundfunks im digitalen Zeitalter, MP 1999, S. 111 ff. (zitiert als: Knothe/Schwalba, MP 1999)

Knothe, Matthias/Lebens, Julia: Rundfunkspezifische Konzentrationskontrolle des Bundeskartellamts, AfP 2000, S. 125 ff. (zitiert als: Knothe/ Lebens, AfP 2000)

Koch, Karl/Scholtz, Rolf-Detlev: Abgabenordnung Kommentar, 5. Aufl., Köln u.a., 1996. (zitiert als: Koch,/Scholtz, AO Komm.)

Koenig, Christian: Öffentlich-rechtliche Anstaltslast und Gewährträgerhaftung als staatliche Beihilfen gem. Art. 92 EGV?, EuZW 1995, S. 595 ff. (zitiert als: Koenig, EuZW 1995)

Koenig, Christian/Kühling, Jürgen: Grundfragen des EG-Beihilfenrechts, NJW 2000, S. 1065 ff. (zitiert als: Koenig/Kühling, NJW 2000)

Koenig, Christian/Kühling, Jürgen: Mitgliedstaatliche Kulturförderung und gemeinschaftliche Beihilfekontrolle durch die EG-Kommission, EuZW 2000, S. 197 ff. (zitiert als: Koenig/Kühling, EuZW 2000)

Koenig, Christian/Kühling, Jürgen: How to cut a long story short: Das PreussenElektra-Urteil des EuGH und die EG-Beihilfen-kontrolle über das deutsche Rundfunkgebührensystem, ZUM 2001, S. 537 ff. (zitiert als: Koenig/Kühling, ZUM 2001)

Koenig, Christian/Kühling, Jürgen/Ritter, Nicolai: EG-Beihilfenrecht, Heidelberg, 2002.

Kohl, Helmut: Rundfunk-Grundversorgung- Bericht über die 61. Tagung des Studienkreises für Presserecht und Pressefreiheit vom 8./9.5.1987 in Hamburg, ZUM 1987, S. 512 ff. (zitiert als: Kohl, ZUM 1987)

Kollek, Andreas: Rechtsfragen der Rundfunkfinanzierung, Frankfurt/M., 1987.

Kreile Johannes: Die Reform des Rundfunkstaatsvertrags- Neue Wege bei der Vielfaltsicherung im privaten Rundfunk, NJW 1997, S. 1329 ff.

(zitiert als: Kreile, NJW 1997)

Krempel, Stephan: Rechnungshöfe und Rundfunkbeteiligungsunternehmen– Ein Beitrag zur Finanzkontrolle im öffentlich-rechtlichen Rundfunk, 1. Aufl., Baden-Baden, 1996. (zitiert als: Krempel, Rechnungshöfe)

Kresse, Hermann: Grundversorgung und noch viel mehr? – Eckpunkte zu einer Balance zwischen öffentlich-rechtlichem Integrationsauftrag und der Entwicklung privater Programme, ZUM 1996, S. 59 ff. (zitiert als: Kresse, ZUM 1996)

Kruse, Eberhard: Das gemeinschaftsrechtliche Beihilfenverbot und die für „Kultur“ und „kulturelles Erbe“ bestehende Befreiungsmöglichkeit, EWS 1996, S. 113 ff. (zitiert als: Kruse, EWS 1996)

Kübler, Friedrich: Medienkonzentrationskontrolle im Streit, MP 1999, S. 379 ff. (zitiert als: Kübler, MP 1999)

Kull, Edgar: Rundfunk-Grundversorgung – Kontext, Begriff, Bedeutung –, AfP 1987, S. 462. (zitiert als: Kull, AfP 1987)

Kull, Edgar: Realitätsferne und dogmatische Inkonseqenz – Bemerkungen zum fünften Rundfunkurteil des Bundesverfassungsgerichts –, AfP 1987, S. 568 ff. (zitiert als: Kull, AfP 1987)

Ladeur, Karl-Heinz: Der „Funktionsauftrag“ des öffentlich-rechtlichen Rundfunks – auf „Integration“ festgelegt oder selbst definiert? M&K 2000, S. 93 ff. (zitiert als: Ladeur, M&K 2000)

Ladeur, Karl-Heinz: Rundfunkaufsicht im Multimedia – Zeitalter zwischen Ordnungsrecht und regulierter Selbstregulierung, K&R 2000, S. 171 ff. (zitiert als: Ladeur, K&R 2000)

Lehment, Cornelis: Rundfunkfreiheit und Finanzkontrolle, Frankfurt/M., 1996.

Libertus, Michael: Grundversorgungsauftrag und Funktionsgarantie, München, 1991. (zitiert als: Libertus, Grundversorgungsauftrag)

Libertus, Michael: Verfassungsrechtliche Determinanten des gegenwärtigen und eines zukünftigen Verfahrens der Rundfunkgebührenfestsetzung, DöV 1990, S. 635 ff. (Libertus, DöV 1990)

Libertus, Michael: Zur Frage der Eindringtiefe und Reichweite der Prüfungskompetenz der Kommission zur Ermittlung des Finanzbedarfs der Rundfunkanstalten (KEF) bei dem Parametern Wirtschaftlichkeit und Sparsamkeit, ZUM 2000, S. 1064 ff. (zitiert als: Libertus, ZUM 2000)

Libertus, Michael: Rechtsschutz gegen die staatsvertragliche Rundfunkgebührenfestsetzung, AfP 2001, S. 23 ff. (zitiert als: Libertus, AfP 2001)

Linck, Joachim: Parlament und Rundfunk – Zur Zulässigkeit parlamentarisch-politischer Grundrechtseingriffe, NJW 1984, S. 2433 ff. (zitiert als: Linck, NJW 1984)

Luhmann, Niklas: Die Realität der Massenmedien, 2., erweiterte Aufl., Opladen, 1996.

Mahrenholz, Ernst Gottfried: Verfassungsfragen des Rundfunkfinanz-Ausgleichs – die Rundfunklandschaft nach dem Staatsvertragsrecht von 1996 und die kleinen Rundfunkanstalten, Baden-Baden, 1997. (Mahrenholz, Verfassungsfragen des Rundfunkfinanzausgleichs)

von Mangoldt, Hermann/Klein, Friedrich/Starck, Christian: Das Bonner Kommentar Band 1, Präambel, Artikel 1 bis 19, München, 1999. (zitiert als: v. Mangoldt/Klein/Starck (Hrsg.), BK Bd. 1)

Martin-Ehlers, Andrés: Der „Private Investor" als Maßstab für das Vorliegen staatlicher Beihilfen- Zugleich eine Besprechung des Urteils „Neue Maxhütte Stahlwerke GmbH", EWS 1999, S. 244 ff. (zitiert als: Martin-Ehlers, EWS 1999)

Maunz/Dürig u.a. (Hrsg.), Grundgesetz Kommentar, Band II, München,

Lfg. 19, September 1981. (zitiert als: Maunz/Dürig u.a., GG Komm.)

Mayer, Patrick G.: Das Internet im öffentlichen Recht, Berlin, 1999.

Mestmäcker, Ernst-Joachim: Recht in der offenen Gesellschaft, 1. Aufl., Baden-Baden, 1993.

Müller-Graff, Peter-Christian: Die Erscheinungsformen der Leistungs-subventionstatbestände aus wirtschaftsrechtlicher Sicht, ZHR 1988, S. 403 ff. (zitiert als: Müller-Graff, ZHR 1988)

von Münch, Ingo/Kunig, Philip (Hrsg.): Grundgesetz-Kommentar, Band 1, Präambel bis Art. 19, 5, neubearb., Aufl., München, 2000. (zitiert als: v. Münch/Kunig (Hrsg.), GG Komm.)

von Mutius, Albert, in: Dolzer, Rudolf/Vogel, Klaus/Graßhof, Karin (Hrsg.): Bonner Kommentar zum Grundgesetz, Art. 19 Abs. 3, Zweit-bearbeitung, Heidelberg, April 1975. (zitiert als: v. Mutius, in: Dolzer/Vogel/Graßhof (Hrsg.), BK Art. 19 Abs. 3)

Neft, Hans: Rundfunkwerbung und Rundfunkfreiheit – Inhaltliche Bindungen der Rundfunkwerbung durch Anforderungen des Art. 5 I 2 Grundgesetz, München, 1994.

Niepalla, Peter: Die Grundversorgung durch die öffentlich-rechtlichen Rundfunkanstalten, München, 1990. (zitiert als: Niepalla, Die Grundversorgung)

Nowak, Carsten: Die Entwicklung des EG-Beihilfenkontrollrechts in den Jahren 1998, 1999 und 2000, EuZW 2001, S. 293 ff. (zitiert als: Nowak, EuZW 2001)

Oppermann, Thomas: Auf dem Wege zur gemischten Rundfunkverfassung in der Bundesrepublik Deutschland? – Schritte im rundfunk-rechtlichen Entwicklungsprozeß vor dem Hintergrund der drei „Fernseh- entscheidungen“ des Bundesverfassungsgerichts

1961-1981, JZ 1981, S. 721 ff. (zitiert als: Oppermann, JZ 1981)

Oppermann, Thomas/Kilian, Michael: Rechtsgrundsätze der Finanzierung öffentlich-rechtlichen Rundfunks in der dualen Rundfunkverfassung der Bundesrepublik Deutschland, Frankfurt/M. u.a., 1989. (zitiert als: Oppermann/Kilian, Rechtsgrundsätze der Finanzierung)

Oppermann, Thomas: Deutsche Rundfunkgebühren und europäisches Beihilferecht, Berlin, 1997. (zitiert als: Oppermann, Rundfunkgebühren)

Oppermann, Thomas: Europarecht, 2., vollst. überarb. Aufl., München, 1999.

Ory, Stephan: Impressum und Gegendarstellung bei Mediendiensten, AfP 1987 S. 465 ff. (zitiert als: Ory, AfP 1987)

Ossenbühl, Fritz: Rundfunkfreiheit und Finanzautonomie des Deutschlandfunks, München, 1969.

Ossenbühl, Fritz: Rundfunk zwischen Staat und Gesellschaft (1975), in: Schröder, Meinhard (Hrsg.): Freiheit, Verantwortung, Kompetenz: ausgewählte Abhandlungen von Fritz Ossenbühl, Köln, 1994.

Ossenbühl, Fritz: Rundfunkprogramm – Leistung in treuhänderischer Freiheit, DöV 1977, S. 381 ff. (zitiert als: Ossenbühl, DöV 1977)

Ossenbühl, Fritz: Rundfunkfreiheit und Rechnungsprüfung, Frankfurt/M. u.a., 1984.

Otten, Ralf Gerhard: Die Gebührenfinanzierung der öffentlich-rechtlichen Rundfunkanstalten im Rahmen des Art. 92 EGV, ZUM 1997, 790 ff. (zitiert als: Otten, ZUM 1997)

Paschke, Marian: Medienrecht, Berlin u.a., 1993.

Paschke, Marian: Medienrecht, 2. Aufl. Berlin u.a., 2001.

Pestalozza, Christian: Der Schutz der Rundfunkfreiheit in der Bundesrepublik Deutschland, NJW 1981, S. 2158 ff. (zitiert als: Pestalozza, NJW

1981)

Petersen, Nikolaus: Rundfunkfreiheit und EG-Vertrag – Die Einwirkung des Europäischen Rechts auf die Ausgestaltung der nationalen Rundfunkordnung, Baden-Baden, 1994. (zitiert als: Petersen, Rundfunkfreiheit und EG-Vertrag)

Pethig, Rüdiger/Blind, Sofia (Hrsg.), Fernsehfinanzierung – Ökonomische, rechtliche und ästhetische Perspektiven, Opladen/Wiesbaden, 1998. (zitiert als: Pethig/Blind (Hrsg.), Fernsehfinanzierung)

Puhl, Thomas: Grundrechtsschutz, Bestandsgarantie und Finanzierungsanspruch der Bundesrundfunkanstalten, DVBl. 1992, S. 933 ff. (zitiert als: Puhl, DVBl. 1992)

Radeck, Bernd: Werbung bei ARD und ZDF sichert Programmfreiheit, MP 1994, 278 ff. (zitiert als: Radeck, MP 1994)

Rawlinson, Francis, in: Lenz, Carl Otto (Hrsg.): EG-Vertrag: Kommentar zu dem Vertrag zur Gründung der Europäischen Gemeinschaften, Art. 92, 1. Aufl., Köln u.a., 1994. (zitiert als: Rawlinson, in: Lenz (Hrsg.), EGV Komm., Art. 92)

Reinemann, Susanne: Voraussetzungen und Grenzen einer staatlichen Gewährleistungspflicht für die Finanzierung lokaler Rundfunkangebote in Bayern – Tagungsbericht über das dritte BLM-Symposion Medienrecht, ZUM 2001, S. 155 ff. (zitiert als: Reinemann, ZUM 2001)

Ress, Georg: Die neue Kulturkompetenz der EG, DöV 1992, S. 944 ff. (zitiert als: Ress, DöV 1992)

Ress, Georg: Die Zulässigkeit von Kulturbeihilfen in der Europäischen Union, in: Randelzhofe, Albrecht/Scholz, Rupert/Wilke, Dieter (Hrsg.): Gedächtnisschrift für Eberhard Grabitz, München, 1995, S. 595 ff. (zitiert als: Ress, in: GS Grabitz)

Ress, Georg/Bröhmer, Jürgen: Europäische Gemeinschaft und Medienvielfalt: die Kompetenzen der Europäischen Gemeinschaft zur Sicherung des Pluralismus im Medienbereich, Frankfurt/M., 1998. (zitiert als: Ress/Bröhmer: Europäische Gemeinschaft und Medienvielfalt)

Reuhl, Günter: Kulturstaatlichkeit im Grundgesetz, JZ 1981, 321 ff. (zitiert als: Reuhl, JZ 1981)

Ricker, Reinhart/Schiwy, Peter/Schütz, Hans-Joachim: Rundfunkverfassungsrecht, München, 1997.

Ricker, Reinhart: Rundfunkgebühren für Computer mit Internet-Zugang? , NJW 1997, S. 3199 ff. (zitiert als: Ricker, NJW 1997)

Ricker, Reinhart: Digitalisierung und interaktive Medienangebote – Grenzen für ARD und ZDF?, AfP 1998, S. 437 ff. (zitiert als: Ricker, AfP 1998)

Ricker, Reinhart: Die Nutzung des Internets als dritte Säule des öffentlich-rechtlichen Rundfunks, ZUM 2001, S. 28 ff. (zitiert als: Ricker, ZUM 2001)

Ring, Wolf-Dieter/Wittmann, Heinz/Zölch-Balmer, Franz A.: Medienrecht – Rundfunk, neue Medien, Presse, technische Grundlagen, internationales Recht, Bundesrepublik Deutschland, Österreich, Schweiz; Text, Rechtsprechung, Kommentierung, Loseblatt-sammlung, München, Stand: Juni 1997, Band I und II. (Zitiert als: Ring u.a., Medienrecht)

Ring, Wolf-Dieter: Der Vierte Rundfunkänderungsstaatsvertrag – Rechtsfolgen für die Praxis, ZUM 2000, S. 177 ff. (zitiert als: Ring, ZUM 2000)

Ring, Wolf-Dieter: Die Regulierung der elektronischen Medien im Zeitalter von Digitalisierung und Globalisierung, WiVerw 1999, S. 191 ff. (zitiert als: Ring, WiVerw 1999)

Rodi, Michael: Die Subventionsrechtsordnung – Die Subvention als

Instrument öffentlicher Zweckverwirklichung nach Völkerrecht, Europarecht und deutschem innerstaatlichen Recht, Tübingen, 2000. (zitiert als: Rodi, Die Subventionsrechtsordnung)

Röper, Horst: Formationen deutscher Medienmultis 1998/99, MP 1999, S. 345 ff. (zitiert als: Röper, MP 1999)

Rossen, Helge: Freie Meinungsbildung durch den Rundfunk– Die Rundfunkfreiheit im Gewährleistungsgefüge des Art.5 Abs.1 GG, 1. Aufl., Baden-Baden, 1988.

Roth, Wulf-Henning: Grenzüberschreitender Rundfunk und Dienstleistungsfreiheit, ZHR 1985, 679 ff. (zitiert als: Roth, ZHR 1985)

Roth, Wulf-Henning: Rundfunk und Kartellrecht, AfP 1986, S. 287 ff. (zitiert als: Roth, AfP 1986)

Rühl, Manfred: Die Rundfunkgebühr – ein wohlfahrtsstaatlicher Preis. Versuche einer begrifflichen und problemorientierten Bestandsaufnahme sowie Hinweise auf Entwicklungsmöglichkeiten einer Gebührenpolitik, MP 1984, 589 ff. (zitiert als: Rühl, MP 1984)

Scheble, Roland: Perspektiven der Grundversorgung, 1. Aufl., Baden-Baden, 1994.

Scheble, Roland: Grundversorgung – Definition und Umfang, ZUM 1995, S. 383 ff. (zitiert als: Scheble, ZUM 1995)

Schmidt, Walter: Rundfunkvielfalt – Möglichkeiten und Grenzen einer „pluralistischen" Rundfunkorganisation, Frankfurt/M., 1984. (zitiert als: Schmidt, Rundfunkvielfalt)

Schmitt Glaeser, Walter: Art. 5 Abs. 1 S. 2 GG als „Ewigkeitsgarantie" des öffentlich-rechtlichen Rundfunks, DöV 1987, S. 837 ff. (zitiert als: Schmitt Glaeser, DöV 1987)

Schmitt Glaeser, Walter: Das duale Rundfunksystem, DVBl. 1987, S. 14 ff. (ziteirt als: Schmitt Glaeser, DVBl. 1987)

Schmitt Glaeser, Walter: Das Grundrecht auf Informationsfreiheit, Jura 1987, S. 567 ff. (zitiert als: Schmitt Glaeser, Jura 1987)

Schmittmann, Michael/de Vries, Inge: Blick nach Brüssel, AfP 1997, S. 690 ff. (zitiert als: Schmittmann/de Vries, AfP 1997)

Schneider, Hans-Peter/Radeck, Bernd: Verfassungsprobleme der Rundfunk-Finanzierung aus Werbeeinnahmen, Frankfurt/M., 1989. (zitiert als: Schneider/Radeck, Verfassungsprobleme der Rundfunkfinanzierung)

Schneider-Freyermuth, Georg: Einige Aspekte zur Auswirkung des Gebots der Staatsfreiheit der öffentlich-rechtlichen Rundfunkanstalten, ZUM 2000, S. 564 ff. (zitiert als: Schneider-Freyermuth, ZUM 2000)

Scholz, Rupert: Das dritte Fernsehurteil des Bundesverfassungsgerichts – Zugleich Anmerkung zum Urteil des BVerfG vom 16.6.1981, JZ 1981, 581 –, JZ 1981, S. 561 ff. (zitiert als: Scholz, JZ 1981)

Schwartz, Ivo E.: Subsidiarität und EG-Kompetenzen – Der neue Titel „Kultur" – Medienvielfalt und Binnenmarkt, AfP 1993, S. 409 ff. (zitiert als: Schwartz, AfP 1993)

Schwarze, Jürgen: Medienfreiheit und Medienvielfalt im Europäischen Gemeinschaftsrecht, ZUM 2000, S. 779 ff. (zitiert als: Schwarze, ZUM 2000)

Schwarze, Jürgen (Hrsg.): EU-Kommentar., 1. Aufl., Baden-Baden, 2000. (zitiert als: Schwarze (Hrsg.), EU Komm.)

von Sell, Friedrich-Wilhelm: Rundfunkrecht und Rundfunkfreiheit- Beitrag zu aktuellen Fragen, München, 1982.

Selmer, Peter/Gersdorf, Hubertus: Rechtsprobleme einer Beteiligung privater Rundfunkveranstalter am Aufkommen der Rundfunkgebühr, DVBl. 1992, S. 79 ff. (zitiert als: Selmer/Gersdorf, DVBl. 1992)

Selmer, Peter/Gersdorf, Hubertus: Die Finanzierung des Rundfunks in der Bundesrepublik Deutschland auf dem Prüfstand des EG-Beihilfe-regimes, Berlin, 1994. (zitiert als: Selmer/Gersdorf, Die Finanzierung des Rundfunks)

Smend, Rudolf: Verfassung und Verfassungsrecht, München, 1928.

Staebe, Erik: Rechtsschutz bei gemeinschaftswidrigen Beihilfen vor europäischen und deutschen Gerichten, Berlin, 2001. (zitiert als: Staebe, Rechtsschutz)

Starck, Christian: „Grundversorgung" und Rundfunkfreiheit, NJW 1992, S. 3257 ff. (zitiert als: Starck, NJW 1992)

Starck, Christian: „Grundversorgung" und Programmauftrag des öffentlich-rechtlichen Rundfunks, in: Burmeister, Joachim (Hrsg.): Verfassungsstaatlichkeit – Festschrift für Klaus Stern zum 65. Geburtstag, München, 1997. S. 777 ff. (zitiert als: Starck, in: Burmeister (Hrsg.), Verfassungsstaatlichkeit: FS für K. Stern)

Steinbach, Joachim: Werbemarkt 1986 – verbessertes Ergebnis, MP 1987, S. 168 ff. (zitiert als: Steinbach, MP 1987)

Stern, Klaus/Bethge, Herbert: Funktionsgerechte Finanzierung der Rundfunkanstalten durch den Staat – ein Beitrag zur Rundfunkfreiheit des Art. 5 Abs. 1 GG, München, 1968. (zitiert als: Stern/Bethge, Funktionsgerechte Finanzierung)

Steiner/Grimm: Kulturauftrag im staatlichen Gemeinwesen, VVDStRL 42, 1984.

Stern, Klaus/Eberle, Carl-Eugen/Lück, Peter/Hansmeyer, Karl-Heinrich/ Oppermann, Thomas: Die Finanzierung des Rundfunks nach dem Gebührenurteil des Bundesverfassungsgerichts, München, 1996. (zitiert als: Stern u.a. (Hrsg.), Die Finanzierung des Rundfunks)

Stock, Martin: Medienfreiheit als Funktionsgrundrecht – Die journalistische

Freiheit des Rundfunks als Voraussetzung allgemeiner Kommunikationsfreiheit, München 1985. (zitiert als: Stock, Medienfreiheit als Funktionsgrundrecht)

Stock, Martin: Das vierte Rundfunkurteil des Bundesverfassungsgerichts: Kontinuität oder Wende?, NJW 1987, S. 217 ff. (zitiert als: Stock, NJW 1987)

Stock, Martin: Der neue Rundfunkstaatsvertrag, RuF 1992, S. 189 ff. (zitiert als: Stock, RuF 1992)

Streinz, Rudolf: Der Vertrag von Amsterdam – Einführung in die Reform des Unionsvertrages von Maastricht und erste Bewertung der Ergebnisse, EuZW 1998, S. 137 ff. (zitiert als: Streinz, EuZW 1998)

Thieme, Werner: Der Finanzausgleich im Rundfunkwesen, AöR 1963, S. 38 ff. (zitiert als: Thieme, AöR 1963)

Tillmanns, Lutz/Hein, Gabriele: Verfassungsrechtliche Probleme bei der Finanzierung der Bundesrundfunkanstalten, DVBl. 1990, S. 91 ff. (zitiert als: Tillmanns/Hein, DVBl. 1990)

Tschentscher, Axel: Gebührenpflichtigkeit des Internet und Handy-Rundfunks?, AfP 2001, S. 93 ff. (zitiert als: Tschentscher, AfP 2001)

Vogel, Klaus/Kirchhof, Paul: in: Dolzer, Rudolf/Vogel, Klaus/Graßhof, Karin (Hrsg.): Bonner Kommentar zum Grundgesetz, Art. 114 GG, Zweitbearbeitung, Heidelberg, Lieferung Januar 1974. (zitiert als: Vogel/Kirchhof, BK Art. 114 GG)

Vogel, Klaus/Waldhoff, Christian: Das Finanzwesen, in: Dolzer, Rudolf/Vogel, Klaus/Graßhof, Karin (Hrsg.): Bonner Kommentar zum Grundgesetz, Vorbemerkungen zu Art. 104a-115, Heidelberg, November 1997. (zitiert als: Vogel/Waldhoff, BK., Vorbem. zu Art. 104a-115)

von Wallenberg, Gabriela: Die Vereinbarkeit der staatlichen Finanzierung öffentlich-rechtlicher Fernsehanstalten mit Art. 92 EGV, in: Randelzhofe, Albrecht/Scholz, Rupert/Wilke, Dieter (Hrsg.): Gedächtnisschrift für Eberhard Grabitz, München, 1995, S. 867 ff. (zitiert als: v. Wallenberg, in: GS Grabitz)

Wiehe, Kerstin: Grundversorgungsabgabe – Zwangzig Thesen zur Werbefinanzierung des Fernsehens, Medium Nr.1/1991, S. 30 ff. (zitiert als: Wiehe, Grundversorgungsabgabe)

Wilhelmi, Martin: Verfassungsrechtliche Probleme des öffentlich-rechtlichen Rundfunks in den neuen Bundesländern – lokale Grundversorgung, Staatsfreiheit, Finanzierung, Berlin, 1995. (zitiert als: Wilhelmi, Verfassungsrechtliche Probleme)

von Wilmowsky, Peter: Mit besonderen Aufgaben betraute Unternehmen unter dem EWG-Vertrag – Ein Beitrag zu Art. 90 Abs. 2 EWGV, ZHR 1991, S. 545 ff. (zitiert als: Wilmowsky, ZHR 1991)

Zavelberg, Heinz Günter/von Arnim, Hans Herbert (Hrsg.): Die Kontrolle der Staatsfinanzen – Geschichte und Gegenwart, 1714-1989, Festschrift zur 275. Wiederkehr der Errichtung der preußischen General-Rechen-Kammer, Berlin, 1989. (zitiert als: Zavelberg/ v. Arnim (Hrsg.), Die Kontrolle der Staatsfinanzen)

Zeller, Rüdiger: Die EBU – Union Européenne de Radio-Télévision (UER)- European Broadcasting Union (EBU); internationale Rundfunk-kooperation im Wandel, 1. Aufl., Baden-Baden, 1999. (zitiert als: Zeller, Die EBU)

Zweng, Hanspeter: Die wettbewerbsrechtliche Beurteilung der Werbung mit Gewinnspielen – in Deutschland, Österreich, Schweiz, Frankreich und dem Vereinigten Königreich von Großbritannien und Nordirland, München, 1993. (zitiert als: Zweng, Die wettbewerbsrechtliche Beurteilung)

Markus Ruttig

Der Einfluß des EG-Beihilferechts auf die Gebührenfinanzierung der öffentlich-rechtlichen Rundfunkanstalten

Frankfurt/M., Berlin, Bern, Bruxelles, New York, Oxford, Wien, 2001. 300 S.
Studien und Materialien zum Öffentlichen Recht.
Herausgegeben von Herbert Bethge. Bd. 14
ISBN 3-631-37290-6 · br. € 52.–*

Die Arbeit untersucht die Vereinbarkeit der Rundfunkgebühren mit den Beihilfevorschriften des EG-Vertrages. Unter umfänglicher Auswertung vor allem der europäischen Rechtsquellen und Arbeitspapiere wird die Kompatibilität der deutschen Rundfunkordnung mit dem Europarecht überprüft. Dabei wird das Bild der deutschen Rundfunkordnung in Zeiten der Medienkonvergenz den Vorschriften des EG-Vertrages gegenübergestellt. Im Ergebnis wird die Beihilfeeigenschaft der Gebührenfinanzierung bejaht. Ein Verstoß gegen materielles EG-Recht wird nicht festgestellt, sondern die Möglichkeit einer EG-vertraglichen Rechtfertigung aufgezeigt.

Aus dem Inhalt: Darstellung des Grundrechts der Rundfunkfreiheit sowie der deutschen dualen Rundfunkordnung · Rundfunk als meritorisches Gut · Europäisches Beihilferecht und Rundfunkgebühren · Rundfunk als kulturelle Einrichtung · Definition EG-vertraglicher Begriffe durch die Mitgliedstaaten · Notifizierung der Rundfunkgebühren

FSC
www.fsc.org
MIX
Papier | Fördert gute Waldnutzung
FSC® C083411

Kolibri 360 GmbH
Ferdinand-Jühlke-Straße 7
99095 Erfurt, Deutschland
produktsicherheit@kolibri360.de

Druck:
CPI Druckdienstleistungen GmbH
im Auftrag der
Kolibri 360 GmbH
Ferdinand-Jühlke-Str. 7
99095 Erfurt